쉽게 배우는 ESG 경영

심준섭 김성현 지음

유원북스

머리말

오늘날 기업 경영의 패러다임은 빠르게 변화하고 있다. 과거에는 단순히 주주이익과 재무적 성과, 단기적인 이익 창출이 기업 성공을 평가했다. 이제는 환경(Environment), 사회(Social), 그리고 지배구조(Governance)를 핵심으로 하는 ESG 경영이 기업의 지속 가능성을 가늠하는 핵심 요소로 자리 잡았다. ESG는 더 이상 선택이 아닌 필수이다.

특히 수출이 많은 기업은 국제적인 거래과정에서 반드시 ESG 평가보고서를 제출하도록 하는 것이 관행으로 여겨지고 있다. 이는 기업이 단순히 이윤 창출을 넘어 환경과 사회, 그리고 투명한 경영을 통해 지속 가능한 성장을 이루는 것을 목표로 삼는 ESG경영을 실천해야 한다는 것이다.

ESG 용어는 2004년 유엔 글로벌 컴팩트(UNGC, UN Global Compact)의 Who Cares Wins 보고서에서 처음 사용되었다. 2006년 유엔 책임투자원칙(UN PRI, Principles for Responsible Investment)에서 ESG 반영을 권고하면서 ESG 경영이 투자의 한 요소로 국제사회에 등장했다.

미국은 2020년 3월 미국 증권거래위원회(SEC)가 기후 공시 의무화 규정 초안을 발표하는 등 기업을 중심으로 ESG 경영을 도입하기 위한 정책들을 수립하고 있다. 국제기구와 미국과 유럽 등에서는 ESG 경영 관련

제도와 가이드라인의 마련 및 실천으로 이어지고 있다.

정부는 2021년 글로벌 흐름과 한국의 여건을 고려한 한국형 K-ESG 가이드라인을 발표하여, ESG 경영평가를 실시하고 있다. 특히, ESG의 필요성과 중요성 등이 제기되면서 ESG평가를 받기 위한 준비를 하는 업체나 기관들이 증가하고 인력양성을 위한 강좌 개설도 잇따르고 있다. 하지만 시중에는 상장회사 협의회나 평가기관의 ESG 평가절차 등 기관별 소개 자료나 단편적인 내용을 소개하는 책자 밖에 없다. ESG 경영을 전체적으로 이해하고 쉽게 배울 수 있는 이론 및 실무용 교재가 부족한 실정이다.

이에 저자들은 기업의 실무담당자와 ESG 경영을 처음 접하는 초보자, 대학생들에게 ESG경영의 개념과 ESG 평가, ESG 경영전략수립과정 등을 쉽게 이해하고 해당 업체의 ESG의 중요이슈 도출 및 경영전략수립, 실질적 적용방법 등을 쉽게 배울 수 있는 ESG 경영 교재를 저술하고자 하였다.

본서는 크게 Ⅳ부로 구성되어 있다. 제Ⅰ부에서는 ESG 경영의 기초개념과 가이드라인, 각국의 ESG 추진 현황 등을 기술했다. 제Ⅱ부에서는 각국의 ESG 평가인증과 진단지표개발, ESG 경영전략 등을 소개하고 영역별 업종별 ESG 평가와 대응전략에 대해 다뤘다. 제Ⅲ부에서는 ESG 평가와 각종 업종별 ESG 보고서 작성 절차 등을 알아봤다. 제Ⅳ부에서는 ESG 경영컨설팅과 ESG 고도화전략 및 ESG 경영의 성공과 실패사례 등 실무 내용을 다루었다.

본서는 대학생과 실무자를 위한 ESG 경영 종합가이드북이다. 특히 ESG 경영과 관련한 전반적인 지식을 배우고, 지역중소기업과 국가기관 및 공기업 등의 업종별 ESG 경영준비와 ESG 경영전략수립의 실행에 매우 유용한 지침서 역할을 할 것으로 기대된다.

본서를 집필하는 데는 관련 분야 학자들의 연구결과와 ESG 평가기관의 지침서, 상장회사협의회의 ESG 경영 실무가이드, K-ESG 기준 등 지속가능성보고서 작성사례, 기존 실무 전문교육기관 및 ESG 컨설팅기관 등 자료와 선배들의 학문적 노력이 바탕이 되었다. 본서의 모든 내용은 저자들의 토론과 의견을 반영한 것이며, 오류가 있다면 모든 책임이 저자들의 부족함에 있음을 밝히고 앞으로 개선을 위해 끊임없이 매진하고자 다짐한다. 특히 본서를 집필하는데 ESG관련 실무자료들을 많이 제공해주고 교정까지 봐준 전 경북외국어대교수이신 김선완 박사(에듀라인 대표)님께 감사드린다. 여러분의 여정에 이 책이 좋은 동반자가 되기를 희망하며, 끝없는 도전과 성장에 응원을 한다.

2025년 2월 문수골 연구실에서 저자 씀

목차

제 I 부 ESG 경영의 기초개념과 ESG경영 추진현황

제Ⅱ부 ESG 평가와 ESG 경영 대응전략

제III부 ESG 성과평가와 ESG 보고서 작성

제IV부 ESG 경영컨설팅과 ESG 경영 실무

제 I 부

ESG 경영의 기초개념과 ESG 경영 추진현황

제1장 ESG의 개념과 ESG 경영 패러다임

최근 지속 가능성과 사회적 책임을 강화하기 위한 ESG(환경, 사회, 지배구조)경영의 중요성이 갈수록 증대되고 있다. ESG 경영은 환경(Environment), 사회(Social), 지배구조(Governance) 세 가지 핵심 요소를 고려하여 기업 경영을 수행하는 방식이다. 이는 단순히 당기순이익 등 재무적 성과에만 초점을 맞추는 것이 아니라, 환경적 책임과 사회적 공헌, 그리고 투명한 지배구조를 통해 장·단기적인 기업의 지속 가능성을 확보하는 경영 방식이다. 이에 제1장은 ESG경영의 개념과 중요성, ESG경영의 개념과 필요성, 경영트렌드의 변화에 따른 ESG경영의 중요성 등에 대해 알아보도록 하겠다.

1 ESG란 무엇인가?

ESG는 환경(Environment), 사회(Social), 지배구조(Governance)의 약자로, 기업의 지속 가능성과 사회적 책임을 평가하는 데 사용되는 세 가지 핵심 요소이다. 'ESG'라는 용어는 2004년 유엔 글로벌 컴팩트(UNGC)의 Who cares Wins 보고서에서 공식적으로 처음 사용하였다. ESG는 기업을 운영하는 방식과 그 활동이 환경, 사회, 그리고 지배구조에 미치는 영향을 측정하는 기준으로, 투자자, 규제 기관, 소비자 등 다양한 이해관계자들이 기업을 평가하는 데 사용된다. 이러한 요소는 현대 기업 경영에서 필수적인 요소로 자리 잡고 있다.

ESG란 무엇인가?

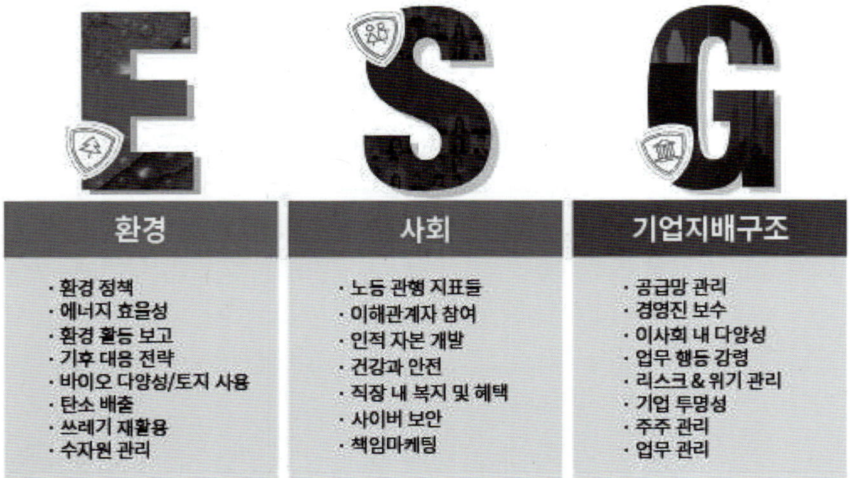

[그림 1-1] ESG의 개념

1) 환경(Environment)

환경적 책임은 ESG 경영의 중요한 요소 중 하나로, 기업이 환경에 미치는 부정적인 영향을 최소화하고 지속 가능한 자원 관리를 추구하는데 목표를 두고 있다. 이는 기업의 생산 활동에서 발생하는 환경 영향을 최소화하기 위한 노력으로 탄소 배출 저감, 폐기물관리와 자원 절약, 에너지 절약, 생물다양성 보존을 위한 자원순환과 재생 가능한 에너지 활용과 같은 지속적인 활동을 포함한다. 예를 들어, 많은 기업들이 기후 변화 대응을 위해 탄소 배출의 감축 목표를 설정하고 있으며, 이를 달성하기 위한 다양한 혁신적 기술을 도입하고 있다.

(1) 기후 변화 대응

기후 변화는 전 세계적으로 기업과 사회에 중요한 도전 과제로 떠오르고 있다. 기업이 기후 변화에 적극적으로 대응하지 않으면, 기후 변화로 인한 물리적 위험(예: 홍수, 가뭄 등)과 규제 리스크(탄소세, 배출권 거래제 등)에 직면하게 된다. 기업이 기후 변화에 대응하기 위한 조치로는 탄소 배출량 감축, 재생 가능 에너지 사용 확대, 에너지 효율성을 높이기 위한 기술 도입 등을 포함한다. 사례로 기업이 탄소 배출량을 줄이기 위해 공정 개선, 친환경 연료 사용, 재생 에너지원으로 전환하는 등의 노력을 기울일 수 있다.

(2) 자원 효율성

자원을 효율적으로 사용하는 기업은 비용을 절감하고, 환경에 미치는 부정적인 영향을 줄일 수 있다. 자원 효율성은 기업이 사용하는 자원의 양을 최소화하고, 자원을 효율적으로 사용하는 것을 의미한다. 이는 물, 전기, 원자재 등의 사용량을 줄이고, 재활용 및 재사용을 촉진하는 정책을 포함한다. 자원 효율성을 높임으로써 기업은 운영 비용을 절감하고 환경에 미치는 영향을 줄일 수 있다.

(3) 폐기물 관리

폐기물 관리가 잘 이루어지는 기업은 환경 보호에 기여하고, 규제 준수에 따른 리스크를 줄일 수 있다. 이는 기업의 사회적 책임을 다하는 것으로 평가받아 긍정적인 평판을 얻고, 소비자와 투자자들에게 신뢰를 줄 수 있다. 폐기물 관리는 기업이 생산 과정에서 발생하는 폐기물을 최소화하고, 폐기물의 재활용과 적절한 처리를 통해 생물다양성 보존을 위한 산림복원과 생태계보호 등을 통해 환경에 미치는 영향을 줄이는 것을 목표로 한다. 이를 실천하기 위해 기업의 폐기물 재활용 프로그램을 도입하거나, 폐기물 배출을 줄이는 혁신적인 기술을 채택할 수도 있다.

2) 사회(Social)

사회적 책임은 ESG 경영의 두 번째 중요한 축으로, 이는 기업이 다양한 이해관계자들(직원, 고객, 지역사회 등)에 대해 책임을 다하는 것을 의미한다. 인권 존중, 노동 조건 개선, 지역사회 기여, 공정 거래, 그리고 공급망 관리와 같은 요소들이 포함된다. 이는 기업이 직원, 고객, 공급업체와 협력사, 지역사회와의 관계에서 사회적 책임을 다하는 방식을 평가하는 항목을 의미한다.

여기에는 노동권 보호, 인권 존중, 다양성 및 포용성, 직원 안전 및 복지, 커뮤니티 참여 및 발전 등 사회공헌활동이 있다. 사회 요소는 기업의 운영이 사람들에게 미치는 영향과 사회적 기여를 중점적으로 다룬다.

(1) 노동권 보호

노동권 보호는 기업이 직원들에게 공정하고 안전한 근무 환경을 제공하는 것을 의미한다. 노동권이 잘 보호되는 기업은 직원의 만족도와 생산성이 높아지며, 이는 기업의 장기적인 성공으로 이어진다. 또한, 공정한 노동 관행을 유지하는 기업은 불법적인 관행으로 인한 법적 리스크를 줄이고, 기업의 명성을 보호할 수 있다. 예를 들어, 기업이 근로 시간 준수와 근로 조건의 공정성, 공정 임금 지급, 근로자의 권리보호, 안전 장비 제공 등을 통해 노동권을 보호할 수 있다.

(2) 인권 존중

인권 존중은 기업이 모든 이해관계자의 인권을 존중하고 사회적 약자를 보호하는 것을 의미한다. 이는 아동 노동 금지, 강제 노동 방지, 비차별 원칙 준수 등을 포함한다. 인권을 존중하는 기업은 국내외에서 긍정적인 평판을 얻을 수 있으며, 국제적인 규제와 기준을 준수하는 기업으로 평가받는다. 기업은 공급망에서의 인권 침해를 방지하고, 인권 존중을 위한 정책을 수립하고 실행해야 한다.

(3) 다양성 및 포용성

다양성과 포용성은 기업이 성별, 인종, 종교, 연령, 장애 여부 등에 상관없이 모든 직원과 이해관계자를 공정하게 대우하고, 지역사회 지원과 사회적 약자보호 등 다양한 배경의 사람들을 존중하고 포용하는 것을 의미한다. 포용적인 기업 문화는 직원의 만족도를 높이고, 우수한 인재를 유치하는 데 중요한 역할을 한다. 이를 위해 기업은 다양성 존중 정책을 도입하고, 포용적 문화를 조성해야 한다.

3) 지배구조(Governance)

지배구조는 ESG 경영의 마지막 요소로, 투명하고 윤리적인 경영을 위한 공정한 의사결정구조를 만들어 실행하는 기업의 내부 통제 및 관리 체계를 의미한다. 이는 경영의 투명성, 윤리적 경영, 이사회 구성의 다양성, 그리고 주주와의 소통을 포함한다. 지배구조 요소는 기업의 경영 방식, 윤리적 기준, 투명성, 책임 있는 의사결정, 이사회 구성과 운영, 내부 통제 및 감사 시스템 등을 평가하는 항목을 의미한다. 이는 기업이 법률을 준수하고 이해관계자의 이익을 보호하기 위해 얼마나 효과적으로 운영되는지를 나타낸다.

(1) 투명성

투명성은 기업의 경영 활동이 공개적이고 투명하게 이루어지는 것을 의미한다. 투명한 경영은 기업활동에 필요한 명확한 정보의 제공을 통해 기업의 신뢰성을 높이고, 투자자와 이해관계자의 신뢰를 얻는 데 중요한 역할을 한다. 이는 재무보고의 정확성, 경영진의 의사결정 과정의 공개, 이해관계자와의 투명한 소통 등을 포함한다. 이를 위해 기업이 정기적으로 재무제표를 공개하고, 외부 이사의 비율을 높여 공정성과 독립성을 확보하고, 이사회의 주요 의사결정을 이해관계자에게 설명하는 것이 투명성을 높이는 방법이다.

(2) 책임성

책임성은 기업이 활동과 의사결정에 대해 책임을 지는 것을 의미한다. 이는 기업의 경영진과 이사회가 기업의 경영 활동에 대한 책임을 지고, 이해관계자의 이익을 보호하기 위해 최선을 다하는 것을 포함한다. 책임 있는 경영은 기업의 신뢰성을 높이고, 이해관계 당사자와의 관계를 강화하는 데 기여한다. 책임 있는 경영은 기업의 장기적인 성공과 지속 가능성을 높이는 데 중요한 역할을 한다.

(3) 윤리적 경영

윤리적 경영은 기업이 법률을 준수하고, 사회적, 환경적 책임을 다하여 기업을 둘러싼 모든 활동을 윤리적으로 수행하는 것을 의미한다. 윤리경영을 실천하는 기업은 부패와 비리로 인한 법적 문제를 예방하고, 공정거래를 통해 기업의 신뢰성을 보호하여 보다 나은 경영활동의 기회를 창출할 수 있다. 이는 부패 방지, 공정 경쟁, 기업 윤리 강령 준수 등을 포함한다. 윤리경영을 실천하는 기업은 사회적 책임을 다하고, 긍정적인 평판을 얻어 장기적인 성공을 이뤄 낼 수 있다.

2 ESG 경영의 개념과 필요성

1) ESG 경영의 개념

ESG 경영은 전통적인 재무적 성과뿐만 아니라 비재무적 요소인 환경 보호, 사회적 책임, 투명한 지배구조를 고려하여 기업의 장기적 가치를 창출하는 접근 방식이다. ESG 경영의 핵심은 지속 가능성(Sustainability)으로, 이는 기업이 장기적으로 생존하고 성장할 수 있는 토대를 마련하는 것을 의미한다. 현대는 글로벌 경제 환경의 변화와 함께 지구촌 보호를 위한 기후변화, 사회적 불평등 해소, 기업의 투명성 요구가 점차 증가함에 따라 ESG는 더욱 중요해지고 있다. 이는 단순히 재무적 성과에만 초점을 맞추는 것이 아니라, 환경적 책임과 사회적 기여, 그리고 투명한 지배구조를 통해 비재무적 요소에서 장기적인 기업의 지속 가능성을 확보하는 경영 방식이다.

결국 ESG 경영 개념은 지속가능성(Sustainability)을 강조하며 이해관계자와 사회, 환경적인 가치를 확대하여 비재무적 성과까지 경영 성과로 포함하고 있다(노성민 외, 2023).

ESG 경영을 통해 기업은 투자자와 소비자들의 신뢰를 얻고, 법적 리스크와 규제 리스크를 줄이며, 비용을 절감하여 기업 활동의 효율성을 높일 수 있다. ESG 경영은 또 혁신과 성장 기회를 창출하고, 글로벌 경쟁력을 강화하는 데 중요한 요소로 작용할 수 있다.

2) CSR과 CSV 및 ESG 경영의 비교

CSR(Corporate Social Responsibility: 기업의 사회적 책임)은 기업 또한 사회의 한 구성원으로 취득한 이윤을 사회에 환원할 의무가 있음을 주장하면서 기업의 자선활동과 기부 및 환경보호 등 기업의 사회적 공헌활동을 강조한 것이다. 여기에는 Triple Bottom Line이라고 불리는 경제적, 사회적, 환경적 측면을 포괄하고 있다. Bottom Line은 재무상태를 나타내는 재무성과의 맨 마지막 줄인, 수입에서 지출을 제한한 최종 순이익을 의미한다. 기업의 경제적 이익만이 기업의 성과를 측정하는 평가척도로 사용되는 것을 보완하기 위해 환경과 사회 분야를 추가한 것이 바로 Triple Bottom Line이다.

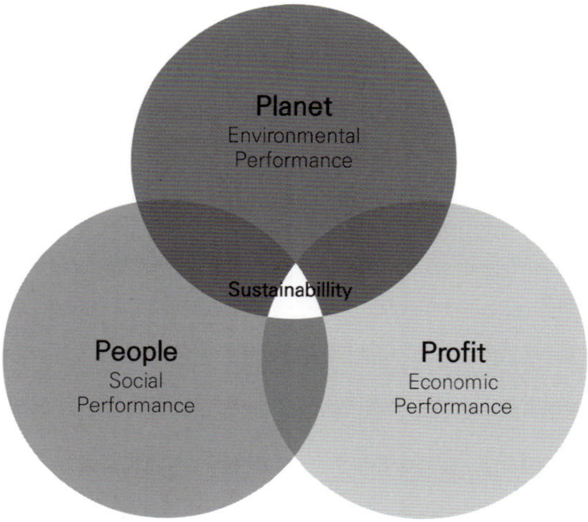

[그림 1-2] 존 엘킹톤(John Elkington)의 Triple Bottom Line Model

ESG는 자본시장에서 기업이 큰 이슈 없이 지속적으로 경제적 수익을 창출하고 성장하는 것, 즉 지속가능성(Sustainability)을 목표로 하고 있다. 다시 말해 ESG는 기업의 안정성과 성장성을 평가하고 투자하기 위한 하나의 프레임이자 기준인 셈이다. 즉, 재무적(Financial) 측면은 이미 평가하고 있으니, 평가하지 않았던 비재무적(Non-Financial) 측면을 들여다보겠다는 것이 ESG의 핵심이다.

공유가치 창출(CSV: Creating Shared Value)은 마이클 포터(Michael Porter)와 마크 크레이머(Mark Kramer)가 제안한 개념으로, 기업이 경제적 가치를 창출하면서 동시에 사회적 가치를 창출할 수 있는 비즈니스 기회를 모색하는 것을 의미한다. 공유가치 창출은 기업경영에서 기업가치와 사회가치를 모두 추구해야 함을 강조하고 있다. 사회적 책임이 기업 본연의 경영활동과 함께 이루어진다고 보는 측면에서 CSR보다 기업의 사회적 책임을 강하게 요구하고 있는 것이다. 이는 CSR(기업의 사회적 책임)과는 다르게, 사회적 문제 해결이 기업의 핵심 비즈니스 전략과 직접적으로 연결된다는 점에서 차별화된다. CSV 모델은 상품 및 시장 재설계와 가치사슬 재정립, 지역사회 개발 등 주로 세 가지 영역에서 사회적 가치를 창출한다.

ESG는 기업이 자발적으로 환경적, 사회적, 지배구조적 책임을 다하는 것을 목표로 하지만, CSV는 이러한 책임을 기업의 핵심 비즈니스 전략과 연계하여 더 나아가 경제적 성과를 촉진하는 데 중점을 둔다.

〈표 1-1〉 CSR, CSV, ESG의 비교

	CSR	CSV	ESG
개념	기업의 사회적 책임	공유가치창출	환경, 사회, 지배구조에 관한 비재무적 요소
목적	기업의 책임이 주주에 한정되는 것이 아니라 기업활동에 관계된 이해관계자까지 있음을 인식하고 이에 부합하는 자발적인 기업활동을 촉구	기업의 가치사슬 내에서 사회적 가치를 창출할 수 있는 사업아이템을 발굴하고 이를 기업의 경영전략에 반영함으로써, 사회적 가치와 경제적 가치를 동시에 추구	장기적 관점에서 기업이 안정적으로 수익창출을 하기 위해 환경, 사회, 지배구조의 비재무적 요소를 관리하는 기업의 장기투자리스크관리 전략
관점	기업의 이해관계자	기업, 지역	투자자
동향	• (해외)CSR의 개념이 다층적 차원에서 논의되나, 현실적으로 사회공헌활동이 다수 • (국내)CSR을 기업의 고유목적사업과 별도의 사회공헌활동으로 인식	• (해외)전략적 CSR을 지칭하는 용어로 기업에서 먼저 사용하였으며, 미국 경영학에서 잠시 각광 받았으나, CSR과 다르지 않다는 점에서 크게 지지받지 못함 • (국내)CSR과 다른 혁신적 개념으로 CSV가 논의됨	• (해외)2006년부터 단계적으로 확산되어 큰 이슈가 아니며, 관련 연구도 풍부함 • (국내)ESG가 새로운 개념으로 인식되고 있으며, 2025년부터 상장사의 ESG공시 의무화
특징	• 실제 구현은 기업의 수익추구활동과 무관한 경우가 많음 • 보고양식 : GRI • 실행지침 : ISO26000	• 기업의 신규사업아이템 발굴 등 전략 수립 모델로 활용	• ESG지표를 수립, 평가, 데이터를 제공하는 글로벌 평가 기관이 존재 • 지속가능경영 차원에서 논의 (중대성 평가 초점)

자료원 : 이은선 외(2021)

ESG는 통상 '사회적 책임투자(CSR)', '지속가능경영(Sustainability)' 등의 개념과 혼용되어 왔으며, 지속가능경영(Sustainability)은 환경 측면이 많이 강조되던 20세기 말 생성된 지속가능발전개념 차원에서 시작되어 경제적 책임과 사회적 이슈를 포괄하면서 발전되었다.

3) ESG 경영의 필요성과 확산

글로벌 경제 환경에서 ESG 경영의 필요성이 증대되고 확산되는 이유는 다음과 같다.

(1) 지속 가능한 성장과 발전 요구

ESG 경영은 단순히 현재의 이익을 추구하는 것이 아니라, 장기적으로 기업이 생존하고 성장할 수 있는 기반을 마련한다. 환경을 보호하고, 사회적 책임을 다하며, 투명한 지배구조를 유지하는 기업은 규제 변화와 시장 불확실성 속에서도 안정적으로 성장할 수 있다는 확신이다.

1987년 브룬트란트 보고서에서 처음으로 '지속 가능한 발전'이라는 개념이 공식적으로 등장했다. '지속가능성'과 '이해관계자'를 고려한 기업 경영을 강조해온 세계경제포럼(WEF, World Economic Forum)은 2020년 1월, 스위스 다보스에서 개최된 '다보스 포럼'에서 '화합하고 지속가능한 세계를 위한 이해관계자들'을 핵심의제로 설정했다. 이어 2020년 9월에는 지속가능한 가치측정 가이드라인 백서인 '이해관계자 자본주의 측정(Measuring Stakeholder Capitalism)'을 발간했다. 이후, 지속 가능한 발전은 글로벌 아젠다의 핵심으로 자리잡으며 ESG 경영의 핵심적인 기틀이 마련되었다.

(2) 글로벌 금융 위기와 기업의 사회적 책임 요구

2008년 9월, 미국에서 발생한 글로벌 금융위기는 ESG 경영의 확산에 중요한 계기가 되었다. 당시 미국의 투자은행 리먼 브라더스(Lehman Brothers)가 금융권의 부실 관리와 투명성 부족으로 인해 뉴욕 법원에 파산신청을 하고 다른 은행들도 같은 이유로 잇따라 부실 경영이 드러나면서 세계경제에 큰 타격을 받았다. 이에 따라 기업의 지배구조와 경영 투명성에 대한 요구가 크게 증가되었다. 이러한 사건은 기업이 단순히 이윤만을 추구하는 것이 아니라, 이해관계자들에게 책임을 다해야 한다는 인식을 확산시켰다.

한국, EU, 미국 등을 중심으로 한 각국에서는 2050년까지 탄소중립 달성을 위한 관련 정책과 규제가 이루어지고 있다. 특히 탄소와 폐기물 등의 환경영향을 비롯하여 기업의 환경 및 사회적 책임에 대한 요구가 강화되고 있다. 이에 따라 ESG 경영은 국내·외 투자자들에게도 중요한 투자 지표가 되고 있으며, ESG 정보공시가 단계적으로 의무화가 추진되고 있다. ESG 지표에서 높은 점수를 받은 기업은 장기적인 안정성을 보여주기 때문에 투자 유치와 안정적인 자금조달과 투자자의 높은 평가를 받기 위해 이젠 선택이 아닌 필수로 자리를 잡아가고 있다.

(3) 국제 협약과 규제의 강화

유엔과 같은 국제기구는 지속 가능성 관련 여러 협약을 통해 기업들이 ESG 요소를 고려한 경영을 채택하도록 자율적으로 유도하고, 환경 규제와 사회적 책임에 대한 요구를 강화하고 있다. ESG를 도입한 기업은 이러한 사회적 견제와 규제 변화에 유연하게 대응하며, 환경·사회적 리스크를 사전에 예방할 수 있기 때문이다.

이를 실천하기 위해 2015년에 채택된 '파리 기후 협정'은 전 세계적으로 기후변화 대응을 위한 강력한 국제적 노력의 기반을 마련했다. 또한 "UN의 지속가능발전목표(SDGs)"는 2030년까지 전 세계가 달성해야 할 목표로 설정되어, 환경적, 사회적 문제 해결에 대한 기업의 기여가 중요한 과제가 되었다.

국가차원의 관심이 높아짐에 따라 연기금 등의 책임투자에 대한 논의 활성화와 정부단위 ESG 제도의 표준화, 민간분야의 적극적인 활성화 논의 등으로 확대되고 있다.

(4) 블랙록(BlackRock) CEO의 ESG 우선주의 선언

기업 및 사회 전반에 ESG를 확산시킨 것은 2020년 초 세계 최대 자산운용사 블랙록(BlackRock)의 CEO인 래리 핑크(Larry Fink) 회장의 연례 서신이었다. 2020년 1월 래리 핑크 회장은 앞으로 모든 투자와 인수 결정에 있어서 "기후변화와 지속 가능성을 가장 먼저 보겠다"고 밝혔다. "석탄 개발업체나 화석연료 생산 기업 등에는 투자하지 않겠다"고 밝혔다. 공개적인 사회적 약속이며, 전 세계에 영향을 주었다. 순식간에 전 세계에 ESG 경영환경과 열풍으로 몰아넣는 방아쇠가 되었다. 또 투자대상이 되는 기업의 최고경영자(CEO)에게는 기후변화 대응과 지속가능경영을 수행하고, 관련된 정보를 충실히 공시하도록 요청했다. 특히 "이 요청사항을 제대로 준수하지 않는 기업의 경영진에 대해서는 주주총회에서 반대표를 행사하겠다"는 의지를 표명했다. 기업에 직접투자하는 글로벌 금융기관에서 이러한 움직임을 보이자 글로벌 투자유치를 목표로 하는 기업들로서는 ESG경영을 실천하지 않을 수 없었고, 이에 ESG는 전 세계 기업들에게 중요한 쟁점으로 부상되었다.

(5) 미국 대통령들의 ESG 친화적 행보 및 이해관계자 자본주의의 부각

바이든 미국 대통령은 취임 후 즉시 파리기후협약에 복귀하고, 선거과정에서도 기후변화, 친환경에너지 등 환경에 관련된 공약들을 발표했다. 이에 2024년 대선기간중 트럼프는 "바이든은 증시에만 신경을 쓴다"고 비판하면서 주주자본주의를 끝날 때가 왔음을 강조했다. 특히 그는 주주자본주의는 기업이 주주에게만 책임진다는 생각이나, 기업은 근로자, 지역 사회, 국가에 대한 책임이 있음을 강조하며 주주자본주의를 끝낼 시간이라고 하였다. 그러나 대선이 끝난 뒤 그는 자국의 산업체 보호를 위해 국가우선주의를 강조하면서 2025년 1월 20일, 취임 후 자국의 산업보호를 위해 행정명령을 통해 허울뿐인 '파리기후협약'의 탈퇴를 선언하기도 했다. 이에 그린피스 등 지구촌 환경보호단체들은 성명서 등에 "미국의 기후변화시계는 거꾸로 간다"고 비판하고 있다. 또한 1970년 9월, 기업의 목적에서 큰 변화를 가져 왔던 미국 시카고대학의 경제학자가 주장한 '프리드먼 독트린'에서

'주주자본주의에서 기업의 사회적 책임은 이윤을 늘리는 것'이라는 주장으로 고용창출과 차별해소, 오염방지는 사회주의적인 주장이란 이론을 전개해 오기도 했다. 그러나 대기업이 성장하고 이익을 창출해 주주에게 환원했으나 이면에는 많은 국가에서 불평등과 환경파괴가 진행되는 상황에 이르렀다는 비판을 받고 있다. 2019년, 미국의 재계를 대표하는 단체인 '비즈니스 원탁회의'는 주주이익의 극대화에서 이해관계자의 번영으로 바꾸는 성명을 발표했다. 프리드먼 교수의 주장과는 확실히 다른 개념이다. 그들은 이해관계자 자본주의(Stakeholder Capitalism)는 기존의 이해관계자 중 경영자와 이사회 등을 위해 기업의 재무적 요소와 경영 효율화에 초점을 맞추었다면 앞으로 기업의 지속성을 위해선 기업 경영활동과 관련된 임직원과 소비자, 공급망의 업체들, 고객, 투자자, 금융기관, 지역사회, 주민 등 모든 이해관계자들과 더불어 존재하고 번영하는 것을 경영의 목표로 한다고 밝혔다.

(6) 소비자 신뢰와 브랜드 이미지 강화

ESG 경영의 필요성은 무엇보다 고객과 소비자의 인식 변화에서 찾을 수 있다.

최근 소비 트렌드와 소비자 인식은 ESG 핵심요소를 갖춘 기업과 브랜드에 주목하기 시작하였고, 이는 실제 구매의사결정에도 영향을 주고 있다.

오늘날 똑똑한 소비자들은 윤리적이고 지속 가능한 가치를 추구하는 기업을 선호한다. 기업의 사회적 책임에 대한 소비자들의 민감도가 높아지면서 ESG 우수기업과 제품에 대한 고객의 로열티가 높아지고 있다. ESG 경영은 긍정적인 브랜드 이미지를 형성하고, 소비자 충성도를 높이는 데 기여한다. 특히 20대의 밀레니얼 세대(M세대)와 30~40대의 Z세대 등 MZ세대들은 ESG 가치에 갈수록 민감해지고 기업 제품과 서비스 선택에 큰 영향을 미친다는 연구보고서들이 나오고 있다.

3 ESG 경영의 패러다임과 ESG 경영 트렌드의 변화

1) ESG 경영의 패러다임

주주들은 자신의 재무적 성과나 투자수익을 극대화하는 것이 목표이다. 오늘날 전문경영인들은 자신들의 이익 극대화에 몰입하기보다 기업의 장기적인 성과를 위해 연구개발과 신시장 개척, 신제품 개발, 경영혁신 등에 나서고 있다. 기업의 장기적 가치와 변화하는 경영환경에 대응하는 경영활동이 기업 가치를 높이고 있다.

글로벌시대를 맞아 지속가능성에 대한 투자자의 요구와 각국 정부의 법적 규제가 강화되면서 기업 조직도 단순히 이윤 창출을 넘어 환경과 사회, 그리고 투명한 경영을 통해 지속 가능한 성장을 목표로 이행하지 않으면 장기적인 생존 자체가 어려워지고 있다.

이러한 국제적인 요구와 규제강화는 기후변화 대응과 탄소중립 목표달성에 대한 강력한 압박으로 나타나고 있다. 파리기후 협정 이후 각국 정부는 기업들에게 기후관리 리스크를 정확하게 측정하고 이를 공시하도록 요구하고 있다. 특히 유럽연합(EU)과 미국의 기후규제강화는 단순한 환경보호 차원을 넘어 기업의 전체 비즈니스모델을 변화시키고 있다. 이러한 변화를 신속하게 수용하지 않으면 글로벌 시장에서 성장하고 경쟁력을 유지하기 어려울 것이다.

현대경영의 패러다임이 종전 재무적 성과와 경영전략 중심의 정량적인 성과 및 성장가능성 평가에서 정성적인 비재무적 성과와 다양한 이해관계 관점의 경영전략 등을 함께 고려한 지속가능성을 기준으로 기업과 조직을 평가하고 의사결정을 지원하는 ESG 경영의 패러다임으로 바뀌고 있다. 이제 ESG 경영은 선택이 아닌 필수적인 경영전략으로 자리잡았다.

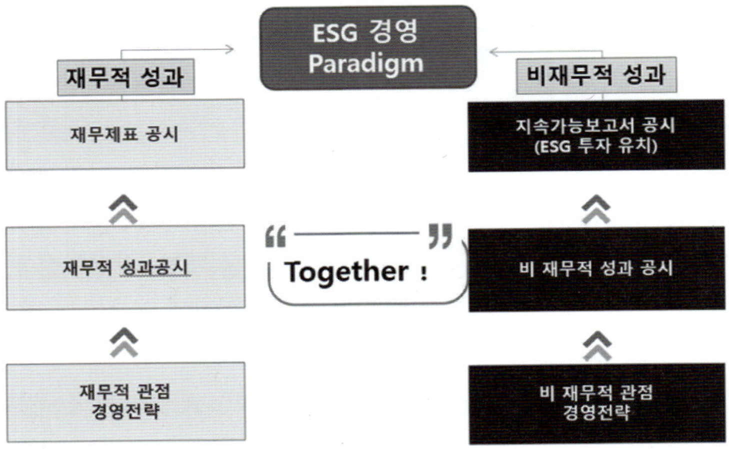

[그림 1-3] ESG 경영패러다임

2) ESG 경영 트렌드의 변화

(1) 투자자와 이해관계자의 기대 변화

투자자와 이해관계자는 점점 더 ESG 요소를 중요하게 고려하고 있다. 이는 ESG가 기업의 리스크 관리와 장기적인 지속 가능성을 평가하는 중요한 척도가 되기 때문이다.

가. 투자자 선호 변화

최근 몇 년간 지속 가능한 투자(Sustainable Investing)에 대한 관심이 크게 증가했다. 투자자들은 단순히 재무적 성과만을 보고 투자 결정을 내리기보다 기업의 ESG 성과를 중요하게 평가하고 있다. 특히 장기적인 투자 관점을 가진 기관 투자자들은 기업의 ESG 성과가 향후 재무 성과와 직결된다고 믿기 때문에, ESG 기준이 높은 기업에 더 많은 투자를 유치하고 있다.

나. 리스크 관리와 안정성

ESG 요소는 기업의 리스크 관리 능력을 평가하는 중요한 기준이 된다. 예를 들어, 환경 규제 강화에 대비하지 않은 기업은 향후 막대한 법적 리스크와 비용에 직면할 수 있다. 또 노동권 침해나 부패 문제로 인한 사회적 논란은 기업의 명성을 크게 훼손시킬 수 있다. 따라서 ESG 관리는 기업의 안정성과 리스크 관리를 강화하는 데 필수적이다.

(2) 법적 규제와 정책 변화

전 세계적으로 ESG와 관련된 법적 규제와 정책이 강화되고 있는 추세이다. 이는 ESG 기준이 기업 경영의 필수 요소로 자리 잡게 만든 중요한 이유 중 하나이다.

가. 환경 규제 강화

여러 국가에서 환경 보호와 관련된 규제가 강화되고 있으며, 탄소 배출량 감축 목표가 법제화되고 있다. 이러한 규제 변화는 기업에게 환경 경영을 강화하고, 탄소 배출량을 줄이기 위한 전략을 필수적으로 요구한다.

나. 사회적 책임과 인권 규제

노동권 보호와 인권 존중을 요구하는 법적 규제도 강화되고 있다. 기업들은 공급망에서의 아동 노동 금지, 안전한 작업 환경 제공, 공정한 노동 조건을 보장하기 위한 법적 요구사항을 준수해야 한다.

다. 지배구조 규제

여러 국가에서 기업 지배구조의 투명성과 책임성을 강화하는 법적 규제가 도입되고 있다. 이는 이사회 구성의 다양성, 독립성 강화, 내부 통제 시스템 강화 등을 요구한다.

(3) 소비자와 사회적 기대 변화

소비자들은 점점 더 기업의 사회적 책임과 환경적 영향을 고려하여 제품과 서비스를 선택하고 있다. 이는 ESG 경영이 소비자 신뢰와 브랜드 가치에 직접적인 영향을 미친다는 것을 의미한다.

가. 소비자 행동 변화

현대 소비자들은 자신이 구매하는 제품과 서비스를 제공하는 기업이 윤리적이고 책임감 있는 경영을 하고 있는지에 대해 관심을 가진다. 특히,

밀레니얼 세대와 Z세대는 친환경 제품과 사회적 가치를 중시하는 브랜드를 선호하는 경향이 강하다. 따라서 ESG 경영을 잘하는 기업은 소비자들에게 긍정적인 이미지를 심어줄 수 있다.

나. 사회적 책임에 대한 요구

기업이 지역사회와 환경에 긍정적인 영향을 미치고 있는지 여부는 사회적 평가의 중요한 요소가 되고 있다. 사회적 책임을 다하지 않는 기업은 소비자들의 불매운동과 사회적 비난 등 다양한 형태의 압력을 받을 수 있다.

(4) 기업 내부 운영 효율성 증대

ESG 경영은 기업의 내부 운영효율성을 높이고, 비용 절감과 생산성 향상에 기여할 수 있다.

가. 에너지 효율화와 비용 절감

에너지 효율성을 높이는 ESG 전략을 채택하면, 운영 비용을 절감할 수 있다. 사례로 에너지 효율이 높은 설비를 도입하거나 재생 가능한 자원 순환형 에너지 사용은 장기적으로 비용을 절감하고 환경에 긍정적인 영향을 미친다.

나. 직원 만족도와 생산성 향상

사회적 책임을 다하고, 포용적인 조직 문화를 조성하는 기업은 직원 만족도를 높일 수 있다. 만족도가 높은 직원은 생산성이 높고, 이직률이 낮아져 기업의 운영 효율성을 높이는 데 기여한다.

(5) 장기적인 재무 성과 개선

ESG 요소를 잘 관리하는 기업은 장기적으로 더 나은 재무성과를 기록할 가능성이 크다. 이는 ESG가 리스크 관리, 비용 절감, 브랜드가치 제고 등에 긍정적인 영향을 미치기 때문이다.

가. 리스크 관리와 재무 성과

ESG를 잘 관리하는 기업은 환경적, 사회적, 지배구조적 리스크를 효과적으로 줄일 수 있다, 이는 장기적인 재무 안정성을 확보하는 데 기여한다. 예를 들어, 환경 리스크를 잘 관리하는 기업은 규제 변화에 따른 비용을 줄일 수 있으며, 사회적 책임을 다하는 기업은 사회적 논란으로 인한 비용을 줄일 수 있을 것이다.

나. 투자자 신뢰와 자본 조달

ESG 성과가 우수한 기업은 투자자들의 신뢰를 얻고, 더 낮은 비용으로 자본을 조달할 수 있다. 이는 기업의 자금 조달 비용을 줄이고, 장기적인 재무 성과를 개선하는 데 기여한다.

제2장 ESG 경영의 배경과 프레임워크

ESG 경영의 등장은 단순한 트렌드가 아닌, 글로벌 경제와 사회 전반에 걸쳐 장기적인 변화를 촉발하고 있다. ESG 경영에 대한 글로벌 프레임워크와 가이드라인은 지속 가능성과 기업의 사회적 책임, 그리고 투명한 지배구조를 개방적으로 촉진하기 위해 중요한 역할을 한다. 다양한 글로벌 기구와 조직들은 ESG 경영의 표준화를 위해 여러 프레임워크와 지표를 개발해 왔으며, 이를 통해 기업들이 보다 체계적으로 ESG 목표를 설정하고, 이를 진단할 수 있도록 지원한다.

이에따라 ESG 경영은 기업의 지속 가능성과 장기적인 성공을 확보하기 위한 필수적인 요소로 자리 잡고 있다. 이를 위한 다양한 글로벌 프레임워크와 가이드라인은 기업들이 ESG 목표를 설정하고, 성과를 평가하며, 이해관계자들과 투명하게 소통할 수 있는 중요한 도구로 활용된다. TCFD, GRI, SASB, 그리고 PRI와 같은 프레임워크들은 기업들이 ESG 경영을 체계적으로 도입하고, 투자자들과의 신뢰를 구축하는 데 중요한 역할을 했다. 이들 도구는 기업들이 ESG 전략을 수립하고, 성과를 평가하며, 이해관계자와 소통할 때 활용된다. 제2장은 주요 글로벌 ESG의 등장배경과 ESG경영적인 프레임워크 도출과 추진과정, 글로벌 ESG 가이드라인 등에 대해 알아본다.

https://unstats.un.org/sdgs/indicators/indicators-list/

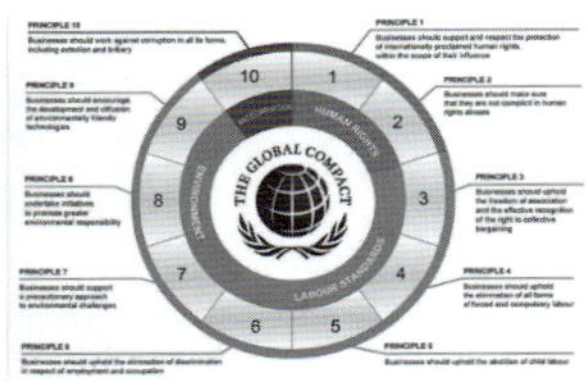

1 ESG 경영의 등장 배경

ESG 경영은 기후변화에 따른 지구촌의 보호와 탄소 배출 문제 등 환경적 위기에 대한 국제적 대응과 소비자와 투자자들의 사회적 책임을 강조하고 있다. 또 기업을 둘러싸고 대내적으로 윤리적 경영을 요구하고, 기업 스캔들과 부패 문제로 인해 투명하고 공정한 경영 체계의 필요성이 대두되면서 각국에서 급속도로 부각되었다.

원래 ESG 용어는 유엔환경계획 금융이니셔티브(UNEP FI)가 2003년 환경(Environmental), 사회(Social), 지배구조(Governance)의 첫 글자를 조합해 처음 사용하면서 시작됐다(변영조·우승한, 2022). 'ESG'라는 용어의 공식적 사용은 2004년 UNGC(UN Global Compact)와 20여개의 금융기관이 공동으로 작성한 〈Who Cares Wins〉보고서이다.

2006년 UN은 사회책임투자원칙(PRI: Principles for Responsible Investment)을 발표하고 이 투자원칙에 ESG 용어가 반영되면서 전 세계적으로 ESG라는 새로운 경영 지침이 널리 쓰이기 시작했다.

UN은 또 2015년 '파리기후협정'을 계기로 전 세계적으로 기후 변화 대응을 위한 강력한 국제적 노력의 기반을 마련하고, 2030년까지 전 세계가 달성해야 할 환경적, 경제적, 사회적 발전을 위한 "UN의 지속가능발전목표(SDGs)"를 설정했다. 기후 관련 재무 공시 태스크포스(TCFD)는 2015년 G20 재무장관 회의의 요청에 따라 설립된 기구로, 기후 변화가 재무적 성과에 미치는 영향을 투명하게 공시하도록 기업들에게 권고했다.

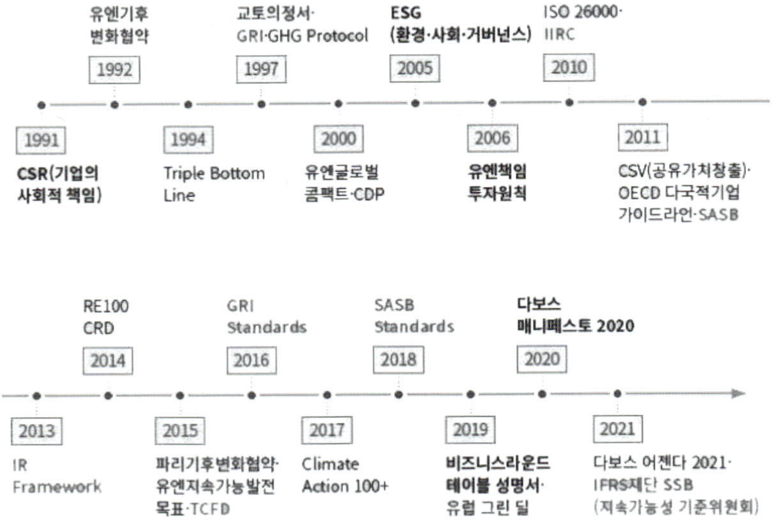

자료: 사회적가치연구원(2021). 『ESG Handbook Basic』.

[그림 2-1] ESG 경영의 등장 배경

지속가능 보고서에 대한 가이드라인을 제시하는 국제기구인 글로벌 리포팅 이니셔티브(Global Reporting Initiative, GRI)는 2016년 기업의 지속가능성 보고를 위한 환경적, 사회적, 경제적 영향을 체계적으로 보고할 수 있도록 지침을 제시했다.

1984년 인도 보팔의 한 기업에서 맹독성 화학물질이 유출되면서 수많은 사람들이 사망하고 실명시키는 사건을 일으켰다. 이어서 1989년 미국 알래스카만에서 엑손 발데즈호가 한국 태안 원유유출사고의 4배 규모에 달하는 4만 톤의 원유를 유출하는 사고로 인해 전 세계가 환경 이슈에 주목하게 되었다. 이런 큰 규모의 환경 사고에 대해 미국의 환경단체인 세레즈(CERES)는 1997년 기업이 환경과 사회에 끼치는 영향을 스스로 파악하고 공개하며, 이를 관리하고 개선하는 노력을 해야 한다는 '발데즈의 원칙'을 발표했다. 그리고 사고 재발 방지를 위해 UN 환경계획(UNEP)과 협약을 맺고 GRI(Global Reporting Initiative)를 설립하여 관련 정보공개 기준인 'GRI G1'을 2000년에 제시했다. 이같은 가이드라인은 현재 많은 기업이 지속가능성 경영보고서 또는 ESG 보고서 발간의 기준이 되었다.

SASB(지속 가능성 회계 기준 위원회)는 2018년 77개 산업에 걸쳐 지속가능성과 관련된 재무정보를 보고할 수 있는 표준을 제공했다.

2019년에는 미국내 200개 대기업을 대표하는 협의체인 BRT(Business Roundtable)는 기업의 목적에 대한 새로운 패러다임을 담은 [그림 2-2]와 같은 선언문을 발표했다.

[그림 2-2] BRT 선언문

세계경제포럼(WEF, World Economic Forum)은 2020년 1월, 스위스 다보스에서 개최된 '다보스 포럼'에서 '화합하고 지속가능한 세계를 위한 이해관계자들'을 핵심의제로 설정했다. 이어 2020년 9월에는 지속가능한 가치측정 가이드라인 백서인 '이해관계자 자본주의 측정(Measuring Stakeholder Capitalism)'을 발간했다. 세계경제포럼(WEF)은 ESG의 4개 축(거버넌스·지구·사람·번영) 중 거버넌스를 첫 번째로 꼽고 있다. ESG 평가 기관들은 매년 새로운 G 지수를 추가시키고 있다. 특히 '여성 이사 비율'과 '최고경영자(CEO) 임금 산정 방식', '로비 자금', '뇌물 방지책', '리스크 관리' 등에서 평가지표가 늘어나는 추세이다.

사회책임 투자원칙은 '더 좋은 사회를 만드는 기업에만 투자하겠다'는 금융기관들의 기준이다. 2021년 1월을 기준으로 '사회책임 투자원칙(PRI)'에 가입한 금융기관은 전 세계적으로 3,615곳에 달한다. 이처럼 'EGS 경영을 실천하는 기업에만 투자하겠다'는 글로벌 금융기관이 늘어나면서, 기업도 투자금을 유치하기 위해서는 ESG 경영을 필수적으로 이행해야 하는 시대가 되었다.

2 글로벌 ESG 경영 프레임워크와 가이드라인

ESG 성과를 측정하고 평가하기 위해 다양한 국제 표준과 지침이 사용된다. ESG 정보 공시가 확대되고 ESG 관련 기준이 높아짐에 따라 글로벌 거래관계에서 협력사 선정 시 ESG 이니셔티브 준수를 요청하는 경우가 크게 증가하고 있다.

글로벌 ESG 이니셔티브(Initiative) 기준은 각 산업 내 경영전략 과정에서 '글로벌 기업에 대한 ESG 행동 강령' 또는 지침의 형태로 자율적 규범을 준수하는 협의체 또는 조직을 뜻한다. ESG 이니셔티브는 지속 가능한 경영을 위해 기업, 투자자, NGO, 정부와의 협업을 통해 산업 내 ESG 표준, 가이드라인, 프레임워크의 개발 및 구현을 촉진하고 있다. 이를 완성하기 위해서는 국제기구와 비정부기구(NGO), 산업협회, ESG 평가운영사, 금융기관, 정부 기관 등 다양한 조직에서 주도적인 협업을 통해 ESG 이니셔티브를 만들어 나가고 있다. 이 가운데 국내기업의 경우 가장 앞장서고 있는 EU 활동에 직접적인 영향을 미칠 수 있는 '산업별 ESG 이니셔티브'와 'ESG 평가운영사' 등의 기준에 대해 적극 협력할 필요성이 대두되었다.

ESG의 적극적인 관리는 기업의 장기 생존 가능성을 높이고, 새로운 투자 및 협력을 앞당길 수 있다. 특히 EU에 진출하거나 거래를 하고 있는 기업들은 ESG 이니셔티브를 적극 활용해 새로운 성장 동력 및 기회를 창출하는 계기로 삼을 수도 있을 것이다.

1) 글로벌 ESG 경영 프레임워크

ESG 이니셔티브(Initiative)는 지속 가능한 경영을 위해 기업과 투자자, NGO, 정부와의 협업을 통해 '산업 내 ESG 표준, 가이드라인, 프레임워크의 개발 및 구현' 등 ESG 경영 프레임워크를 추진한다. 이것은 글로벌시대에 맞춰 기업 조직이 효율적으로 ESG 정보를 공개할 수 있도록 자율적 준수가 가능한 기준과 방법을 제시하고 있는 이니셔티브를 의미한다. 여기에는 GRI(Global Reporting Initiative: 국제보고이니셔티브)와 TCFD(Task Force on Climate-related Financial Disclosures: 기후변화와 관련된 재무정보 공개에 대한 태스크포스), SASB(Sustainability Accounting Standards Board: 지속가능성회계기준), ISSB(International Sustainability Standards Board: 국제지속가능성기준위원회), UN SDGs(United Nations Sustainable Development Goals: 지속가능발전목표)와 EU CSRS와 ESRS(유럽지속가능성 보고표준), SEC 기후공시규칙 등이 있다.

이들 각 기구는 지속 가능성 보고, 재무 보고의 투명성과 일관성을 향상시키기 위한 국제적 노력의 일부로 중요한 역할을 하고 있다. 주요 ESG 이니셔티브를 소개하면 〈표 2-1〉과 같다.

〈표 2-1〉 주요 ESG 이니셔티브

공시기준	출범	적용대상 및 특징	적용시기	검증
GRI	1997 민간단체	지속가능보고서 작성대상 전 기관 및 기업	새기준 2023년 Sector 표준진행(40개 섹터)	검증의무화
SASB	2012(미국)	11개 분야 77개 산업별 지표 구분	투자의사결정자원	검증의무화
TCFD	2015 (G20금융위원회)	4개 지표 기후보고의 의무화	각종 공시에 기후변화 공시표준으로 활용	검증의무화
UNSDGs	2015 UN총회	주요 보고서에 포괄적 적용	2016년 이후 보고서 기준	권고사항
ISSB	2021 IFRS	OECD회원국/전세계기업 Scope3적용/재무중요성	2024년부터 국별선택	재무보고와 동일
ESRS	2021 EFRAG	Scope3적용 이중 중요성	2024년부터 연차적용	검증의무화
SEC기후 공시규칙	미국증권거래 위원회	기후보고의무화 Scope3 제외	2025년부터 연차적용	검증의무화

IFRS 재단과 GRI는 2022년 3월 체결된 양해각서를 기반으로 협력 관계를 강화해왔다. 2023년 11월 두 기관은 두 기준에 대한 기업의 접근을 개선하고 비용 효율적으로 정보를 산출할 수 있도록 싱가포르에서 파일럿 프로젝트를 실시한 바 있다.

ISSB와 GRI를 개발·보급하는 글로벌 지속가능성기준위원회(GSSB)는 각 기준에 필요한 공통 공시 사항을 식별하고 조정하기로 약속했다. 예를 들어 최근 발표된 GRI 101 생물다양성 기준과 ISSB의 생물다양성, 생태계 및 생태계 서비스에 대한 공시 개발을 연결하는 등 방식으로 협력한다.

ISSB가 EFRAG와 상호운용성 지침을 발표한 데 이어 GRI 가이드라인과도 호환성을 높이기로 함으로써 ISSB 기준은 명실상부한 지속가능성 공시 글로벌 기준선으로 자리 잡게 됐다. ISSB, EFRAG, GRI가 상호 협력하는 가운데 한국도 ISSB 기준을 따른다.

(1) GRI (Global Reporting Initiative: 글로벌 보고서 이니셔티브)

1997년에 설립된 GRI는 지속 가능성 보고를 위한 국제적인 기준을 제공하는 비영리 기구이다. GRI 기준은 기업의 지속 가능성 보고서 작성에 가장 널리 사용되는 국제 표준 중 하나이다.

GRI는 환경, 사회, 경제, 지배구조 측면에서 기업의 영향을 측정하는 지표를 제공하며, 각 섹션에 대해 정성적 및 정량적 데이터를 보고하도록 요구한다. GRI 표준은 기업들이 ESG 성과를 보고할 때 사용할 수 있는 다양한 지표를 제공한다.

이를 위해 환경적 지표에서는 온실가스 배출량과 자원 사용량, 폐기물 처리 등을 기준으로 하고, 사회적 지표에서는 노동권 보호, 공급망 관리 등을 포함하였다. GRI 표준은 환경, 사회, 지배구조에 대한 구체적인 지표와 공시 항목으로 정해 기업은 이를 통해 투자자와 이해관계자들에게 투명한 정보를 제공토록 했다.

가. GRI의 개요

GRI는 모든 조직에 공통적으로 적용되는 정보공개 기준을 제시하고, 현재 세계적으로 통용되는 가장 권위 있는 지속가능성 보고서 가이드라인이다. GRI는 1997년 미국 비영리단체 CERES(Coalition for Environmentally Responsible Economies)와 UNEP(United Nations Environment Programme)가 공동으로 설립했다. GRI의 목적은 경제적, 환경적, 사회적 성과를 투명하게 공개하고 보고하도록 하여 기업의 지속가능성을 높이는 데 있다. GRI 보고서는 기업의 이해관계자들에게 중요한 정보를 제공하며, 기업의 지속가능 활동을 평가하는 기준으로 활용된다.

나. GRI Standard Index

GRI기준은 기업의 경제적, 사회적, 환경적 성과를 체계적으로 공개하고 관리할 수 있도록 돕고 이해관계자와의 소통을 강화하고 지속가능경영 활동을 개선할 수 있도록 한다. GRI Standards(2021)는 경제 분야 6개 주제 13개 지표, 환경 분야 8개 주제 30개 지표, 사회 분야 19개 주제 34개 지표로 구성되어 있다. GRI는 2023년 실사를 포함한 새로운 가이드라인을 발표하였다.

① GRI Standards의 구성 요소

GRI 국제기준은 일반 공개 기준과 주제별 공개 사항으로 구성된다. 일반 공개 사항에는 기업 프로필, 전략, 윤리 및 청렴성, 지배구조 등이 포함된다. 주제별 공개는 경제, 환경, 사회 분야의 다양한 주제들이 포함되어 있다. 기업은 이러한 공개 사항들을 체계적으로 작성하여 지속가능경영 보고서를 작성할 수 있다.

ⅰ) 국제공통 표준(Universal Standards): GRI의 기본 원칙과 요구사항을 담고 있으며, 모든 기업이 적용해야 하는 기본적인 기준으로 구성된다. 이를 통해 기업들이 일관되게 보고할 수 있도록 한다.

ⅱ) 부문별 표준(Sector Standards): 특정 산업이나 부문에 적합한 보고 표준을 제공한다. 이는 다양한 산업의 특성에 맞춘 구체적인 지침을 포함하여, 각 분야의 기업들이 필요로 하는 특정 데이터를 효과적으로 보고할 수 있도록 돕는다.

iii) 주제별 표준(Topic Standards): 환경, 인권, 노동관행 등 특정 주제에 대한 심화된 기준이다. 이들은 기업이 다뤄야 할 중요한 사회적 및 환경적 이슈에 대해 구체적이고 깊이 있는 가이드를 제공한다.
이러한 표준은 지속 가능성 보고서가 단순히 법적 요건을 충족하는 것을 넘어서, 기업의 전략적 의사 결정에 귀중한 데이터를 제공하도록 설계된다.

② **GRI 보고의 원칙**

GRI는 보고의 신뢰성을 높이기 위해 여러 가지 원칙을 제시한다. 여기에는 균형성, 비교 가능성, 정확성, 적시성, 신뢰성 및 명확성 등의 요소가 포함된다. 이를 통해 기업은 이해관계자에게 보다 투명하고 신뢰할 수 있는 정보를 제공할 수 있도록 해야 한다.

③ **GRI Standards의 발전**

GRI는 1997년 미국 보스턴의 비영리단체인 CERES(Coalition for Environmentally Responsible Economies)와 UNEP(United Nations Environment Programme)에 의해 공동으로 설립되었다. 초기 목표는 '환경보고서를 위한 글로벌표준을 개발'하는 것이 목표였다.
GRI 가이드라인의 첫 번째 버전: 2000년에 GRI는 첫 번째 '지속가능성 보고가이드라인'을 발표했다. 이는 환경, 사회 및 경제적 영향을 포함한 통합보고서 작성의 첫걸음이었다.
G2 가이드라인(2002년): 2002년에는 G2가이드라인이 처음으로 도입되었다. 이는 초기 가이드라인을 개선하고, 더 많은 이해관계자의 피드백을 반영한 것이다. 또한, GRI는 암스테르담에 본부를 두고 국제적인 조직으로 성장했다.
G3 가이드라인(2006년): 2006년에는 G3가이드라인이 발표되었다. 이는 보고서프로세스를 더 체계화하고, 보고서 품질을 높이며, 비교 가능성을 개선한 버전이다. 이 버전은 많은 조직에서 널리 사용되었다.
G4 가이드라인(2013년): 2013년에는 G4 가이드라인이 도입되었다. 이 가이드 라인은 중요한 이슈와 이해관계자의 참여를 강조하며,

보고서의 명확성과 투명성을 높이는 데 중점을 두었다.

GRI 표준: 2016년에는 GRI가이드라인이 GRI표준으로 전환되었다. GRI표준은 모듈방식으로 구성되어 조직이 자신의 필요에 맞게 유연하게 사용할 수 있도록 하며, 지속가능성보고의 국제표준으로 자리잡았다. GRI는 2020년 이후 지속적으로 표준을 업데이트하고 있으며, 다양한 섹터별표준을 개발하고, 2021년에는 'GRI Standards 2021'이 발표되었다. 지속 가능성 보고의 최신 동향과 기업들이 마주하는 다양한 환경적, 사회적 문제를 반영했다. 특히, 기후변화와 같은 글로벌 이슈에 대한 대응이 강화되었고, ESG(환경, 사회, 지배구조) 관련 정보 공개에 대한 투명성이 높아졌다.GRI는 지속가능성 보고의 글로벌 조직으로 자리매김하며, ESG 보고의 중요성이 증가함에 따라 그 역할은 더욱 커지고 있다. GRI Standards는 단순한 보고기준을 넘어, 기업의 지속가능성을 향상시키고 있다. 글로벌 환경에 맞춘 사회적 책임을 다하는 데 필수적인 도구로 자리 잡고 있다. 기업들은 GRI 표준을 활용하여 자신들의 경제적 및 사회적 성과를 측정하고, 글로벌 이해관계자와 공유함으로써 지속 가능한 미래를 위해 긍정적인 영향을 미칠 것이다.

(2) SASB(Sustainability Accounting Standards Board: 지속가능성 회계기준 위원회)

2011년도에 설립된 SASB는 기업의 지속가능성과 관련된 정보를 표준화하고 공개하는 것을 목표로 하는 비영리 기구이다. SASB는 기업이 중요한 지속가능성 이슈를 파악하고 관리할 수 있도록 산업별 표준 및 의사결정에 도움이 되는 정보를 제공하도록 했다. 이를 통해 기업의 장기적인 가치 창출을 지원하고, 투자자들이 보다 정확한 의사결정을 내릴 수 있도록 돕는 것을 목표로 하고 있다.

① SASB 기준

SASB 기준과 목표는 지속 가능성 관련 정보가 재무 결정 과정에서 유용하게 사용될 수 있도록 산업별로 맞춤화된 회계 기준을 제공한다. SASB는 11개분야 77개 산업에 걸쳐 지속 가능성과 관련된 재무 정보를 보고할 수 있는 표준을 제공한다. SASB의 표준은 각 산업의 고유한 특성을 반영하며, 기업들이 산업별로 중요한 ESG 문제를 보고할 수 있도록 지원을 한다.

② 산업별 맞춤형 표준

SASB는 77개 산업에 걸쳐 고유한 지속가능성 정보공개 표준을 제공하며, 각 산업별로 중요한 ESG 리스크와 다양한 이해관계자와 협력하여 지속가능성 정보의 질적 향상과 활용에 힘쓰고 있다. 이를 통해 기업의 장기적인 가치 창출을 지원하고, 투자자들의 보다 정확한 의사결정을 돕는다. 사례로 에너지 산업에서는 탄소 배출과 기후 변화 대응이 주요 이슈로 다뤄지며, 금융산업은 기업의 투명성과 리스크 관리가 핵심적으로 평가된다.

③ SASB(Sustainability Accounting Standards Board)의 접근방식

SASB 프레임워크의 핵심은 산업 특화적인 접근방식이다. SASB는 77개의 산업 분류 체계를 바탕으로 각 산업별 중요한 지속가능성 주제와 관련 지표를 제시하고 있다. 예를 들어 자동차 산업의 경우 온실가스 배출, 연료 효율성, 제품 안전성, 소매산업에는 제품 안전성, 공급망 관리, 에너지 효율성 등이 주요 지속가능성 주제로 다루어지고 있다.

또 금융 산업의 경우 시스템 리스크 관리, 고객 개인정보 보호, 비즈니스 윤리 등이 주요 주제가 된다. SASB는 재무적 성과에 영향을 미칠 수 있는 주요 ESG 요소를 식별하고, 이를 투자자들에게 투명하게 보고할 수 있도록 표준화된 보고지침을 제공한다. 이 표준은 기업의 지속가능성 보고서 작성을 지원하고, 투자자들의 정보 요구사항을 수렴하는 등의 활동을 통해 지속가능성 정보의 질적 향상과 활용도 제고에 힘쓰고 있다.

(3) TCFD(Task Force on Climate-related Financial Disclosures: 기후관련 재무공시 태스크포스)

기후 관련 재무공시 태스크포스(TCFD)는 2015년 'G20 재무장관 회의'의 요청에 따라 설립된 기구로, 기업에 영향을 끼칠 수 있는 기후변화의 리스크와 기회 요인을 정량적으로 수치화하고 이를 재무적으로 통합해 공개하는 것을 주목적으로 한다. 이는 금융 그룹과 비금융 그룹을 분리하여 가이드라인을 제공하고 있다. 기후 변화가 재무적 성과에 미치는 영향을 투명하게 공시하도록 기업들에게 권고하고 있다. 권고사항은 네 가지 핵심 영역으로 나뉜다.

- 거버넌스: 기후 관련 리스크 및 기회에 대한 조직의 관리 구조.
- 전략: 기후 변화가 비즈니스, 전략 및 재무 계획에 미치는 영향.
- 리스크 관리: 기후 관련 리스크를 식별, 평가 및 관리하는 방법.
- 지표 및 목표: 기후 관련 리스크 및 기회를 관리하기 위해 사용하는 지표와 성과 목표.

TCFD 권고안은 기업의 기후변화 대응을 위해 지배구조, 전략, 위험관리, 지표 및 목표 등 4대 핵심 요소를 제시하고 있다. 첫째, 지배구조 부문에서는 기후변화 관련 위험과 기회에 대한 이사회의 감독 및 경영진의 역할과 책임을 공개해야 한다. 둘째, 전략 부문에서는 단기, 중기, 장기적 관점에서 기업의 기후변화 관련 위험과 기회를 파악하고, 이를 경영전략에 어떻게 반영하는지를 공개해야 한다. 셋째, 위험관리 부문에서는 기후변화 관련 위험을 식별, 평가, 관리하는 프로세스를 공개해야 한다. 넷째, 지표 및 목표 부문에서는 기후변화 관련 지표와 감축 목표를 공개해야 한다.

기후변화와 관련된 기회요인으로는 새로운 시장 및 신기술에의 접근 등이 있다. 기업은 관련 관할지역에서의 현재 및 예상되는 제한 정책과 인센티브, 기술 변화 및 가용성, 시장 변화를 고려해야 한다. 이와 함께 조직의 물리적 위치 또는 공급업체가 기후 변화로부터 오는 물리적 영향에 특히 취약할지 고려해야 한다.

기후 변화와 관련된 리스크의 종류에는 전환리스크와 물리적 리스크가 있다.

가. 전환 리스크

전환리스크는 탄소중립 이행 과정에서 발생할 수 있는 사회 및 경제변화로 인해 발생하는 리스크를 말한다. 이에는 배출 제한 정책, 탄소세 부과, 수자원 제한, 토지 이용 규제/장려, 시장 수요 및 공급 전환 등에 따른 위험이 발생할 수 있다.

나. 물리적 리스크

물리적 리스크는 기후변화에 기업이 실제 대응하지 못할 때 물리적으로 발생하는 리스크이다. 이에는 운영 중단, 재산 파괴 등의 위험이 발생할 수 있다.

(4) SDGs(Sustainable Development Goals: 지속가능한 발전 목표)

지속 가능한 발전 목표(SDGs)는 UN이 2015년에 발표한 17개의 글로벌 목표로, 2030년까지 환경 보호, 빈곤 퇴치, 교육 개선 등 환경적, 경제적, 사회적 발전을 위한 국제적 목표이다. 1992년 UN 환경 개발 회의에서 간접적으로 언급된 이후, 2000년에 밀레니엄 개발 목표(MDGs)가 공표되었다. 그 후 15년이 지나 2015년 제70차 UN 총회에서 지속가능 발전 목표(SDGs)가 발표되었다. 당초 SDGs가 아니라 MDGs였다. 시간이 지나면서 MDGs보다 통합적이고 포괄적인 목표가 필요하게 되었다. 이때 기존의 MDGs는 주로 개발도상국에 초점을 맞췄던 것에 비해 선진국도 포함하여 모든 국가들이 노력할 수 있도록 촉구하려는 의도가 담겼다.

SDGs는 총 17개의 목표로 구성되어 있으며, 세부적으로는 169개의 하위 목표가 존재한다. UN의 지속가능발전목표는 지구촌의 빈곤을 종식시키고 지구를 보호하며, 2030년까지 모든 사람들이 평화와 번영을 누릴 수 있도록 보장하기 위한 목표이다.

그 사례로 SDGs 13번 목표인 '기후 변화 대응'은 ESG의 환경적 요소와 연관되며, 목표 8번인 양질의 일자리와 경제 성장은 사회적 요소와 연결된다. 이처럼 SDGs는 ESG 경영의 프레임워크에서 기업이 따라야 할 국제적인 기준을 제공하며, 기업들이 [그림 2-3]과 같은 17가지의 SDGs 목표를 기반으로 ESG 전략을 개발하도록 독려하고 있다.

[그림 2-3] UN의 지속가능한 발전목표

(5) ISSB (International Sustainability Standards Board: 국제지속가능성기준위원회)

ISSB는 2021년 국제 재무보고 기준위원회(IFRS) 산하에 설립되었다. 국제회계기준(IFRS)재단 산하 국제지속가능성기준위원회(ISSB)가 전 세계 ESG 정보공시의 표준을 제시하는 첫 번째 공시기준을 확정해 발표했다. ISSB 기준을 실제 국가 표준 ESG 정보공개 기준으로 선택할지의 여부는 각국 정부가 결정한다.

국내에서는 한국 지속가능성 기준위원회(KSSB)가 ISSB 공시기준을 기반으로 국제적 정합성을 갖추면서 국내 기업에 적합한 ESG 공시기준을 만들고 있다. 사실상 ISSB 기준을 채택한 셈이다.

ISSB 공시기준은 'IFRS S1'이라는 '일반적 지속가능성 관련 재무정보 공시요구안(General Requirement for Disclosure of Sustainability-related Financial Information)'과 'IFRS S2'라는 '기후 관련 재무정보 공시안(Climate-related Disclosure)'으로 나뉜다. ISSB의 IFRS S1(일반)과 S2(기후) 공시기준은 다음과 같다.

IFRS S1은 기업이 단기와 중기, 장기에 걸쳐 직면하는 지속가능성 관련 위험과 기회에 대한 정보를 투자자에게 제공하도록 요구한다. IFRS S2는 기후 관련 공시 요구사항을 제시하고 있다. 이 기준은 2025년 1월에 첫 공시가 이루어진다. 다만 기업의 공시 부담을 덜어주기 위해 S1 공시에 1년의 유예기간이 적용된다. ISSB는 '스코프3' 배출량 공시 의무도 1년간 유예해 주기로 결정했다.

'스코프3'은 기업의 협력사 등 공급망과 제품 소비 과정에서 발생하는 외부 탄소 배출량을 의미한다. '스코프3 배출'은 부품이나 소재의 생산, 조달 과정을 뜻하는 업스트림 활동에 따른 배출, 그리고 기업이 생산한 제품이 유통되는 과정과 소비자가 쓰고 폐기할 때 발생되는 다운스트림 활동을 통한 배출로 나뉜다.

ISSB는 기업에 대한 '스코프3 배출량' 공시 의무화의 원칙으로 기업의 전체 온실가스 배출량에서 상당한 비중을 차지하기 때문이다. 하지만 스코프3 배출량, 특히 다운스트림 배출량은 기업이 탄소배출량을 측정하기 어려워 공시 내용의 정확성을 확보하기 어렵다는 지적이 많아 공시 의무를 1년간 유예해 주기로 했다..

ISSB는 여기에 더해 앞으로 2년간 'S3', 'S4' 등으로 불릴 추가적인 공시기준을 만들 계획이다. ISSB는 투자자가 요구하는 정보에 관한 조사를 거쳐 지난 연말 이사회에서 ▶생물다양성, 생태계와 생태계 서비스(ecosystem service) ▶인적자원 ▶밸류체인의 인권 문제 등을 추가적인 공시기준 제정 작업의 주제로 정했다. 이와 함께 ESG공시와 재무공시의 통합 문제도 연구 과제로 정했다

가. ESG 공시기준 국제회계기준 IFRS S1

① ESG 공시기준 국제회계기준(IFRS) S1의 목적, 적용 범위

ESG 공시기준 IFRS S1의 목적은 단기, 중기 또는 장기에 걸쳐 기업의 현금흐름, 자금조달 접근성 또는 자본비용에 영향을 미칠 것으로 예상할 수 있는 모든 지속가능성 관련 위험 및 기회에 대한 정보를 공시하도록 요구하는 것이다. 적용 범위는 IFRS 지속가능성 공시기

준에 따라 지속가능성 관련 재무 공시를 작성하고 보고할 때 적용한다. ESG 공시기준 IFRS S1과 IFRS S2는 이전의 많은 기준 및 위원회 활동이 통합되어 적용되고 있다.

② **ESG 공시기준국제회계기준(IFRS) S1의 핵심요소**

ESG 공시기준 IFRS S1의 핵심요소는 거버넌스, 전략, 위험관리, 지표 및 목표의 4가지로 구성되어 있다. 첫째, 거버넌스는 기업이 지속가능성 관련 위험 및 기회를 모니터링하고 관리하기 위해 사용하는 거버넌스 프로세스, 통제 및 절차를 말한다. 둘째, 전략은 기업이 지속가능성 관련 위험 및 기회를 관리하기 위해 사용하는 접근법이며 셋째, 위험관리는 기업이 지속가능성 관련 위험 및 기회를 식별, 평가, 우선순위 설정 및 모니터링하기 위해 사용하는 프로세스를 말한다. 넷째, 지표 및 목표는 지속가능성 관련 위험 및 기회와 관련된 기업의 성과(기업이 설정한 모든 목표, 또는 법률이나 규제에 따라 충족해야 하는 모든 목표에 대한 진척도를 포함)를 말한다.

③ **ESG 공시기준 국제회계기준(IFRS) S1의 일반 요구사항**

ESG 공시기준 IFRS S1의 일반 요구사항 중에서 지침의 원천(Sources of guidance)은 다음과 같다. 지속가능성 관련 위험 및 기회의 식별은 IFRS 지속가능성 공시기준을 적용하며 기타 'SASB 기준의 공시 주제', '물 관련 공시를 위한 CDSB 프레임워크 적용 지침' 및 '생물다양성 관련 공시를 위한 CDSB 프레임워크 적용 지침'을 사용할 수 있다. [그림 2-4]의 지표와 감축목표, 위험관리, 전략, 지배구조 등의 IFRS S1/S2 4대 핵심요소를 중심으로 적용 가능한 공시 요구사항의 식별은 IFRS 지속가능성 공시기준인 SASB 기준 및 CDSB 프레임워크 적용 지침을 사용할 수 있다. 지침의 원천에 대한 정보를 공시한다.

[그림 2-4] ESG 공시기준 IFRS S1/S2 4대 핵심요소

IFRS S1의 일반 요구사항에서 공시의 위치는 일반 목적 재무 보고서의 일부로서 제공하고 보고 시기는 재무제표와 동시에 보고한다. 비교 정보를 제공해야 하며 이는 당기에 공시된 모든 값에 대해 전기 비교 정보를 공시한다. 첫해는 적용을 면제한다.

④ ESG 공시기준 IFRS S1의 부록

ESG 공시기준 IFRS S1의 부록, 지침의 원천은 기준이 없을 때 IFRS 지속가능성 공시기준과 상충되지 않는 범위에서 다음 원천을 참조하고, 이의 적용 가능성을 고려할 수 있다.

첫째는 GRI 기준이며, 둘째는 ESRS이다. 유용한 지속가능성 관련 재무 정보의 질적 특성은 목적 적합성, 중요성, 표현 충실성, 비교가능성, 검증가능성, 적시성, 이해 가능성이 요구된다. 시행일 및 경과 규정은 2024년 1월 1일 이후 최초로 시작되는 회계연도부터 적용한다. 조기 적용을 허용하며 이 기준서를 조기 적용하면, 그러한 사실을 공시하고 'IFRS S2 기후 관련 공시'를 동시에 적용한다. 이 기준서를 처음 적용하는 회계연도에는 관련 재무제표를 발행한 후에 지속가능성 관련 재무 공시를 보고하는 것이 허용된다.

나. ESG 공시기준 국제회계기준 IFRS S2

① ESG 공시기준 IFRS S2의 목적, 적용 범위

IFRS S2의 목적은 일반 목적 재무 보고서의 주요 이용자가 기업에 대한 자원 제공과 관련된 의사결정을 할 때 유용한 기후 관련 위험 및 기회에 대한 정보를 기업이 공시하도록 요구하는 것이다.

적용 범위는 '기업이 노출된 기후 관련 위험'과 '기업이 이용할 수 있는 기후 관련 기회'이며 '기업이 노출된 기후 관련 위험'은 기후 관련 물리적 위험과 기후 관련 전환 위험으로 구분한다.

② ESG 공시기준 IFRS S2의 핵심요소, 거버넌스와 전략

ESG 공시기준 IFRS S2의 핵심요소 중에서 거버넌스에 대한 기후 관련 재무 공시의 목적은 일반 목적 재무 보고서의 이용자가 기후 관련 위험 및 기회를 모니터링, 관리 및 감독하기 위해 사용하는 거버넌스 프로세스, 통제 및 절차를 이해할 수 있도록 하는 것을 말한다. 전략에 대한 기후 관련 재무 공시의 목적은 일반 목적 재무 보고서의 이용자가 기후 관련 위험 및 기회를 관리하기 위한 기업의 전략을 이해할 수 있도록 하는 것이다. 전략은 사업모형 및 가치사슬, 전략 및 의사결정, 재무상태, 재무성과 및 현금흐름, 기후 회복력의 4가지로 구분한다.

③ ESG 공시기준 IFRS S2의 전략 세부 요소

ESG 공시기준 IFRS S2의 전략 세부 요소 중에서 첫째, '사업모형 및 가치사슬'은 기업의 기후 관련 위험 및 기회가 사업모형과 가치사슬에 미치는 현재 영향 및 예상 영향을 이해할 수 있도록 하는 정보를 공시하는 것이다. 둘째, '전략 및 의사결정'은 기후 관련 위험 및 기회가 기업의 전략과 의사결정에 미치는 영향을 이해할 수 있도록 하는 정보를 공시, 기후 관련 위험 및 기회에 대해 기업이 어떻게 대응했고 대응할 계획인지에 관한 정보이다. 셋째, '재무상태, 재무성과 및 현금흐름'은 i) 기후 관련 위험 및 기회가 보고 기간의 기업의 재무상태, 재무성과 및 현금흐름에 미치는 영향(현재 재무적 영향)과 ii) 기후 관련 위험 및 기회가 단기, 중기 및 장기에 걸쳐 기업의 재무상태, 재무성과 및 현금흐름에 미치는 예상 영향(예상 재무적 영향)으로 구분한다. 이때 기후 관련 위험 및 기회가 기업의 재무계획에 어떻게 반영되는지 고려해 양적 및 질적 정보를 공시한다. 넷째, '기후 회복력'은 기업이 식별한 기후 관련 위험 및 기회를 고려한 기후 관련 변화, 전개 상황 및 불확실성에 대한 기업의 전략과 사업모형의 회복력을 이해할 수 있게 하는 정보를 공시한다. 기업은 기후 회복력 평가를 위해 자신의 상황에 상응하는 방식으로 기후 관련 시나리오 분석을 수행해야 한다.

④ ESG 공시기준 IFRS S2의 핵심요소, 위험관리와 지표 및 목표

IFRS S2의 핵심요소 중에서 위험관리는 일반 목적 재무 보고서의 이용자가 기후 관련 위험 및 기회를 식별, 평가, 우선순위 설정 및 모니터링하는 기업의 프로세스를 이해할 수 있도록 하는 것이다. 여기에는 그러한 프로세스가 기업의 전반적인 위험관리 프로세스에 통합되고 작용하고 있는지와 그 방식을 포함한다. 지표 및 목표에 대한 기후 관련 재무 공시의 목적은 일반 목적 재무 보고서의 이용자가 기후 관련 위험 및 기회와 관련된 기업의 성과를 이해할 수 있도록 하는 것이다. 여기에는 기업이 설정한 모든 기후 관련 목표, 그리고 법률이나 규제에 따라 충족해야 하는 모든 목표에 대한 진척도를 포함한다.

⑤ ESG 공시기준 IFRS S2의 지표 및 목표 중에서 온실가스 지표

IFRS S2의 지표 및 목표 중에서 온실가스 지표는 교토의정서에서 열거한 일곱 가지 온실가스인 이산화탄소(CO_2), 메탄(CH_4), 이산화질소(NO_2), 수소불화탄소(HFCs), 삼불화질소(NF_3), 과불화탄소(PFCs), 육불화황(SF_6)에 대한 지표를 말한다. 기후 관련 지표 중에서 온실가스는 이산화탄소환산톤(tonnes of CO_2 equivalent)으로 표시하고 ⅰ) 스코프 1(Scope 1) 온실가스 배출량, ⅱ) 스코프 2(Scope 2) 온실가스 배출량, ⅲ) 스코프 3(Scope 3) 온실가스 배출량을 보고한다. 측정은 '온실가스 프로토콜 기업 회계 및 보고 기준(Greenhouse Gas Protocol: A Corporate Accounting and Reporting Standard)(2004)'에 따라 기업의 온실가스 배출량 등을 측정하여 보고한다.

⑥ **ESG 공시기준 IFRS S2의 지표 및 목표 중에서 스코프 3 예외 적용**

기타 공시 기준서에 나온 예외적 사항에 해당하는 조직은 스코프 3 온실가스 배출량의 경우, 다음 사항을 공시한다.

ⅰ) '온실가스 프로토콜 기업 가치사슬(스코프 3) 회계 및 보고 기준(2011)'에서 제시하는 스코프 3 카테고리에 따른 기업의 스코프 3 온실가스 배출량 측정에 포함된 카테고리,

ⅱ) 기업의 활동에 자산운용, 상업은행 또는 보험과 같은 활동이 포함된 경우, 기업의 카테고리

ⅲ) 15 온실가스 배출량 또는 기업의 투자와 연관된 배출량(금융배출량)에 대한 추가 정보 등이다.

⑦ **ESG 공시기준 IFRS S2의 지표 및 목표 중에서 기후 관련 지표**

IFRS S2의 지표 및 목표 중에서 기후 관련 지표는 ⅰ) 기후 관련 전환 위험으로 기후 관련 전환 위험에 취약한 자산 또는 사업 활동의 금액 및 백분율, ⅱ) 기후 관련 물리적 위험으로 기후 관련 물리적 위험에 취약한 자산 또는 사업 활동의 금액 및 백분율, ⅲ) 기후 관련 기회로 기후 관련 기회에 부합하는 자산 또는 사업 활동의 금액 및 백분율, ⅳ) 자본 배치로 기후 관련 위험 및 기회에 대비하여 배치된 자본적 지출, 자금조달 또는 투자 금액, ⅴ) 내부 탄소 가격, ⅵ) 보상 등이다.

⑧ ESG 공시기준 IFRS S2의 지표 및 목표 중에서 내부 탄소 가격과 보상

ESG 공시기준 IFRS S2의 지표 및 목표 중에서 내부 탄소 가격은 i) 기업이 탄소 가격을 의사결정에 적용하고 있는지와 어떻게 적용하는지에 대한 설명(예: 투자 의사 결정, 이전가격 및 시나리오 분석), ii) 기업이 자신의 온실가스 배출량의 원가를 평가하기 위해 사용하는 온실가스 배출량 톤당 가격을 공시한다. 보상은 다음 사항을 공시한다. i) 기후 관련 사항이 경영진 보상에 고려되는지와 어떻게 고려되는지에 대한 기술, ii) 당기에 인식된 경영진 보상에서 기후 관련 고려사항과 연계된 보상의 백분율을 공시한다.

⑨ ESG 공시기준 IFRS S2의 지표 및 목표 중에서 기후 관련 목표

ESG 공시기준 IFRS S2의 지표 및 목표 중에서 기후 관련 목표는 기업이 온실가스 배출량 목표를 포함하여, 전략적 목적을 달성하기 위한 진척도를 모니터링하기 위해 기업이 설정한 기후 관련 양적 및 질적 목표, 그리고 법률이나 규제에 따라 충족해야 하는 모든 목표를 공시한다.

목표 설정에 사용된 지표는 i) 목표 설정에 사용된 지표, ii) 목표의 목적(예: 완화, 적응 또는 과학기반 이니셔티브에 부합), iii) 목표가 적용되는 기업의 부분(예: 목표가 기업 전체에 적용되는지 혹은 특정 사업 단위 또는 특정 지리적 위치 같은 기업의 부분에만 적용되는지)을 공시한다. 그리고 iv) 목표가 적용되는 기간, v) 진척도 측정의 기준기간, vi) 주요 단계(milestones) 및 중간 목표, vii) 양적 목표인 경우, 절대량 목표인지 혹은 집약도 목표인지, viii) 기후 변화에 관한 최신 국제 협약과 그 협약에 따른 관할권의 약속이 목표에 어떻게 작용하는지를 공시한다. 진척도를 어떻게 모니터링하는지에 대한 다음의 공시를 포함한다. 그것은 i) 목표 및 목표 설정 방법에 대한 제삼자의 검증 여부, ii) 목표를 검토하기 위한 기업의 프로세스, iii) 목표 달성 진척도를 모니터링하기 위해 사용된 지표, iv) 목표의 수정과 그러한 수정에 대한 설명이다.

(6) EU CSRS와 ESRS(유럽 지속가능성 보고표준)

유럽 지속가능성 보고기준 CSRS와 ESRS는 EU에서 제정된 지속가능성 보고 지침이다. 국내 기업 중 EU지역에 대기업 또는 상장 중소기업을 갖고 있는 경우 공시의 대상이 되고, 이들의 공급업체라면 기업지속가능성 보고 지침(CSRD)의 영향을 받는다. 유럽 재무보고 자문그룹에서 CSRD를 기업들이 보다 쉽게 이해하고 공시에 적용할 수 있도록 유럽 지속가능성 보고표준(ESRS)을 개발하였다. CSRD 적용 대상기업은 ESRS에 맞춰서 정보를 공시해야 한다. ESRS 1은 기본적인 원칙을 담고 있고, ESRS 2부터 본격적인 공시사항을 담고 있다.

1996년 나이키의 아시아 협력회사에서 축구공을 꿰매고 있는 아동 사진이 실린 LIFE 기사가 공개되고 공급망의 인권 이슈가 주목을 받게 되면서 1998년 국제노동기구(ILO)에서 강제노동, 아동노동, 결사의 자유 보장, 차별 금지라는 4개의 기본 원칙을 발표했다. 이는 이후 8대 핵심 협약으로 발전하며 사회적 책임의 범위에서 확대된 지속가능경영(Sustainable Management) 개념의 등장에 큰 영향을 주었다.

이같이 세계화에 따라 글로벌 공급망이 구축되면서 환경오염 유발 사업장이 개발도상국으로 이전되었다. 환경과 사회적 이슈가 많았던 1980~1990년대를 지나 오면서 유럽은 2001년 '더 나은 세계를 위한 지속가능한 유럽(A Sustainable Europe for a Better World)'이라는 'EU 지속가능발전 전략'을 발표하였다. 또한 '지구 온도 상승을 산업화 이전 대비 1.5~2℃로 억제하자'는 파리 기후변화 협약(2015년)의 이행을 위해 EU 그린딜을 2019년에 선언하였다.

EU 그린딜은 건축물 및 교통수단의 배출량 감축, 신재생에너지 전환 및 순환경제 기반 녹색 전환 산업 전략 등을 추구하는 중장기 계획인 만큼, 유럽경제공동체의 지속가능성을 달성하기 위해 유럽연합은 기업지속가능성 보고 지침(CSRD), 실사 지침(CSDDD) 등 다양한 기업 대상 규제를 발표했다.

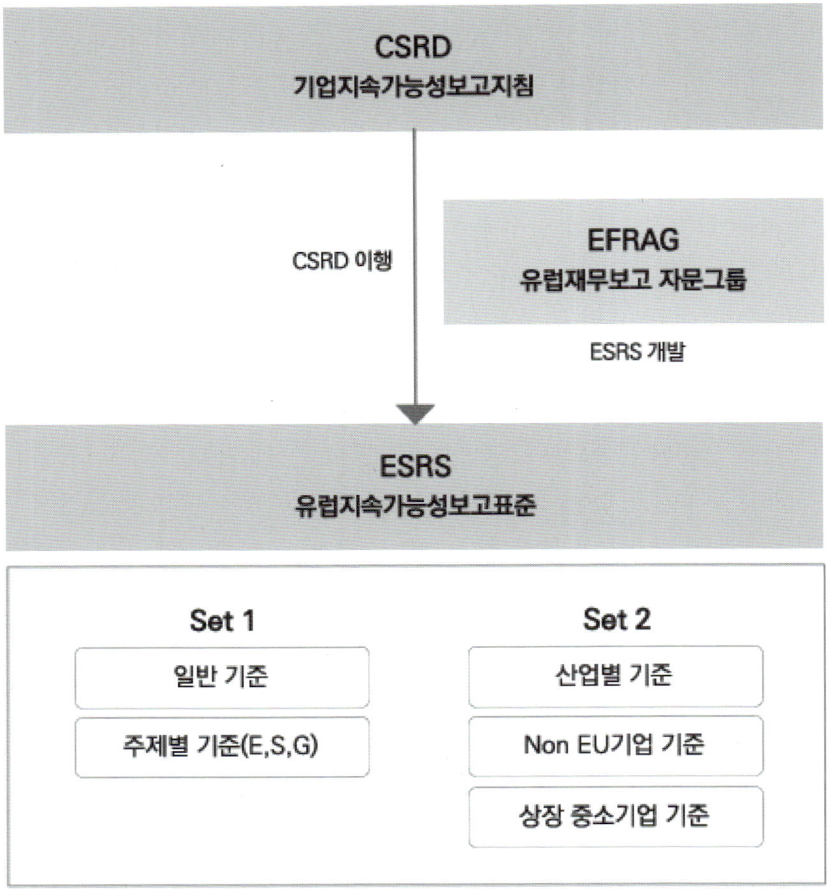

E1. 기후변화 E2. 오염 E3. 물 및 해양자원 E4. 생물다양성 및 생태계 E5. 자원사용 및 순환경제	S1. 자사 근로자 S2. 가치사슬 근로자 S3. 지역사회 S4. 소비자 및 최종 사용자	G. 비즈니스 활동

[그림 2-5] EU의 지속가능성보고표준

(7) SFDR(지속가능 금융공시 제도)

SFDR는 금융기관의 투자 결정 시 지속가능성 리스크 및 부정적 영향, 금융상품에 대한 지속가능성 정보 제공에 관한 원칙을 제시한다.

기업이 ESG 평가에서 높은 점수를 받는 경우 △책임감 있고 지속 가능한 조직으로서의 기업 가치 향상 △ 지속 가능한 투자 기회 향상 △ 글로벌기업과의 협력 및 공급망 진입 가능 △ ESG 규정 위반 등의 잠재적 리스크 회피 △ EU 기업과의 거래에서 타 기업보다 우위 등의 장점이 있다. 하지만 ESG 평가 방법 및 척도가 운용사마다 다른 경우가 많고 같은 운용사라도 ESG 가중치별로 다른 결과가 나올 수 있는 만큼 기업에 가장 유리한 평가를 얻을 수 있는 업체를 선정하는 데에 신중을 기할 필요가 있다.

(8) SBTi(Science Based Targets initiative: 과학 기반 목표 이니셔티브)

SBTi는 파리 기후변화 협정인 파리협정 이행을 목적으로 기업과 단체 등의 탄소 감축에 대해 과학적 방법에 따른 측정과 계획실행을 요구하는 글로벌 이니셔티브를 말한다. 파리협정 달성을 위한 탄소중립 운동의 핵심기구인 세계자원연구소(WRI), 탄소정보공개프로젝트(CDP), 유엔 글로벌콤팩트(UNGC), 세계자연기금(WWF) 등이 협력해 만들어졌다.

SBTi는 기업이 최신 기후 과학에 따라 감축 목표를 설정할 수 있도록 온실가스 배출 목표 설정 방법 등을 제공한다. 전 세계적으로 4,000개 이상의 기업이 SBTi를 통해 탄소중립 경제 전환을 주도하고 있다. 2023년 5월 기준 2,300개 이상의 기업이 SBTi의 과학 기반 탄소중립 목표를 승인받았다. SBTi는 금융 부문의 과학 기반 탄소중립 목표 설정을 위한 전 세계 최초 표준안을 선보였다. 한편 2023년 8월 2일 한국타이어가 국내 타이어업계 최초로 SBTi로부터 온실가스 감축 목표를 승인받았다.

(9) UN Global Compact(유엔 글로벌 콤팩트)

유엔 글로벌 콤팩트(UN Global Compact)는 2000년에 유엔이 설립한 국제적 이니셔티브로, 전 세계 기업들이 인권, 노동, 환경, 반부패와 같은 ESG 문제에서 지속 가능한 경영을 할 수 있도록 돕는다. 인권, 노동, 환경, 반부패 분야의 10가지 원칙을 제시한다. 10대 원칙을 기반으로 기업의 사회적 책임을 촉진하는 동시에, 환경 보호 및 사회적 가치를 증대시키는 데 목적을 두고 있다. 유엔 글로벌 콤팩트에 가입한 기업은 매년 지속 가능성 관련 성과를 보고해야 한다. 이 원칙들은 ESG 전략을 수립하는 데 중요한 기준이 된다. 주요 원칙은 다음과 같다.

- 인권: 기업은 국제적으로 선언된 인권을 지지하고 보호해야 하며, 인권 침해에 연루되지 않아야 한다.
- 노동 기준: 강제 노동과 아동 노동을 없애고, 노동자들의 자유로운 결사를 보장하며, 차별을 없애야 한다.
- 환경: 환경 보호를 위해 책임 있는 경영 방식을 채택하고, 친환경 기술을 장려해야 한다.
- 반부패: 모든 형태의 부패에 맞서 싸워야 한다.

(10) CDP (Carbon Disclosure Project: 탄소정보공개 프로젝트)

CDP는 기업의 탄소 배출량 및 기후 변화 대응 전략을 측정하고 평가하는 기준이다. 특히 탄소 배출량 및 자원 관리 측면에서 기업 데이터를 제공해 환경 관련 정보의 투명성 및 리스크 관리를 강조하며, 기업의 환경적 성과를 평가하는 데 중요한 기준이 된다. 이를 통해 기업과 정부가 환경적 영향, 특히 온실가스 배출량을 공개하고 관리하도록 환경적 리스크를 줄이고 기후 변화 대응력을 강화할 수 있다.

(11) ISO 26000

'ISO 26000'은 기업의 사회적 책임(CSR)에 관한 국제 표준으로, 기업이 사회와 환경에 미치는 영향을 최소화하고, 지속 가능한 발전에 기여할 수 있는 가이드라인을 제공한다. 이 표준은 법적 요구 사항은 아니지만, 전 세계 기업들이 자발적으로 따를 수 있는 권고 사항으로 환경 보호, 노동 관행, 인권, 공정 거래, 소비자 문제, 지역사회 참여 및 발전 등 7대 핵심 요소 평가를 통해 기관의 지속가능경영과 사회적 책임의 이행수준을 진단한다. ISO 26000 이행수준 진단은 총 1,000점 만점으로 조직의 사회적 책임 체제 구축 프로세스(인식, 참여, 분석, 전략, 실행, 의사소통, 검증, 개선) 360점, 7대 핵심주제에 대한 성과 640점으로 구성되며, 800점 이상을 달성할 경우 최고등급인 4단계를 획득할 수 있다.

주요 프레임 워크

기관	특성
United Nations Global Compact	• 기업 운영과 경영전략에 내재화하여 지속가능성과 기업시민의식 향상에 동참하도록 권장. 인권, 노동, 환경 및 반부패에 관한 10가지 원칙을 제시하고 SDGs 등 포괄적인 유엔 목표 달성도 지원
TCFD	• 기후변화가 미치는 기업의 재무적 영향 공개를 위한 프레임워크 및 권고안을 만들기 위해 G20재무장관과 중앙은행 총재가 설립한 FSB에서 2015년 발족한 태스크포스. 2017년 산업 전반 적용 TCFD 권고안 발표.
INTEGRATED REPORTING <IR>	• 기업 재무정보 뿐 아니라 ESG 정보를 통합적으로 제공하는 보고서 작성을 위해 '국제적으로 인정되는 회계원칙' 을 제정하고자 지속가능성회계프로젝트와 국제회계사연맹 • GRI에 의해 2010년 설립된 조직
CDSB	• 기후변화 관련 정보공개에 대한 국제 표준화의 필요성에 따라 만들어진 컨소시엄 조직 • CDP와 미국 환경단체 CERES, 클라이밋그룹, 국제배출권거래협회, WBCSD, 세계경제포럼, 세계자원연구소 등이 이사회를 구성
AccountAbility	• 1995년 설립된 비영리기관으로 기업들이 발행한 지속가능경영 보고서의 제3자 검증을 위한 글로벌 표준 개발을 하는 가장 대표적 기관

• 원칙 기반 개념을 제공하여 기업 게시 ESG 관련 정보에 영향

글로벌 표준화 기구

기관	특성
SASB	• 2020년 BlackRock의 래리 핑크 회장이 2020년 SASB 기준과 TCFD 기준 보고서 공시를 요구하며 큰 주목을 받음 • 산업 부문별 정보공개 지침과 지속가능성 주제에 관한 회계 기준
GRI	• GRI 핵심은 지속가능성 보고 표준으로 20년 동안 지속적으로 개발 • GRI Standards는 경제(6개), 환경(8개), 사회(19개) 주제 등 광범위한 주제별 영향 보고를 위한 세부 지침과 글로벌 우수사례 제시
ISO	• ISO26000은 기업의 사회적 책임에 관한 국제표준. 지배구조, 인권, 노동관행, 환경, 공정거래, 소비자 이슈, 지역사회 참여 및 개발 등을 7대 핵심 주제로 규정하고 이에 대한 실행지침과 권고사항 등을 담고 있음
GREENHOUSE GAS PROTOCOL	• 온실가스 회계처리 및 보고기준으로 온실가스 배출 관련 비재무정보 공시에서 국제적으로 널리 활용되는 표준 • 2001년 GHG Protocol 기업 표준 마련되었으며 간접 온실가스 배출량(Scope2), 기타 간접 온실가스 배출량(Scope3)을 측정하는 데 활용할 수 있는 지침을 추가

• 기업이 공개해야 하는 ESG 정보를 이해하는데 도움이 되는 가이던스 발행

[그림 2-6] 주요 프레임워크와 글로벌 표준화기구

(12) 산업별 ESG 이니셔티브

산업별 주요 ESG 이니셔티브로는 DRIVE Sustainability(자동차, 벨기에), PSCI(제약, 영국), The Raw Material Outlook(RMO: 자동차산업 원자재, 벨기에), Responsible Steel(철강, 영국), Sustainable Apparel Coalition (SAC: 의류, 미국), Roundtable on Sustainable Palm Oil(RSPO: 팜유, 말레이시아) 등이 있다.

산업별 ESG 이니셔티브는 해당 산업은 달라도 대부분 '높은 ESG 및 지속 가능한 산업'이라는 공통된 목표 하에 산업별 표준을 만들고 있다. 회원사로는 산업별 제조사, 협력사, 물류 유통기업, 다운스트림 사용자 등 업계 직접 관련 업체에서부터 시민단체 등의 비정부 기구 및 정부, 연구기관까지도 가입돼 있다.

2) 글로벌 ESG 가이드라인

(1) PRI(Principles for Responsible Investment: 책임투자원칙)

PRI는 2006년 유엔에 의해 설립된 이니셔티브로, 유엔환경계획/금융이니셔티브(UNEP/FI) 금융기관 등 다양한 전문가들이 모여 세계 최초의 투자원칙이다. 이는 투자 과정에서 환경, 사회, 지배구조 문제를 고려하여 책

임 있는 투자를 촉진한다. 사회책임투자원칙(PRI)은 ESG를 고려한 책임 있는 투자를 위해 6개의 투자 원칙과 35개의 세부 실천 프로그램으로 구성돼 있다. PRI의 6대 투자원칙은 〈표 2-2〉와 같다.

〈표 2-2〉 PRI의 6대 원칙

순번	내용
1	우리는 ESG 이슈들을 투자의사 결정시 적극적으로 반영한다.
2	우리는 투자철학 및 운용원칙에 ESG 이슈를 통합하는 적극적인 투자자가 된다.
3	우리는 투자대상에게 ESG 이슈들의 정보공개를 요구한다.
4	우리는 금융산업의 PRI 준수와 이행을 위해 노력한다.
5	우리는 금융산업의 PRI 이행에서 그 효과를 증진시킬 수 있도록 상호 협력한다.
6	우리는 PRI 이행에 대한 세부활동과 진행사항을 외부에 보고한다.

2021년 1월 기준 사회책임투자원칙(PRI)에 가입한 금융기관은 전 세계 3615곳에 달한다. 이제 EGS 경영을 실천하는 기업에만 투자하겠다는 금융기관이 늘면서, 기업도 투자금을 유치하기 위해서는 ESG 경영을 필수적으로 이행해야 한다.

(2) CDSB (Climate Disclosure Standards Board: 기후공시 표준 위원회)

CDSB는 기업들이 기후 변화와 관련된 재무 정보를 투명하게 보고할 수 있도록 지침을 제공한다. TCFD와 유사하게 CDSB는 기업의 기후 리스크를 재무 정보에 통합하여 보고할 수 있는 표준을 마련하며, 이는 기후 변화 대응에 대한 투자자들의 신뢰를 강화하는 데 기여한다.

(3) IIRC (International Integrated Reporting Council: 국제통합 보고서 위원회)

국제통합 보고서 위원회(IIRC)는 기업이 재무적, 비재무적 성과를 통합하여 보고할 수 있도록 하는 프레임워크를 제공한다. IIRC의 통합 보고 모델은 ESG 경영을 통해 장기적인 가치를 창출할 수 있는 전략적 경영 도구로 활용된다. IIRC는 ESG 요소를 기업의 경영 전략과 연결시켜 장기적인 가치를 창출하는 통합 보고 방식을 제시한다.

(4) ISSA 5000(International Standard on Sustainability Assurance)

국제감사 및 검증기준위원회(IAASB)가 2024년 12월 지속가능성 검증에 관한 국제 표준(ISSA) 5000 '지속가능성 검증 계약에 대한 일반 요구사항'의 최종 버전을 발표했다. ISSA 5000은 기업의 지속가능경영보고서 혹은 ESG 공시에 대한 제3자 인증을 진행할 때, 인증의 기준(표준)이 될 전망이다.

가. ISSA 5000의 소개

'ISSA 5000'은 지속가능성 정보에 대해 인증을 보장하는 국제적인 기준이다. 'ISSA 5000'은 지속 가능성 관련 데이터를 신뢰할 수 있도록 감사하거나 보증할 수 있는 방법을 규정하며 기업이 제공하는 환경, 사회, 지배구조(ESG) 정보를 평가하는 데 활용된다. 이 기준은 국제감사인증기준위원회 "IAASB(International Auditing and Assurance Standards Board)"에서 설정한 규정에 기반을 두고 있으며, 보증의 질과 범위, 방법론에 대한 기준을 정의하고 있다.

나. ISSA 5000의 목적

'ISSA 5000'의 목적은 지속가능성 정보에 대한 보증 절차를 정립하고, 이러한 정보의 신뢰성을 보장하기 위해 감사 및 보증 전문가가 수행해야 할 기준을 정립하는 것이다. 투자자들은 기업이 제공하는 다양한 정보들에 대해 신뢰할 만한 수준의 인증을 요구하고 있다. 재무제표의 감사를 통해 재무상태와 경영성과를 인증하는 것과 같이, 지속가능성 정보도 검증된 방법과 절차를 통한 인증으로 정보의 신뢰성 확보가 중요하기 때문이다.

'ISSA 5000'은 주로 외부 감사자나 보증 서비스 제공자가 지속가능성 보고서에 대해 수행할 수 있는 절차를 명확히 규정하며, 보고되는 정보가 정확하고 신뢰할 수 있음을 확인하기 위한 체계를 규정하고 있다.

다. ISSA 5000의 주요 내용

기업이 발행하는 지속가능성 보고서에는 ESG 요소와 관련된 다양한 정보(예: 탄소 배출량, 사회적 책임, 거버넌스 구조 등)를 포함한다. 이러한 정보들의 신뢰성을 확보하기 위해 ISSA 5000 ESG 공시 정보에 대한 감사 기준을 정리한 것이다. 'ISSA 5000'은 기업의 지속 가능성 보고서에 대한 보증 절차와 기준을 정의하고 있다. 이 기준은 ESG 정보의 신뢰성을 높이고, 투자자 및 기타 이해관계자들이 보고된 정보를 믿을 수 있도록 보장하는 역할을 한다.

① 보증의 범위와 수준

'ISSA 5000'은 보증의 범위와 수준을 〈표 2-3〉과 같이 명확하게 규정한다. 보증의 수준은 주로 합리적인 보증(Reasonable Assurance)과 제한적인 보증(Limited Assurance)으로 나뉘진다.

〈표 2-3〉 보증의 범위와 수준

합리적 보증(Reasonable Assurance)	제한적 보증(Limited Assurance)
ESG 정보의 정확성과 완전성에 대해 고도의 신뢰성을 제공하는 수준으로, 엄격한 검토 절차가 요구된다. 보증자는 충분한 증거를 수집하여 ESG 데이터가 정확하고 신뢰할 수 있음을 보증한다.	합리적 보증보다는 덜 엄격한 수준으로, 주로 문서 검토나 분석적 절차를 통해 보증의 신뢰성을 평가한다. 이 경우, 보증자는 ESG 정보가 정확할 가능성이 높다고 판단하지만, 완전한 보증을 제공하지는 않음을 표시한다.

② 보증 프로세스와 절차

ISSA 5000은 보증 절차를 체계적이고 일관되게 진행할 수 있도록 규정하고 있다. 보증자(기관)는 절차에 맞춰 검증을 진행해야 한다. 먼저, 기업이 제공한 ESG 데이터와 보고서를 철저히 검토하고, 그 후 검증 절차를 통해 제공된 정보의 정확성, 완전성, 일관성을 확인한다. 마지막으로, 보증자는 ESG 정보에 대한 보증 의견을 제시하며, 보통 합리적 보증, 제한적 보증, 또는 보증 불가로 의견을 나타낸다.

③ 투명성 확보

'ISSA 5000'은 기업의 지속가능성 보고서가 투명하고 객관적이어야 한다고 강조한다. 이는 이해관계자들이 정보를 신뢰하고 의사결정을 내리는 데 중요한 요소인 만큼 보증자(기관)는 ESG 정보를 작성하고 보증하는 과정에서 투명성 확보가 매우 중요한 부분임을 강조하고 있다.

④ 위험 기반 접근법

보증자(기관)는 위험 기반 접근법을 사용하여, 정확하지 않거나 오도

될 가능성이 있는 ESG 정보에 집중한다. 보증자는 기업의 ESG 항목 중 중요한 정보에 대해 잠재적인 오류나 부정확성을 미리 식별하고, 이를 최소화하려는 노력을 해야 한다.

⑤ **'ISSA 5000'의 적용 대상**

ISSA 5000은 기업 유형, 산업과 관계없이 모든 기업에 적용될 수 있도록 개발되었으며 GRI, ISO, EU CSRD, 미국 SEC 기후공시, IFRS 기후 및 ISSB(지속가능성 보고 기준) 등 기업들이 활용하고 있는 글로벌 지속가능성 공시 프레임워크에 상관없이 지속가능성 관련 주제에 모두 적용된다.

3) 글로벌 ESG 평가운영사 및 진단 지표

ESG의 중요도가 높아지면서 국제적인 ESG 평가제도를 운용하는 기관이 갈수록 늘어나고 있다. ESG 평가기관은 미국 모건스탠리 캐피털 인터내셔널(MSCI), 블룸버그, Moody's, S&P Global, Clarity AI, 네덜란드의 서스테이널리틱스(Morningstar Sustainalytics), 프랑스의 EcoVadis 등이 있다. 진단지표로는 MSCI(모건스탠리 캐피탈 인터네셔널), DJSI(다우존스 지속가능경영지수), FTSE(FT Stock Exchange), CDP(탄소정보공개 프로젝트) 등이 있다. 국내외 주요 ESG평가기관은 〈표 2-4〉와 같다.

〈표 2-4〉 국내외 주요 ESG 평가기관

구분	기관	시작	평가방법	피평가기관수	평가항목	평가등급
해외	MSCI (ESG Rating)	1999	• 공개정보 기반 평가 실시 • 산업별 핵심 이슈만을 평가, 가중치 적용 • 피평가자 정보 검증 과정 참여 가능	8,700여개	• 10개 주제 35개 핵심 이슈 • 350개 이상 항목	AAA~CCC 7개 등급
	S&P Global (DJSI)	1999	• 전 세계 시가총액 상위 기업 대상 지속가능성평가 설문 답변 내용 기반 평가 • 61개 산업별 특정 기준 적용 및 가중치 적용	7,300여개	• 80~120개 항목	0~100 (산업내 비교)
	FTSE Russell	2012	• 공개정보 기반 평가 실시 • 지리적 특성 및 산업 특성에 따른 업종 고려 • 담배, 무기, 석탄 등 일부 산업 피평가 대상 제외	7,200여개	• 14개 테마 기준 • 300개 이상 항목	0~5 스코어, 5 긍정적 (E/S/G 가중평균)
국내	KCGS	2011	• 공개정보 기반 평가 실시 • 기본평가 및 심화평가 구성 • 2017년 지배구조 정성평가 시범도입	국내 상장사 900여개, 금융사	• 18개 대분류 • 281개 핵심평가 항목	S~D 7개 등급
	서스틴베스트	2006	• 공개정보 기반 평가 실시 • 자체개발평가모델ESG Value™ 사용 • Category-KPI-Data Point순의 단계별하부체계구성	800여개	• 14개 카테고리 • 총 39개 KPI	AA~E 7개 등급
	산업통상자원부	2021	• 기업 ESG 경영과 평가 대응 방향 제시 • 산업 전반 ESG 수준 제고 위한 범용적 가이드라인 제시 • 데이터 원천/기간/범위/산식에 기반하여 ESG 성과를 확인하고 조직의 수준을 단계별 기준(3~5단계)에 따라 진단 및 점검	-	• 정보공시(5), 환경(17), 사회(22), 지배구조(17) • 총 61개 문항	단계형: 단계별 0~100점(3~5단계) 선택형: 요건 충족형 0~100점(1개이하~5개) 감점형: 유형별 감점 -50~-10점

기업의 지속가능경영 보고서 작성을 위한 국제 표준 가이드라인에는 기관마다 다양한 기준을 제시하고 있다. 2024년말 현재까지는 평가기관들이 EU 녹색분류체계(EU Taxonomy), 회계기준위원회(SASB), 기후 관련 재무정보공개 태스크포스(TCFD), 지속가능발전목표(SDGs), 국제지속가능성기준위원회(ISSB), 지속가능금융공시제도(SFDR)등의 가이드라인과 운용사의 평가방식을 교합해 평가척도와 평가항목을 정해 ESG 점수를 산정하고 있다.

(1) MSCI (모건스탠리 캐피탈 인터네셔널) ESG Ratings

가장 대표적인 평가기관은 모건스탠리 캐피털 인터내셔널(MSCI)이다. MSCI는 미국투자은행 모건스탠리의 자회사로 MCSI World Index 등을 제공하는데, 각국별 업종별 테마별 질문자에 답변한 내용을 기반으로 ESG 성과를 측정하고 평가할 수 있는 글로벌 표준 지표를 제공하고 있다. 2019년 Carbon Delta를 인수해 환경적 영향 평가 역량을 강화했다. MSCI ESG평가결과는 글로벌 자산운용사들의 ESG책임투자지수의 구성 및 금융사/기관투자자들의 사회적 책임투자에 활용되고 있다. 매년 전 세계 8,700여개 이상의 상장기업을 대상으로 ESG 관련 35개 핵심 이슈를 평가하고 있다. AAA부터 CCC까지 7단계의 ESG등급을 매기고 있다. 2020년 기준 MSCI AAA 등급을 받은 기업은 마이크로소프트와 엔비디아 등이 있다. MSCI평가영역 및 주요 지표는 〈표 2-5〉와 같다.

〈표 2-5〉 MSCI평가영역 및 주요 지표

부문	주제	주요 지표
환경 (4)	기후변화	탄소 배출
		제품탄소발자국
		금융행위의환경 영향
		기후 변화 취약점
	천연자원	물 스트레스
		생물다양성과 토지이용
		원자재조달
	오염& 폐기물	유해물질 배출 및 폐기물
		포장재 및 폐기물
		전자 폐기물
	환경적 기회	친환경 기술
		녹색 건물
		신재생에너지
사회 (4)	인적자원	노사관계
		건강 및 안전
		인적 자원 개발
		공급망 내 근로기준

부문	주제	주요 이슈
사회	제품 책임	제품 안전성 및 품질
		화학 안전성
		소비자 금융 보호
		개인정보 및 데이터 보안
		책임 투자
		건강 및 인구 리스크 보장
	이해관계자	분쟁지역 자원 조달
		지역사회와의 관계
	사회적 기회	커뮤니케이션 측면의 접근성
		금융 측면의 접근성
		헬스케어 측면의 접근성
		건강 증진을 위한 제품
지배구조 (2)	기업 지배구조	이사회
		보수
		소유
		회계
	기업 행태	기업윤리
		세금 투명성

(2) 다우존스 지속가능 경영지수(Dow Jones Sustainability Indices, DJSI)

DJSI는 기업의 지속 가능성과 사회적 책임을 평가하는 세계적인 지수이다. 이 지수의 제공자는 S&P Dow Jones Index이고 평가기관은 Robeco SAM이다. 1999년 처음으로 지수평가결과를 발표했고, 기업이 환경, 사회, 지배구조(ESG) 측면에서 얼마나 효과적으로 경영하고 있는지를 반영하여, 투자자들에게 지속 가능한 기업에 대한 기준을 제공한다.

DJSI는 1999년에 처음 도입되었으며, 현재는 글로벌 시장에 다수의 기업들이 포함되어 있다. DJSI는 크게 DJSI World와 DJSI Asia Pacific, 그리고 DJSI Korea와 같은 지역별 지수로 구분된다. DJSI Korea는 한국생산성본부와 스위스의 지속가능성 평가 기업 SAM에 의해 운영되며, 한국의 상장 기업 중 가장 지속 가능한 기업들을 선정한다. S&P Global DJSI 평가영역 및 주요 지표는 〈표 2-6〉과 같다.

〈표 2-6〉 S&P Global DJSI 평가영역 및 주요 지표

대분류	중분류	소분류
경제차원	지배구조	지배구조, 임원진 구조, 비상임 의장/독립 선임이사, 다양성 정책, 성별 다양성, 이사회 효과, 평균임기, 이사회 산업 경험, 임원보상-성공지표, 임원보상-장기성과와의 조화, 관리소유권, 관리소유권 요구사항, 정부소유권, 가족소유권, 모든종업원과 CEO보상 중간/평균값, MSA 기업 지배구조
	중대성	중대이슈, 중대성 공개
	리스크및위험관리	지배구조 리스크, 이머징 리스크, 위험문화, MSA 위험과 위기 관리
	업무행동규범	행동의 규범, 커버범위, 부패와 뇌물, 시스템, 절차, 담합관행, 부패 및 뇌물수수, 위반의 보고, MSA 비즈니스 윤리
	고객관계관리	고객 만족도 측정
	정책영향	기부금과 기타 지출, 가장 큰 기부와 비용, MSA 정책 영향
	공급망관리	공급업체 행동 강령, 인식, 위험노출, 위험관리 조직, SCM전략에서의 ESG통합, 투명성 및 보고, MSA 공급망 관리
	세금전략	세금전략, 세금신고, 유효세율, MSA 세금전략
	정보보안/사이버보안&시스템가용성	IT보안/사이버보안 지배구조, IT보안/사이버보안 측정, IT보안/사이버보안 프로세스&인프라
환경차원	환경보고	환경보고-범위, 환경보고-보증,
	환경정책및관리시스템	환경경영정책 범위, EMS: 인증/감사/검증 , MSA 환경경영
	운영환경효율성	EP-직접 온실가스 배출, EP-간접 온실가스 배출, EP-에너지 소비, EP-물 소비, EP-폐기물,
	생물종다양성	생물종다양성 선언, 생물종다양성 노출 및 평가, MSA 생물종다양성
	기후전략	기후 위기 관리, 기후 관련 관리 인센티브,기후변화전략, 기후변화로 인한 금융 기회, 기후 위기 평가 – 물리적 위기, 기후 위기 평가 – 전환위기, 물리적 기후 위기 적응, 기후-연계 목표, Scope3 온실가스 배출
사회차원	사회보고	사회보고-범위, 사회보고-보증
	노동관행지표	차별 & 직장내 괴롭힘, 노동자 와해: 젠더, 노동자 와해: 인종/윤리&국가, 노동자 와해: 기타 소수자, 성별 임금 지수, 결사의 자유, MSA 노동관행지표
	인권	인권-선언, 인권-실사과정, 인권-평가, 인권-완화 & 구제, MSA 인권
	인적자본개발	훈련 및 개발 제공, 직원개발 프로그램, 인적자본 투자수익
	인재유치및유지	고용, 내부 직원 분석, 전략적 노동 계획 수립, 개인 성과 독려 유형, 장기 직원 인센티브, 직원 이직률, 직원 참여 트렌드
	기업시민의식과자선	기업시민전략, 자선활동의 유형, 자선 기부

(3) FTSE(FT Stock Exchange) 4Good Index

파이낸셜타임즈와 런던증권거래소의 합작법인으로 FTSE Group이 설립된 이후 2015년부터 FTSE Russell브랜드를 공식 발표하고 있다. FTSE 4Good지수 시리즈는 런던증권거래소 산하의 파이낸셜타임스 스톡익스체인지(FTSE) 러셀이 14개 테마 아래 300개 이상의 지표를 평가해 발표하는

주식 지수로 기업의 환경, 사회, 거버넌스 노력을 평가한다. 이 지수는 투자자들이 ESG 성과가 우수한 기업을 선정해 투자할 수 있는 기회를 제공하며, 기업의 지속 가능한 경영을 촉진한다. FTSE Russell 평가영역 및 주요 지표는 〈표 2-7〉과 같다.

〈표 2-7〉 FTSE Russell 평가영역 및 주요 지표

구분	진단·평가 지표
환경(5)	생물다양성
	기후변화
	공급망
	오염 및 자원
	물 안보
사회(5)	근로기준
	공급망
	인권과 지역사회
	건강과 안전
	소비자 책임
지배구조(4)	세금 투명성
	리스크 관리
	기업 지배구조
	반부패

(4) Sustainalytics(서스테이널리틱스)

Sustainalytics는 상장 기업의 환경, 사회 및 기업 지배구조(ESG) 성과를 기반으로 지속 가능성을 평가하는 글로벌 리서치 및 평가 기관으로, 1992년 Sustainalytics의 현 CEO인 Michael Jantzi가 설립한 Jantzi Research와 유럽 회사의 합병으로 탄생했다. ESG 위험 평가와 지속 가능성 중심의 정성적, 정량적 분석에 특화되어 있다. 기업이 직면한 ESG 리스크를 파악하고, 그 리스크를 관리할 수 있는 능력을 평가한다.

(5) Bloomberg ESG Data

'TCFD(Taskforce on Climate-related Financial Disclosures, 기후관련 재무정보공개 태스크포스)'의 의장을 맡고 있는 마이클 블룸버그 회장의 Bloomberg회사가 공개된 다양한 ESG 데이터를 제공하여 ESG 성과를 평가하고 투자자를 위해 2023년 처음으로 평가점수를 공개했다. 이 데이터는 공개된 재무 정보와 ESG 정보를 결합하여 기업의 장기적인 리스크와 기회

를 평가하는 데 유용하며, 투자자들에게 ESG 관련 정보를 투명하게 제공한다. ESG 평가점수는 두 부분으로 나뉜다. 먼저 환경 및 사회(E&S) 점수는 석유 및 가스관련 사업을 하는 기업 252곳을 대상으로 매겨졌다.

(6) EcoVadis

EcoVadis(에코바디스)는 프랑스의 대표적인 글로벌 ESG평가기관 중 하나다. 특히 기업의 공급망 평가에 많이 활용되고 있다. EcoVadis와 파트너십을 맺고 있는 기업은 130,000개 이상이며, 12,000개 이상의 글로벌 기업 구매팀이 에코바디스 평가를 활용하여 공급업체를 선정하고 있다. 특징은 업종, 규모 및 국가에 알맞는 설문지를 제공하며, 온라인으로 설문지를 작성하고 제출한다. 평가 등급으로 스코어카드, 메달, 배지를 부여한다. EcoVadis 평가영역 및 주요 지표는 〈표 2-8〉과 같다.

〈표 2-8〉 EcoVadis 평가영역 및 주요 지표

환경(EN)	노동 및 인권(LH)	윤리(ET)	지속가능한 조달
• 환경 정책 • 에너지 및 온실가스 감축을 위한 조치 • 수자원 관리 • 유해물질 관리 • 폐기물 관리 • RoHS 준수 여부 • 폐기물 관리 및 제품에 대한 폐기물 처리 방침 • 생물 다양성 • 환경경영시스템 인증 • CDP	• 노동 관행 또는 인권 문제에 대한 정책 • 직원의 건강과 안전을 위한 조치 • ILO 요구사항을 확인하기 위한 모니터링 시스템 및 준수 여부 • 아동 노동, 강제 노동, 인신매매(착취)를 해결하기 위한 조치 • 단체교섭 • 노동인권경영시스템 인증	• 부패 및 뇌물수수 방지를 위한 조치 • 정보 보안 • 윤리 관련 인증	• 분쟁 광물 • 공급망 다양성 • 지속가능한 조달 관련 인증

에코바디스는 PDCA에 근거하여 정책, 액션, 결과 크게 3가지를 중점적으로 평가하며 7가지 관리지표로 분리된다. 7가지 관리지표는 정책(POLI), 지지(ENDO), 조치(MESU), 인증(CERT), 커버리지(COVE), 보고(REPO), 360°워치 결과(360)이다.

4가지 주제(환경, 윤리, 노동 및 인권, 지속가능한 조달)에 대해 각각 30점 이상이고, 상위 1%는 플래티넘, 상위 5%는 골드, 상위 15%는 실버, 상위 35%이내는 브론즈 등 각 비율에 따라 메달이 부여된다.

백분위수 순위는 지난 12개월 동안 데이터베이스에서 평가된 모든 기업의 평가 결과를 비교한다. 모든 기업의 평가 결과를 비교할 때 업종별로 구분하지 않는다.

(7) 한국ESG기준원(KCGS)의 ESG 평가모형

KCGS는 국내에서 ESG평가를 최초 시작한 기관으로 한국거래소와 예탁결제원과 한국증권금융 등을 사원기관으로 둔 비영리법인이다. 한국 ESG기준원의 ESG 평가모형은 OECD 기업지배구조 원칙, ISO26000 등 국제기준에 부합할 뿐만 아니라 국내 법제 및 경영환경을 충실히 반영하여 개발된 독자적 평가모형이다. 기업의 지배구조 및 사회적 책임에 관한 조사연구 및 평가를 통하여 지속가능한 발전 방안을 제시하고 자본시장의 건전한 발전에 기여하기 위한 목적으로 2002년 설립된 한국기업지배구조원(KCGS: Korea Corporate Governance Service)이 2022년부터 한국ESG기준원으로 개칭하였다.

한국 ESG기준원에서 제공하는 ESG 평가모형의 주요 특징은 다음과 같다. 평가 대상은 유가증권시장 상장회사 전체와 일부 코스닥시장 상장회사이다. 평가 기준은 OECD 기업지배구조 원칙, ISO26000 등 국제 기준을 반영하면서 국내 법제 및 경영환경을 고려한 독자적 평가모형이다. 평가 방식은 기본평가와 심화평가가 있다. 기본평가는 ESG 위험 최소화 시스템 평가 (18개 대분류, 281개 핵심평가항목)이고 심화평가는 기업가치 훼손우려가 높은 ESG 관련 이슈에 대한 감점 방식 적용 (58개 핵심평가항목)을 한다. 평가 등급은 S, A+, A, B+, B, C, D 7등급 (ESG 통합 및 개별 등급 부여)이다.

데이터 수집은 기업공시, 감독기구 및 지자체 자료, 뉴스 등 미디어 자료 등을 활용하며, 평가 과정은 공개 자료로 1차 평가를 실시한다. ESG 평가를 통해 피드백 참여와 데이터 검증 및 웹 기반 평가시스템을 통한 양방향 피드백을 실시한다. KCGS 평가영역 및 주요 지표는 〈표 2-9〉와 같다.

〈표 2-9〉 KCGS 평가영역 및 주요 지표

부문	대분류	중분류
환경 (4)	리더십과 거버넌스	환경경영 리더십
		환경경영 전략 및 목표
		환경경영 거버넌스
	위험관리	환경위험과 기회의 식별, 평가 및 관리
		기후변화 위험 및 기회
		위험관리체계
	운영 및 성과	친환경제품 및 서비스
		친환경 공급망
		친환경 사업장
		성과관리
		환경회계
		생태계 보전
	이해관계자 소통	이해관계자 설정
		이해관계자 대응 활동
		환경정보 공개
사회 (3)	리더십과 거버넌스	리더십
		전략과 방침
		조직과 의사결정
		기업 문화
		비재무 위험의 통합적 관리
		비재무 위험과 기회의 인식
		비재무 위험의 대응

부문	대분류	중분류
사회	운영 및 성과	인권
		노동관행
		공정운영관행
		지속가능한 소비
		정보 보호
	이해관계자 소통	지역사회 참여 및 개발
		이해관계자 참여 및 소통
		정보 공개
지배구조 (4)	이사회 리더십	이사회의 역할과 책임
		이사의 역할과 책임
		이사회의 구성
		사외이사
		이사회의 운영
		이사회 내 위원회
	주주권 보호	주주의 권리
		주주총회
	감사	내부감사
		외부감사
	주주 및 이해관계자와의 소통	주주,이해관계자와 직접 소통
		정보 공개

이 평가 결과는 KRX ESG Leaders 150, KRX ESG 사회책임경영지수(S), 코스피 200 ESG 지수 등 한국거래소의 KRX 사회책임투자지수 종목 구성 및 기관투자자의 사회책임투자에 활용되고 있다.

한국ESG기준원의 평가모형은 국내 상황을 반영하면서도 국제 기준에 부합하는 공신력 있는 지표로 인정받고 있다. 다만, ESG 평가는 지속적으로 발전하고 있는 분야이므로, 향후 정부 정책이나 국제 동향에 따라 평가 기준이 변경될 수 있음을 유의해야 한다.

(8) 서스틴베스트

서스틴베스트는 국내 기업의 ESG 리스크 관리 수준을 종합적으로 평가하여, 지속가능성(sustainability) 측면에서 우수한 기업을 찾아내는 데에 도움을 주고 있다. 2007년 자체 개발한 ESG 평가모형인 ESGValue™는 국내외 ESG 트렌드와 주요 이슈의 변화에 맞추어 지속적으로 개선되고 있다. 당사의 ESG 데이터와 평가 결과는 투자자가 재무적 요소뿐만 아니라 비재무적 ESG 요소까지 고려한 투자 의사 결정을 내릴 수 있도록 돕고 있다. 서스틴베스트의 ESGValue™는 이해관계자 관점에서 설계되었다. 각 기관에 따라 평가대상, 평가주기, 데이터 수집방식, 등급부여 등 평가방식에 다소 차이가 있다.

(9) K-ESG 가이드라인

K-ESG 가이드라인은 지속가능 경영지원센터(http://www.k-esg.or.kr/)에서 제시하고 있다. K-ESG 가이드라인 분류체계는 4개 영역, 27개 범주, 61개 기본 진단 항목이다. 산업통상자원부 K-ESG 가이드라인 평가영역 및 주요 지표는 〈표 2-10〉과 같다.

〈표 2-10〉 산업통상자원부 K-ESG 가이드라인 평가영역 및 주요 지표

영역	범주	진단항목
정보공시 (P) (5개 문항)	정보공시 형식	ESG 정보공시 방식
		ESG 정보공시 주기
		ESG 정보공시 범위
	정보공시 내용	ESG 핵심이슈 및 KPI
	정보공시 검증	ESG 정보공시 검증
환경 (E) (17개 문항)	환경경영 목표	환경경영 목표 수립
		환경경영 추진체계
	원부자재	원부자재 사용량
		재생 원부자재 비율
	온실가스	온실가스 배출량 (Scope1& Scope2)
		온실가스 배출량(Scope3)
		온실가스 배출량 검증
	에너지	에너지 사용량
		재생에너지 사용 비율
	용수	용수 사용량
		재사용 용수 비율
	폐기물	폐기물 배출량
		폐기물 재활용 비율
	오염물질	대기오염물질 배출량
		수질오염물질 배출량
사회 (S) (22개 문항)	지역사회	구성원 봉사 참여
	정보보호	정보보호 시스템 구축
		개인정보 침해 및 구제
	사회 법/규제 위반	사회 법/규제 위반
지배구조 (G) (17개 문항)	이사회 구성	이사회 내 ESG 안건 상정
		사외이사 비율
		대표이사 이사회 의장 분리
		이사회 성별 다양성
		사외이사 전문성
	이사회 활동	전체 이사 출석률
		사내이사 출석률
		이사회 산하 위원회
		이사회 안건 처리
	주주권리	주주총회 소집 공고
		주주총회 집중일 이외 개최
		집중/전자/서면 투표제
		배당정책 및 이행
	윤리경영	윤리규범 위반사항 공시
	감사기구	내부감사부서 설치
		감사기구 전문성(감사기구 내 회계/재무 전문가)
	지배구조 법/규제 위반	지배구조 법/규제 위반

진단영역은 ESG 정의를 기반으로 ESG와 관련된 정보공개 여부를 측정하는 항목을 추가하여 정보공시(Public), 환경(Environmental), 사회(Social), 지배구조(Governance) 4개 영역을 기준으로 가이드라인 대분류를 설정하였다. 그리고 27개 범주는 국내외 ESG 공시기준 및 평가기준에서 공통적으로 제시하고 있는 이슈들을 기반으로 ESG 경영을 통해 추구해야하는 사회적 가치를 설정하였다. 61개 기본 진단항목은 가이드라인 각 '범주'에서 추구하고 있는 '사회적 가치'를 정성/정량적으로 진단하기 위한 세부지표를 설정하였다.

국내·외에 600여개이상의 ESG지표가 운영되고 있으며 평가기관마다 세부항목과 내용이 달라 혼란을 가중하고 있다. 해외ESG지표는 국내 경영환경과 특수성을 고려하지 않아 역차별의 가능성이 존재하고 산업발전법에

근거한 한국기업실정에 맞는 K-ESG지표 마련이 필요하다. ESG평가기관별 평가항목의 대분류기준을 종합정리하면 〈표 2-11〉과 같다.

〈표 2-11〉 ESG평가기관별 평가항목의 대분류기준 종합정리

	MSCI (3대, 10개)	S&P Global (3대, 18개)	FTSE Russell (3대, 14개)	KCGS (3대, 12개)	서스틴베스트 (3대, 14개)	K-ESG (4대, 24개)
환경	• 기후변화 • 천연자원 • 오염 및 폐기물 • 환경 관련 기회	• 환경 보고 • 운영환경효율성 • 생물종다양성 • 기후전략	• 생물다양성 • 기후변화 • 공급망 • 오염 및 자원 • 물 안보	• 리더십과 거버넌스 • 위험관리 • 운영 및 성과 • 이해관계자 소통	• 혁신활동 • 생산공정 • 공급망 관리 • 고객관리	• 환경경영 목표 • 원부자재 • 온실가스 • 에너지 • 용수 • 폐기물 • 오염물질 • 환경 법/규제 위반 • 환경 라벨링
사회	• 인적자원 • 제품에 대한 책임 • 이해관계자 관리 • 사회적 기회	• 사회보고 • 노동관행지표 • 인권 • 인적자원 개발 • 인재유치 및 유지 • 기업 시민의식과 자선	• 근로기준 • 공급망 • 인권과 지역사회 • 건강과 안전 • 소비자 책임	• 리더십과 거버넌스 • 비재무 위험 관리 • 운영 및 성과 • 이해관계자 소통	• 인적자원 관리 • 공급망 관리 • 고객관리 • 사회공헌 및 지역사회	• 사회 목표 • 노동 • 다양성 및 양성평등 • 산업안전 • 인권 • 동반성장 • 지역사회 • 정보보호 • 사회 법/규제 위반
지배구조	• 지배구조 • 기업 행태	• 기업 지배구조 • 중대성 • 위험/위기관리 • 업무행동규범 • 정책 영향 • 공급망 관리 • 세금 전략 • 정보보안/사이버 보안&시스템가용성	• 세금 투명성 • 리스크 관리 • 기업 지배구조 • 반부패	• 이사회 리더십 • 주주권 보호 • 감사 • 이해관계자 소통	• 주주의 권리 • 정보의 투명성 • 이사회 구성/활동 • 이사의 보수 • 관계사 위험 • 지속가능경영 인프라	• 이사회 구성 • 이사회 활동 • 주주권리 • 윤리경영 • 감사기구 • 지배구조 법/규제 위반

3 글로벌 ESG 규제동향

EU 및 글로벌 기업과 협력하거나 거래하는 업체들은 이제 지속가능성 ESG가 선택이 아닌 필수 요소로 자리매김하고 있다. 특히 ESG 관련 규제와 소비자의 인식이 강화됨에 따라 EU 및 글로벌 기업들이 공급망의 ESG 리스크를 관리하는 사례들 역시 늘어나고 있다. 따라서 기업이 속한 산업별 ESG 이니셔티브에는 어떤 것이 있는지 파악하고 적극적으로 준비할 필요가 있다.

IFRS재단은 TCFD로부터 기업이 기후관련 공시 진행상황에 대한 모니터링업무를 인계 받음에 따라 TCFD 권고사항은 2024년부터 ISSB의 기후 공시 표준의 요구사항에 광범위하게 통합됐다. 한편, IFRS S1은 기업이 단기, 중기 및 장기에 걸쳐 직면하는 지속가능성 관련 위험과 기회에 대해 투자자에게 전달할 수 있도록 설계된 일련의 공시 요구사항을 제공한다.

국제증권 규제기관인 국제증권감독기구(IOSCO)는 향후 지속가능성정보

의 인증에 적용되는 글로벌기준이 될 것으로 예상되는 ISSA 5000에 대한 지지 성명을 발표하여 지속가능성 관련 기업 보고에 대한 포괄적인 글로벌 보증 프레임워크를 구축하기 위한 주요 IOSCO 권고 사항을 어떻게 이행하는지 강조하고 있다. 향후 EU 공급망실사법(CSDDD)의 입법에 따라 인권, 환경 기준이 높은 기업으로 공급망 이전이 예상된다.

1) 다양한 지속가능성 공시기준 출범과 공시준수 요구

현재까지 GRI(글로벌 보고 이니셔티브) Standards 2021 이외에 SASB (지속가능성 회계기준위원회; Sustainability Accounting Standards Board), ISO 26000, TCFD(기후관련 재무정보공개 태스크포스;Task Force on Climate-related Financial Disclosures), UN SDGs(UN지속가능발전목표; UN Sustainability Development Goals) 등이 지속가능경영보고서 공시표준을 제시해왔다.

국제회계기준위원회(IFRS)는 2021년 ESG공시와 관련된 글로벌 표준을 마련하기 위한 지속가능성기준위원회(ISSB)를 출범시켰다. ISSB는 ESG정보공시를 통해 글로벌 투자자들이 기업의 장기적인 리스크와 기회를 공시하도록 요구하는 S1(지속가능성) 및 S2(기후 관련 공시) 기준을 발표했다. 이 공시기준은 기존의 재무성과와 별개로 기업의 환경적 성과와 관련된 정보를 공개하도록 요구한다. 특히 S2기준은 기업들이 기후변화로 인해 발생할 수 있는 리스크를 식별하고 관리하며, 이를 어떻게 기업의 전략과 연결할 것인지에 대해 설명할 것을 요구한다.

ESG 공시 의무화가 진행되면서 ISSB(국제지속가능성기준위원회)는 2023년 6월 ESG 공시기준의 글로벌 표준안을 확정 발표한데, 이어 유럽연합(EU) 집행위원회도 같은 해 7월 ESRS(유럽지속가능성기준)을 확정했다. 미국 SEC(증권거래위원회)도 2024년 3월 6일 기후 관련 정보공시를 의무화하는 규칙을 공포했다.

이런 ESG 공시기준들이 모두 공시 내용에 대한 외부 인증을 요구하기 때문에 일관성 있고 비교가능한 새로운 ESG 공시 인증 기준 제정에 나서고 있다. 국제감사인증기준위원회(IAASB)는 2024년 11월 ESG 공시 인증 기준인 국제지속가능성인증기준(International Standard on Sustainability Assurance 5000, ISSA 5000) 최종안을 공개했다. ISSA 5000은 기업의 지속가능경영보고서 혹은 ESG 공시에 대한 제3자 인증을 진행할 때, 인증의 기준이 된다. 이는 기존에 사용하던 인증 표준 ISAE 3000를 대체하기 위해 만들어졌다.

2) EU의 ESG 규제 패러다임

ESG 규제강화에 있어 가장 앞서가고 있는 나라는 유럽연합(EU)이다. EU는 글로벌ESG규제의 핵심인 지속가능성 보고지침(CSRD), 기업의 지속가능성 실사지침(CSDDD), 탄소국경조정제도(CBAM) 등을 도입했다.

탄소국경 조정제도(CBAM)는 2023년 10월부터 2025년 12월말까지는 전환기간으로 적용하고 있다. 2026년 1월부터는 실제로 적용된다. 이 제도가 실행될 경우 유럽에 수출되는 고탄소제품에 대해 탄소배출량에 상응하는 추가적인 비용을 부담해야 한다. 철강, 알루미늄, 비료 등 고탄소산업에 큰 영향을 미칠 것으로 예상된다. 이는 유럽으로 수출하는 한국기업들에게도 동일한 영향을 미칠 것이며, 탄소비용이 제품가격에 반영될 수밖에 없다. 따라서 고탄소 배출제품을 생산하는 기업들은 EU의 이러한 규제에 맞춰 탄소배출관리시스템을 도입하고 내부적으로도 탄소배출저감목표를 설정하여 선제적으로 대응해 나가야 할 것이다.

3) 미국의 기후공시 및 주요 국가의 규제강화

미국증권 거래위원회(SEC)는 2024년 3월 6일 기후 관련 정보공시를 의무화하는 규칙을 공포했다. 이 규칙은 미국 상장기업들에게 온실가스 배출량을 Scope 1과 Scope 2를 포함해 공시하도록 한 것이다. 따라서 기업들은 기후변화에 따른 리스크를 보다 체계적으로 관리하고, 이를 재무성과와 연결시키는 전략을 수립해야 한다.

SEC의 기후 공시 규정은 미국내 상장기업뿐만 아니라 미국에서 사업을 영위하는 외국기업에도 동일하게 적용된다. 기후 공시는 Scope 1, 2에 대하여 공시를 하고 상장 대기업과 중소기업은 중대한 경우에 한해 Scope 1과 Scope 2 온실가스 배출량을 공시하고 관련 인증을 제출해야 한다. 중소기업은 최종적으로 제한된 인증(Limited Assurance)을, 대기업은 최종적으로 합리적 인증(Reasonable Assurance)이 필요하다. 그리고 재무 관련 공시, 리스크 관리 공시, 거버넌스 공시, 기후 관련 리스크와 리스크의 영향, 정책 등에 대한 공시를 요구하고 있다.

일본, 캐나다, 호주 등도 기후변화에 대한 책임을 강화하고 탄소중립목표를 달성하기 위해 유사한 기후제도의 도입을 추진하고 있다.

4) 글로벌 공급망에서의 ESG 요구와 규제

글로벌 공급망에서 발생하는 ESG 요구는 점차 강화되고 있다. 이는 기업들에게 탄소배출관리뿐만 아니라 사회적 책임에 대한 관리까지 요구하고 있다. 특히 글로벌 기업들은 공급망 내에서 발생하는 탄소배출(Scope 3)을 관리하는 것이 필수적인 과제로 떠오르고 있다. Scope 3배출량은 기업이 직접적으로 통제하기 어려운 공급망에서 발생하지만 전체 탄소배출량에서 큰 비중을 차지할 수 있다.

ISO 26000과 같은 국제표준은 기업들이 공급망 내에서 발생하는 환경적 및 사회적 리스크를 관리할 수 있도록 지침을 제공하고 있다. 기업들은 자사의 운영뿐만 아니라 협력사들의 ESG성과를 평가하고 개선할 수 있는 체계를 마련해야 한다. 기업들의 공급망에서 발생하는 리스크를 관리하지 못하면 글로벌 시장에서 평판리스크와 거래리스크를 동시에 감수해야 할 위험이 있다.

제3장 국내외 ESG 경영 추진 및 확산 동향

ESG 경영의 국제적 동향은 각국의 규제, 투자자들의 요구, 기업들의 자발적인 이니셔티브에 의해 빠르게 변화하고 있다. 한국에서도 정부와 기업 모두 ESG 경영을 활성화하기 위해 다양한 노력을 기울이고 있다. 정부는 ESG 관련 규제와 지원 정책을 통해 기업들이 지속 가능성을 높일 수 있도록 지원하고 있다. 예를 들어, 금융위원회는 ESG 공시 의무화를 추진하고 있으며, 환경부는 기업의 탄소 중립 이행을 지원하기 위해 재정적 인센티브를 제공하고 있다.
기업들은 자체적인 ESG 전략을 수립하고, 이를 통해 지속 가능한 경영을 추진하고 있다. 많은 기업들이 ESG 위원회를 구성하여 ESG 목표를 설정하고, 이를 경영 전략에 통합하고 있다. 또한, 투자자들의 요구에 부응하기 위해 ESG 성과를 적극적으로 공개하고 있으며, 다양한 ESG 이니셔티브에 참여하고 있다.
제3장에서는 ESG경영의 국내·외 추진 및 확산현황, 한국의 ESG 경영 추진동향과 한국에서 ESG경영 도입배경, 국내 대기업들과 공공기관들의 ESG 추진실태를 알아본다.

1 ESG 경영의 국내·외 추진 및 확산 동향

세계 각국의 ESG 경영 동향을 이해하는 것은 글로벌 비즈니스의 핵심이다. 영국, 미국, 유럽, 아시아의 국가들은 각기 다른 방식으로 ESG 경영을 추진하고 있다. 국제회계기준(IFRS)재단 산하 국제지속가능성기준위원회(ISSB)는 2023년 6월 26일 글로벌 ESG 정보공시의 표준을 제시하는 첫 번째 공시기준을 확정해 발표했다. 한국도 이에 발맞춰 ESG 경영을 강화하고 있다.

국제지속가능성기준위원회(ISSB)와 같은 국제기구와 EU, 미국 등 주요국을 필두로 다양한 지속가능성 관련 공시 기준이 마련되면서 지속적으로 새로운 지표들이 추가되고 있다. 최근에 추가된 생물다양성 평가지표가 ESG 공시기준의 진화와 발전을 보여주는 예시라고 할 수 있다. ISSB 기준 등을 실제 국가 표준 ESG 정보공개 기준으로 선택할지의 여부는 각국 정부가 결정한다.

국내는 한국지속가능성기준위원회(KSSB)가 ISSB 공시기준을 기반으로 국제적 정합성을 갖추면서 기업에 적합한 ESG 공시기준을 만들고 있다. 사실상 ISSB 기준을 채택한 셈이다. 국제증권관리위원회기구(IOSCO)는 ISSB의 도움을 받아 성장신흥시장위원회(GEMC) 소속 31개 관할권의 금융당국을 포함한 32개 금융당국이 참여하는 지원 네트워크를 구성했다. 우선 영국, 미국, 유럽, 아시아권 국가들과 대한민국의 ESG 경영 동향과 현황을 구체적으로 알아보자.

1) 유럽과 영국의 ESG 확산 동향

(1) 유럽연합(EU)의 선도적 역할

유럽연합은 ESG 규제에서 선두주자로, 지속가능성 보고 및 공시 규정을 강화하고 있다. 'Sustainable Finance Disclosure Regulation(SFDR:지속가능금융공시규제)'과 'European Sustainability Reporting Standards (ESRS: 유럽지속가능성기준)'는 금융 및 비금융 부문에서 기업들이 ESG 관련 정보를 공시하도록 요구하고 있다. EU는 가장 먼저 2018년 '지속가능금융공시규제(SFDR)'를 통해 금융기관들이 투자 과정에서 ESG 요소를 고려하고 그 정보를 공시하도록 의무화했다.

유럽연합은 이와 함께 2019년 12월 EU 택소노미(EU Taxonomy)는 2025년까지 탄소중립을 목표로 ESG 관련 활동의 정의와 '환경적으로 지속가능한 활동' 기준을 제공하여, 기업들이 지속 가능 경영을 명확하게 이행할 수 있도록 가이드라인을 제시했다. EU 택소노미의 녹색분류채계를 통해 친환경 활동의 정의를 명확히 하여 투자자들이 지속 가능한 투자 결정을 내릴 수 있도록 돕고 있다. 이로 인해 유럽 내 금융 시장에서 ESG 투자 자금이 급증하고 있으며, ESG 경영 확산의 선도적인 역할을 해왔다. 2021년 3월에는 공급망실사제도 결의안을 채택했다. 특히, 유럽연합은 ESG 관련 법적 규제와 지침을 적극적으로 도입하여 회원국 내 기업들이 ESG 기준을 따르도록 유도했다.

(2) 유럽 대기업들의 ESG 경영 사례

유럽의 주요 대기업들은 ESG 경영을 선도하고 있다. 예를 들어, '유니레버(Unilever)'는 지속 가능한 발전을 위한 다양한 이니셔티브를 추진하고 있으며, 자원 관리와 재생 가능한 에너지 사용을 통해 환경적 책임을 다하고 있다. 또한 BMW는 전기차와 재활용 가능한 소재를 사용하는 등 ESG 경영을 통한 혁신을 추구하고 있다.

유럽의 주요 기업들은 ESG 경영을 경영 전략의 중심에 두고 있다. 네슬레(Nestlé)는 지속 가능한 공급망 구축을 위한 다양한 이니셔티브를 추진하고 있으며, 지멘스(Siemens)는 친환경 기술 개발을 통해 탄소 배출을 줄이기 위한 노력을 하고 있다. 또한 다임러(Daimler)는 전기차 개발을 가속화하며 2039년까지 탄소 중립을 목표로 하고 있다.

(3) 영국 ESG 경영 동향

영국은 ESG 경영에 있어서 규제 중심을 강화하고 있다. 2023년 지속가능성 공시 요구(SDR)와 투자 라벨링 제도가 확정되어 금융 기관들은 ESG 관련 정보를 보다 투명하게 제공해야 하며, 특히 그린워싱(환경적 이슈를 과장하거나 잘못된 정보 제공)을 방지하기 위한 규정이 강화되었다. 또한, 영국은 Task Force on Climate-related Financial Disclosures(TCFD) 공시를 도입하여 기업들이 기후 관련 위험을 재무 보고에 포함하도록 요구하고 있으며, 이는 전 세계적으로 가장 강력한 기후 공시 규제 중 하나로 평가받고 있다. 이러한 규제를 통해 영국은 글로벌 금융 중심지로서 ESG 경영을 촉진하고 있다.

영국은 특히 2010년 스튜어드십 코드를 최초로 도입. 기업의 신규 대출이나 대출 갱신 시 금리 산정에도 다양한 ESG 기준을 기관투자자 뿐 아니라 금융권에서도 ESG를 기업 대출의 평가요소로 사용하도록 하고 있다.

(4) 영국 대기업의 ESG 경영

영국의 주요 대기업들은 ESG 경영을 적극 도입하고 있다. BP와 Shell과 같은 에너지 기업들은 탄소 배출을 줄이고 재생 가능 에너지로의 전환을 가속화하고 있다. Unilever와 Tesco와 같은 소비재 기업들은 지속 가능한 공급망 구축과 사회적 책임을 다하기 위한 다양한 프로그램을 운영하고 있다.

특히 BP는 2050년까지 탄소 중립을 목표로 삼고 있으며, 이 과정에서 재생 에너지 및 수소 프로젝트를 확대하고 있다.

2) 미국의 ESG 경영 확산 동향

(1) 투자자들의 ESG 요구 증가

미국에서는 주로 투자자들의 요구가 ESG 경영 확산의 중요한 동력으로 작용하고 있다. '블랙록(BlackRock)'과 같은 대형 자산운용사들은 ESG 기준을 고려한 투자를 강화하고 있으며, 이는 전 세계 투자자들에게 큰 영향을 미치고 있다. 블랙록의 CEO 래리 핑크는 2020년 연례 서한에서 "지속 가능한 경영을 하지 않는 기업은 투자 대상에서 제외할 수 있다"는 입장을 밝히며, 'ESG 경영의 중요성'을 강조했다. 블랙록(BlackRock)은 미국에 본사를 둔 세계 최대의 자산 운용 회사로 1988년에 설립되었다. 2024년말 현재 10조 달러가 넘는 자산을 운용하고 있으며 글로벌 ETF시장의 40%를 점유하고 전세계 투자시장에 막대한 영향력을 행사하고 있다.

미국 증권거래위원회(SEC)는 기후공시 규정을 강화하고 있으며, 특정 투자 상품이 ESG 관련 이름을 사용하는 경우 적어도 80%의 자산이 ESG 투자에 사용되도록 규정하는 명칭 규칙(Names Rule)을 도입하였다.

(2) 기술 기업들의 ESG 실천

미국의 기술 기업들은 ESG 경영에서 선도적인 역할을 하고 있다. '애플(Apple)'은 자사의 공급망에서 탄소 배출을 줄이기 위해 재생 가능한 에너지를 사용하고, 노동권 보호를 위한 조치를 강화하고 있다. '구글(Google)'도 재생 에너지 사용 확대와 탄소 배출 감소를 목표로 하고 있다. '마이크로소프트(Microsoft)'는 2030년까지 탄소 네거티브를 목표로 하며, ESG 관련 이니셔티브를 적극 추진하고 있다. 특히 마이크로소프트는 지속 가능한 데이터 센터 구축과 인권 보호를 위한 공급망 관리에 집중하고 있다.

3) 아시아권 국가들의 ESG 경영 추진 동향

(1) 중국의 ESG

가. 현황

중국은 최근 몇 년간 ESG 경영의 중요성을 인식하고 있으며, 중국 정부는 환경 보호와 사회적 책임에 대한 규제를 강화하고 있다. 특히 2020년 탄소 중립목표를 발표한 이후, 중국 내 기업들이 ESG 요소를 적극적으로 도입하고 있다. 예를 들어 '알리바바(Alibaba)'와 '텐센트(Tencent)'는 환경적 지속가능성을 위한 다양한 이니셔티브를 추진하고 있다.

중국은 탄소 중립 목표를 달성하기 위해 ESG 경영을 강화하고 있다. 2023년에는 자발적 온실가스 감축 거래 규정을 도입하여 기업들이 탄소 배출을 줄일 수 있도록 지원하고 있으며, 전환 금융을 통해 고탄소 산업의 지속 가능한 전환을 지원하고 있다. 중국은 전 세계 온실가스의 4분의 1을 배출하고 있는 국가로, 여러 환경 문제로 인해 대외적인 압박을 받고 있다.

나. 중국 정부의 탄소중립 정책

2020년 시진핑 주석은 UN총회에서 2060년까지 탄소중립을 실현할 것이고, 30년간 10조위안(약 1.7경원)을 친환경 분야에 투자하겠다고 밝혔으며, 이는 가장 높은 연평균 투자액이다. 2020년 세계 최대 자산운용사인 블랙록이 투자 결정 시 '기후변화'와 '지속가능성'을 핵심 목표로 삼겠다고 밝힌 후, 중국도 글로벌 자본의 확보를 위한 본격적인 움직임을 보이기 시작했다. 실천 방안으로 7대 주요 분야(재생 가능한 자원 활용, 에너지효율 향상, 최종 소비에너지의 전기화, 제로 탄소 발전 기술, 에너지 저장, 디지털화, 수소에너지)가 예상되고 있다. 2021년 시진핑 주석은 전국 양회에서 녹색 발전을 중국의 주요 경제정책으로 발표하였다. 2025년까지 재생에너지 비중을 20%로 확대하겠다고 밝혔다.

다. 중국의 ESG 보고 가이드라인

상장기업에 대한 ESG 정보공개의 의무는 없으나, 2018년 중국자산관리협회(AMAC)는 '중국 상장기업 ESG 평가시스템 연구보고서 및 녹색투자 가이드'를 공식 발표했다. 2019년 CSI300 기업의 85%가 ESG 정보공개를 하였으나, 회계 감사를 받은 기업의 비율이 11~12%에 불과하여 해외의 평가는 부정적이다.

2020년 12월 중국 최대 보험기업인 평안보험그룹과 중국 경제정보원은 중국형 ESG 지표인 'CN-ESG 평가 시스템'을 발표했다. 10개 이상의 ESG 테마, 130개 기본지표, 350개 데이터 지표, 40개 이상의 리스크 및 기회 지표를 통합하여 ESG 정보공개의 범위와 품질 개선을 도모했다. ESG 보고서에 지속가능경영전략 체계와 지배구조 정보가 상세히 표기되어 있으며, 국제표준인 SGDs나 GRI Index도 기록되어 있다.

(2) 일본의 ESG

일본은 아시아에서 ESG 경영을 가장 먼저 도입한 국가 중 하나이다. 일본 정부는 2015년 스튜어드십 코드와 기업 지배구조 코드를 통해 기업들이 ESG 요소를 고려한 경영을 할 수 있도록 장려하고 있으며, 이로 인해 일본 내 대기업들이 ESG 경영을 강화하고 있다. 특히 '도요타(Toyota)'는 수소연료 전지차와 같은 친환경 차량 개발을 통해 친환경 이동수단을 확대하는 등 ESG 경영을 실천하고 있다.

가. 일본의 ESG 현황

일본 정부는 다양한 가이드라인과 사례집을 통해 기업의 대응을 촉진하고 있다. ESG 중 주로 E와 G를 중심으로 대응을 강화했다. 일본 기업은 ESG 경영과 정보공개의 중요성을 인식하고 대응을 강화하고 있으며, 대기업과 상생협력을 통한 종소기업의 ESG 경영 전환이 요구되고 있다.

나. 일본 정부의 탄소중립 정책

2020년 10월 스가 총리가 2050 탄소중립 실현을 공언하고 3가지 기본 방향, 5개 분야 16개 과제를 제시했다.

2020년 12월 일본경제 산업성은 '2050 탄소중립에 따른 그린 성장 전략 실행 계획'을 통해 중점적으로 육성하는 14개 산업 분야 및 전략에 대한 계획을 발표했다. 14개 분야는 에너지 산업, 수송 및 제조 산업, 가정 및 오피스 산업에 속하며, 각 분야에 대한 구체적인 개발 단계 및 개

혁을 포함한다.

다. 일본기업의 대응과 투자

일본 기업들의 ESG 비재무 정보와 재무 정보를 포함한 통합보고서를 발행하는 사례가 늘어나고 있다. 2020년 통합보고서 발행 기업수는 579개사로 2010년 대비 25배 급증했다. 2014년 스튜어드십 코드 책정 이후 투자자-기업 간의 대화(engagement)가 증가했다. 2020년 도쿄 증권거래소 1부 상장기업의 70% 이상이 투자자에 대해 기업 이념을 설명하고 장기 비전을 제시하였다.

(3) 싱가포르의 ESG 활동

가. 현황

싱가포르는 서비스·제조·에너지 등 산업 전반에서의 지속가능성을 촉구했다.

i) 금융: 금융과 지속가능성을 결합한 데이터 활용을 위한 이니셔티브 시작

ii) 에너지: '전력'의 탄소 배출량을 2050년까지 넷제로 달성 목표 발표(Energy Market Agency), 수소에너지·태양열 등 중장기적인 에너지 전환 추진

iii) 자동차: 2040년까지 모든 내연기관 차량을 단계적으로 폐지하고, 2030년까지 모든 신차를 '청정 에너지' 모델로 전환

싱가포르는 친환경 에너지 확보를 위해 인도네시아 등 주변 아세안 국가들과의 협력을 확대

나. 싱가포르 정부의 친환경 정책

싱가포르 정부는 친환경 실현을 위한 'Singapore Green Plan 2030'을 추진하면서 정부와 민간, 기업 차원의 범국가적 저탄소 및 친환경 실천 목표를 제시했다. 싱가포르 정부는 공원개발과 녹지조성, 쓰레기 감소, 친환경인프라, 친환경에너지 해안선 관리 등의 목표를 설정했다. 싱가포르 정부는 이와 함께 금융시장의 지속가능성 실현을 위한 노력을 지속하고 있다. 실물 경제와 금융 부문 간의 지속가능성 데이터 흐름을 촉진하기 위한 Project Greenprint, ESG 공개 플랫폼 등을 시작하였다.

(4) 인도의 ESG 대응 정책

가. 현황

인도는 사회적책임(CRS)의 시행을 법적으로 의무화한 최초의 국가이다. 2013년 기업의 지배구조 개선, 실효성 확보, 투자자 보호 등의 취지로 회사법(Company Act)을 개정하면서 제135조에 CSR 활동 및 관련 공시를 2014년부터 의무화 한 바 있다.

나. 인도 정부의 친환경 정책

2018년 봄베이 증권 거래소(BSE)는 기업의 자발적 ESG 공개에 대한 지침 문서를 발행하고 지속가능발전 관련 첫 지수를 주식시장에 발표했다. 2019년 인도기업부(MCA)는 다국적 기업을 포함한 모든 기업을 대상으로 한 기업책임 가이드라인(NGRBC)을 발표했다. 2021년 인도증권거래위원회(SEBI)는 시가 총액 기준 상위 1,000개 기업 대상 기존 사업적 책임 보고서(BRR)를 대체하는 사업적 책임 및 지속가능성 보고서(BRSR)를 제출하도록 하는 정책을 발표했다. 2022/23 회계연도부터 자발적 보고인 BBR에서 의무적 보고인 BRSR로 변경하였다.

다. 아폴로(Apollo) 병원그룹의 사례

1983년 설립된 인도에서 가장 큰 의료서비스 제공업체인 아폴로 병원그룹은 현재 55개 전문 분야의 71개 병원을 운영 중이다. 14개 평가 지표를 통해 ESG 경영을 보고하고 있다.

2 한국의 ESG 경영 추진 동향

1) 한국의 ESG 경영 동향

한국에서도 정부와 기업 모두 ESG 경영을 활성화하기 위해 다양한 노력을 기울이고 있다. 국내 주요 기업은 국제적인 ESG 공시 흐름에 맞춰 국내

공시 의무화 일정보다 빠르게 공시 대응에 나서고 있다.

정부는 당초 2025년부터 대기업부터 순차적으로 도입하기로 했던 ESG 공시 의무화를 2026년 이후로 연기하였지만 상장기업들과 2조원 이상의 매출액을 가진 중견기업 이상은 이미 2023년부터 자체적으로 'ESG 평가위원회'를 구성한 뒤 자체 평가단과 외부 민간평가단 등으로 부터 평가기준별 수준을 설계하여 비교평가서를 발행하고 있는 실정이다.

DGB금융그룹(회장 황병우)의 경우 지속가능금융보고서를 2007년부터 매년 자체적으로 발행하고 있다. 특히 2019년부터 TCFD보고서와 PRB보고서 등 부속보고서를 추가로 발간해 더욱 자세한 정보를 글로벌 이니셔티브 기준에 맞추어 공개하고 있다.

DGB금융그룹은 2024년 지속가능보고서상(KRCA)을 국내 최초 누적 14회 수상하는 등 역대 최대 수상기록을 세우고 있다.

DGB금융그룹의 ESG 경영을 주도하고 있는 ESG전략경영연구소는 1994년 5월 설립된 대우경제연구소가 2021년 8월 현재의 명칭으로 변경됐다.

중견기업의 경우 화장품 제조와 제약기업 등을 보유한 콜마그룹(회장 윤동한)은 2022년 지주사인 콜마홀딩스에 지속가능경영사무국을 설치하는 등 관계사에 ESG 전담조직을 구성하여 2024년까지 두 차례에 걸쳐 지속가능경영보고서 국문 및 영문판을 발간하고 있다. 보고서에는 ESG경영전략체계, 이해관계자 소통, 이중 중대성 평가 등 재무적, 비재무적 평가가 다양한 기준으로 반영되어 있다. 또한 이사회 내 위원회인 ESG위원회를 운영하며, ESG와 관련한 중요사항에 대해 검토·결의·보고를 하고 있다.

2) 한국 대기업의 ESG 경영 기준

정부는 ESG 공시 도입을 선도하는 삼성전자와 현대자동차 등 8개 대기업을 대상으로 'ESG 공시 대응 현황'을 조사한 결과 8개 기업이 모두 ISSB 기준 공시를 체계적으로 준비하고 있고 7개 기업은 ESRS 기준도 자회사의 ESG 공시 등을 위해 대응 체계를 마련 중인 것으로 나타났다.

이와 관련 대기업들은 국제 지속가능성 기준위원회(ISSB)의 ESG 공시기준과 유럽 지속가능성 공시기준(ESRS)에 따른 ESG 공시 대응 체계를 신속하게 구축하고 있는 것으로 나타났다. 미국 증권거래위원회(SEC) 기준에 대응하는 기업은 거의 없는 것으로 나타났다.

3) 금융위원회 ESG 경영 기준

금융위원회는 2024년 4월 22일, 'ESG 공시 의무화'를 2026년 이후 도입할 계획이라고 밝히면서도 구체적인 일정은 발표하지 않았다. 한국지속가능성기준위원회(KSSB)도 12월 23일에 의결하려던 'ESG 공시기준서 권고안'도 2025년으로 연기됐다.

이같은 발표에 앞서 금융위원회는 '제4차 ESG 금융추진단 회의'를 열고 국내 ESG 공시기준 의견수렴과 별개로, 국내 ESG 공시 의무화 대상기업 및 도입 시기 등에 대해서는 단계적으로 밝히겠다는 입장을 밝혔다.

또 금융위원회는 2016년부터 상장기업을 대상으로 '온실가스 배출량 공시의무화를 실행한다'는 명백한 기준부터 발표하였다. 국내 상장기업들의 ESG관련 환경·사회책임·지배구조 공시 의무화는 우선 '기후 분야'부터 추진된다는 의미다. 국내 기업들은 기후 관련 위험요인에 대한 기업차원의 대응을 평가할 수 있도록 온실가스 배출량 등 각종 지표를 공시해야 한다.

4) 한국회계기준원 지속가능성기준위원회(KSSB)의 기후변화 공시 초안 발표

KSSB는 2024년 4월 30일, 기후변화에 초점을 맞춘 국내 ESG 공시기준 초안을 공개하면서 해외에서 진행되는 공시 요구가 한국에서도 구체화 및 의무화되고 있다. '지속가능성 관련 재무공시' 초안에 따르면, 자산 2조 원 이상의 코스피 상장사는 투자자의 의사결정에 영향을 미칠 수 있는 기후를 비롯한 ESG 관련 위험과 기회를 공시해야 한다. 주요 공시 항목은 Δ지배구조 Δ전략 Δ위험 관리 Δ지표 및 목표 등으로 구성됐다.

정부는 ESG 관련 규제와 지원 정책을 통해 기업들이 지속가능성을 높일 수 있도록 지원하고 있다. 예를 들어, 금융위원회는 'ESG 공시 의무화'를 추진하고 있으며, 환경부는 '기업의 탄소 중립 이행을 지원'하기 위해 재정적 인센티브를 제공하고 있다. 국제감사인증 기준위원회(IAASB)는 2024년 12월 공익감독위원회(PIOB)로부터 승인을 받아, 국제지속가능성 인증기준 5000(ISSA 5000)을 최종 공표하였다. ISSA 5000은 투자자, 규제기관을 비롯한 이해관계자가 지속가능성 정보에 대한 신뢰와 확신 수준을 강화하기 위해 새롭게 제정된 지속가능성 인증업무에 적합한 포괄적이고 독립적인 기준이다.

5) 국내 ESG 인증현황

2024년 5월 '제10회 ESG인증포럼'에서 공개된 공인회계사회의 국내 ESG보고서 인증현황에 따르면, 현재 지속가능성 보고서의 인증을 받는 국내기업 144곳(80.4%)이 영국 비영리기관 어카운트빌리티(AccountAbility)에서 발행하는 'AA1000AS' 인증 기준을 사용하고 있다. IAASB가 제공하는 IASE 3000 기준을 적용한 곳은 6%(12곳)에 불과하다. 하지만, 글로벌 ESG 인증시장에서 세계 주요국이 'ISAE 3000' 인증기준을 70% 이상 사용하는 흐름과는 다른 양상이다.

따라서 ISAE 3000의 업그레이드 버전인 ISSA 5000이 도입될 경우 국내 ESG 공시 업계에 변화가 클 것이며 ISSA 5000이 (AA1000AS나 IASE 3000보다) 질적으로 높은 수준의 기준이기 때문에 국내 기업들도 이 기준을 이용해 인증을 받으려는 수요가 늘어날 것으로 예측되고 있다.

6) ESG 투자기준 표준화 추진

세계 각국과 국제사회는 ISSB(국제 지속가능성 기준위원회)의 공시 기준을 도입해 국제적으로 통일되고 일관되며 비교 가능성 있는 정보를 앞다퉈 제공하고 있다. 덕분에 투자자는 다양한 곳에서 산발적으로 제공되던 정보를 한 곳에서 볼 수 있게 됐고, 통일된 기준에 따라 제공되는 정보를 비교해 적절한 투자처를 찾을 수 있게 됐다.

ESG 투자는 투자자의 인식에서부터 시작됐다. 투자자가 투자하고 있는 대상 기업이 기후변화에 적절히 대응하지 못하거나 사회적으로 충분한 대처를 하고 있지 못하면 기업의 실적에 악영향을 미치고 투자실적으로까지 이어진다는 인식이 계속되면서 ESG 투자 규모는 2020년 벌써 35조달러(약 4경8000조원)를 넘어섰다.

세계 최대 자산운용사인 블랙록이 기존에 있던 투자 관련 스튜어드십 이외에도 기후 탈탄소화와 관련된 스튜어드십 가이드라인을 발표하는 등 세계적으로 투자자의 ESG에 대한 관심과 투자는 지속되고 있다. 국내 ESG 투자는, 가장 큰 시장 참가자인 국민연금의 책임투자 확대 주도로 2023년 국내금융기관의 ESG 금융규모는 188조를 넘어서는 등 지속적인 증가추세를 보이고 있다. 또한 ESG와 관련된 가장 큰 트렌드 중 하나는 '전환금융'이다. 전환금융은 탄소 배출량이 많은 기업이 탄소 감축을 위한 활동을 할 수 있도록 자금을 지원하는 것을 말한다.

한국은 환경·사회에 대한 정보보다는 기업들의 지배구조에 대한 정보 요구가 높아 2017년 기업지배구조보고서가 도입됐고, 2024년 현재 자산 5,000억원 이상 기업 516개사가 공시를 완료했다. 또 지속가능경영보고서를 통해 환경과 사회 관련 데이터들을 공시하고 있다. 유가증권시장과 코스닥 증권시장 모두 2021년부터 관련 보고를 시작해서 현재 급증하고 있다.

7) 기후변화에서 탈탄소화 등으로 확대

기존에는 재생에너지 혹은 친환경 사업에 투자하는 녹색금융이 주를 이뤘다. 그러나 녹색금융만으로는 기후변화에 대응하기 어렵다는 시장 인식이 형성되면서 화석연료 산업의 탈탄소화를 도울 수 있는 자금을 지원하는 것이 트렌드이다.

유럽연합(EU)의 경우 지속가능성 공시지침(CSRD)을 마련해 국가별로 법제화를 진행하고 있다. 비재무정보 공시는 2025년부터, 2029년부터는 한국을 포함해 유럽에서 영업활동을 하고 있는 비EU 기업들도 공시가 의무화된다. 국내 기업은 70여 개의 유럽 자회사와 60여 개의 모회사가 여기에 해당된다.

미국, 호주, 홍콩, 중국도 2026년부터 ESG 공시를 의무화할 예정이다. 미국은 올해 초 증권거래위원회(SEC) 기후공시 규칙이 확정됐지만, 일부 주(州)정부와 기업이 소송을 제기하면서 시행이 유예됐다.

2024년 12월 12일, 금융위원회·환경부·금융감독원은 한국형 녹색분류체계(이하 K-택소노미)를 기반으로 한 '녹색여신 관리지침'을 제정했다고 밝혔다. 이 지침은 금융기관이 대출 시 대출기업의 활동이 K-택소노미에 부합하는지 판단하고, 이를 근거로 녹색금융을 지원하도록 규정하고 있다.

K-택소노미의 6대 환경 목표는 △온실가스 감축 △기후변화 적응 △물 자원의 지속 가능성 △순환경제 전환 △오염 방지 △생물다양성 보전이다. 이 중 하나 이상을 충족하고 다른 목표에 부정적 영향을 미치지 않아야 한다.

녹색여신 관리지침은 기존 대기업 중심의 녹색금융 지원체계를 넘어 중견·중소기업, 스타트업까지 지원 범위를 확대했다. 환경 목표를 충족하는 친환경 활동 기업은 금리 인하와 같은 금융 혜택을 받을 수 있게 되었으며, 이를 통해 녹색경제 전환에 필요한 자금 조달이 보다 용이해질 것으로 기대된다.

EU가 그린딜 정책을 관련 정책 입법에 속도를 내기 시작하면서 ESG(Environmental, Social, Governance)에도 많은 변화가 일어나고 있다. 특히 공급망실사법(CSDDD, Corporate Sustainability Due Diligence Directive)을 2022년 2월 EU 집행위에서 지속가능성을 기업의 생산활동에 투영하기 위해 공급망 전반에 걸쳐 실사를 의무화하는 입법이 진행되면서 전 공급망에 연결된 납품·협력기업의 인권과 환경에 대한 침해 여부를 조사 후 문제 발견 시 시정하고 해당 내용을 공시해야 한다.

8) Scope(스코프)3 의무 공시 중요

각국은 우리나라와 마찬가지로 ISSB를 베이스라인으로 한 지속가능성 공시기준을 제정하고 있다. 또 한국뿐만 아니라 일본, 중국, 호주, 말레이시아 등 다양한 국가에서 ISSB 기준과 상호 운용 가능하도록 한 공시 기준을 제정하고 있다.

이와 함께 Scope 1, 2 공시를 요구하고 있고, 미국을 제외한 다른 국가들은 모두 Scope 3까지 요구하고 있다. Scope 1 및 Scope 2 배출은 제어 및 측정이 더 쉬운 반면, Scope 3 배출은 조직의 직접적인 통제 범위를 벗어나는 훨씬 더 광범위한 간접 영향을 포함한다. 이러한 배출은 원자재 추출부터 상품 및 폐기물의 최종 폐기에 이르기까지 제품 및 서비스의 공급망과 수명주기의 모든 부분에서 발생한다. Scope 3은 기업의 활동으로 인해 발생하는 모든 직·간접적인 배출량 중 Scope 1, 2를 제외한 배출량을 말한다. 업스트림은 기업이 돈을 지불하고 사용하는 것과 관련한 모든 것이고, 다운스트림은 기업이 돈을 제공받아 판매하는 것과 관련한 모든 것이다. 따라서 감소는커녕 추적하기도 가장 어려운 경우가 많다. 연구에 따르면 많은 조직에서 Scope 3 배출량이 총 탄소 배출량의 70~90%를 차지하는 것으로 나타났다. 이러한 배출량을 무시한다는 것은 조직의 실제 탄소 발자국의 대부분을 간과한다는 것을 의미한다.

이를 바탕으로 한국의 지속가능성 공시 기준은 투자자에게 유용한 정보를 제공하는 것을 목적으로 2023년부터 각 항목의 지속가능성 공시 기준을 제정하고자 원칙을 수립하고, 2024년 4월 초안을 공개했다. 해외에서 활동하고 있는 기업, 수출을 통해 해외 공급망에 참여하고 있는 기업, 글로벌 자본시장에서 자금을 조달하는 기업들을 위해 ISSB 기준을 시작점으로 정확한 기준이 마련되도록 작업하고 있다.

현재 우리나라에서는 Scope 3 공시도 중요하고 필요하지만, 기업의 준비 상황과 역량을 고려할 때 아직은 시기상조라고 판단해 유예 기간과 공시 시작 시기에 대해서는 검토 중인 상태이다.

3 국내기업 ESG 경영의 중요성

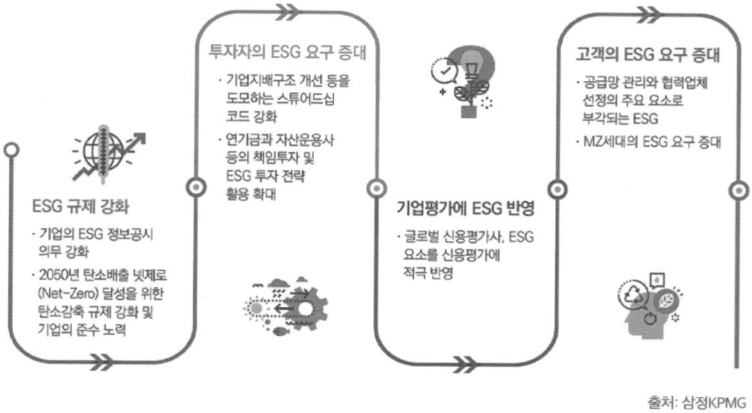

[그림 3-1] ESG가 기업에게 중요한 이유

2024년 한국ESG기준원의 평가 대상 기업 중 상장사는 모두 1,001개사(유가증권 상장사 794개사, 코스닥 상장사 207개사)이다. 이제 국내기업도 [그림 3-1]과 같이 ESG규제의 강화와 ESG투자요구의 증대, 기업평가에 ESG반영, 고객의 ESG요구증대가 이뤄지는 상황에서 ESG경영을 추진하지 않을 수 없게 됐다.

1) ESG 규제 강화

한국기업들은 최근 유럽연합과 미국을 비롯한 주요 국가들의 ESG 정보공시 의무화와 2050년 탄소배출 넷제로 달성 등을 위한 규제강화에 따른 대응에 나서고 있다. 특히 유럽연합의 CSRD와 EBAM, 그리고 미국의 SEC의 기후공시규칙은 한국기업에 막대한 영향을 미칠 것이며, 고탄소 배출산업에는 큰 도전과제로 부각되고 있다. 특히 유럽과 북미 시장에서는 ESG를 준수하지 않는 기업과의 거래를 제외시키고 있어 수출이나 해외사업 확대를 위한 적극적인 대응이 필요하다.

고탄소 배출산업에 속한 기업들은 탄소배출량을 줄이기 위한 중장기 전략을 수립하고 이를 실행하기 위한 배출량 감소와 에너지 효율화 및 재생에너지 전환과 같은 전반적인 경영개선 및 대응전략이 필요하다.

2) 투자자의 ESG 요구 증대

한국시장에서 ESG 투자는 글로벌투자환경의 변화에 대응, 정부의 적극적인 지원과 기관투자자, 개인투자자들의 참여확대로 빠르게 성장하고 있다.

기업의 지배구조개선과 함께 금융위원회는 상장사의 ESG 정보공시의 의무를 강화하고, ESG 펀드에 대한 세제혜택을 제공하여 개인투자자의 참여를 유도하고 있다. 국내 최대기관투자자인 국민연금 등 연기금과 자산운영사의 책임투자 및 ESG투자비중을 지속적으로 확대하고 기후변화대응과 사회적 책임투자에 집중하고 있다. 국내 은행과 보험사 등도 ESG금융상품개발과 투자상품의 다양화에 적극적으로 나서고 있다.

3) 기업평가에 ESG 반영

한국의 KOSPI 상장사들은 2025년부터 자산 2조원 이상의 기업을 대상으로 지속가능성 정보공시 의무화 예정이었으나 현재는 2026년 이후로 연기한 상태이다. 그렇지만 ESG 공시가 투자자와 이해관계자들 사이에는 신뢰구축을 위한 중요한 도구가 되었으며 기업의 장기적인 경쟁력과 평판관리에 중대한 영향을 미친다.

ESG 공시가 의무화가 추진되면서 연결 기준 관리, 기후변화 활동의 재무적 지표 등 비재무 데이터도 재무 데이터 수준의 신뢰도를 요구하는 시대가 도래했다. 정확한 ESG 성과 측정과 검증 체계 구축, 비재무 리스크 관리 등이 기업평가에 반영된다.

4) 고객의 ESG 요구 증대

공급망 관리와 협력업체 선정의 주요 요소로 ESG 이행 및 성과평가가 부각되고 있다. 공급망 내에서 발생하는 탄소배출을 줄이기 위해선 디지털 기술을 통해 배출량을 정확히 측정하고 이를 바탕으로 지속가능성 전략을 수립해나가야 한다. 디지털 기술은 탄소배출을 실시간으로 모니터링하고 관리할 수 있는 도구로 데이터 기반의 의사결정이 가능하다. 이는 정확한 데이터를 바탕으로 탄소배출감소와 에너지 절감목표를 설정하고 이를 실행하는 것은 기후변화에 맞서 기업의 생존을 보장하는 방법이다. 최근 가치소비를 중요시하는 MZ세대를 중심으로 ESG 성과가 우수한 기업을 더 신뢰하고, 그들의 제품이나 서비스를 더 선호하는 경향이 높아지고 있어 ESG 요구 증대도 한몫을 하고 있다.

산업통상자원부는 2024년 7월 25일, 대한상공회의소 등 11개 주요 업종별 협회 등과 함께 '산업 공급망 탄소중립 얼라이언스' 출범회의를 개최하고 '산업공급망 탄소중립전략'을 발표했다. 우선적으로 탄소규제가 본격화된 5대 업종(배터리, 자동차, 가전, 철강, 알루미늄, 섬유업종)의 탄소 데이터를 연결하는 '한국형 산업 공급망(탄소) 데이터 플랫폼'을 구축하고 향후 전업종, 전산업데이터를 포괄하는 플랫폼으로 확대·발전시킨다고 발표하였다. 그리고 공공기관의 ESG경영목표달성을 의무화하고 우수기업에 대한 평가를 강화하고 있다.

4 국내 대기업과 공공기관들의 ESG 경영 추진 실태

한국 정부는 K-택소노미를 도입하여 친환경 활동을 정의하고, 기업들이 지속 가능한 경영을 할 수 있도록 지원하고 있다. 또한 2026년이후 상장 기업에 대해 ESG 공시를 의무화할 계획이다. 특히 기업들은 글로벌규제환경에 대응하기 위해 적극적으로 ESG 관련 규제를 도입하고 ESG공시에 나서고 있다. 한국 정부는 환경 및 인권 실사 법안을 제안하여 대기업들이 환경과 인권에 대한 실사를 정기적으로 수행하도록 요구하고 있으며, 공정거래위원회는 녹색세탁 방지를 위한 규정을 강화하고 있다.

1) 주요 대기업의 ESG 경영 사례

한국의 주요 대기업들은 ESG 경영을 선도하고 있다. 삼성전자는 탄소 배출을 줄이고 재생 에너지 사용을 확대하며, 현대자동차는 전기차와 수소차 개발을 통해 친환경 이동 수단을 제공하고 있다. 또한 SK 그룹은 환경 보호와 사회적 책임을 강화하기 위해 다양한 ESG 전략을 도입하고 있다. ESG 경영이 기업 문화의 중요한 요소로 자리잡고 있다.

(1) 삼성전자

삼성전자는 ESG 경영의 중요한 축을 환경으로 정하고, 탄소배출제로 목표를 설정하고, 친환경 제품 개발과 재생 가능한 에너지 사용 확대를 선언했다. 또한 공급망에서의 인권 문제 해결과 투명한 지배구조 개선을 위해 노력하고 있다.

삼성, 1조원 규모 '협력회사 ESG 펀드' 조성

이를위해 삼성전자는 2024년 9월 24일, 서울 명동 은행회관에서 금융감독원, 5대 금융지주와 함께 국내 협력회사의 ESG 경영을 지원하는 1조원 규모 '협력회사 ESG 펀드' 조성을 위한 업무 협약을 체결했다.

이날 협약식에는 금융감독원 이복현 원장, 삼성전자 대표이사 한종희 부회장, 5대 금융지주 회장(KB금융지주 양종희 회장, 신한금융지주 진옥동 회장, 하나금융지주 함영주 회장, 우리금융지주 임종룡 회장, NH농협금융지주 이석준 회장) 등이 참석했다.

이번 협약을 통해 삼성은 1조원을 5대 은행에 예치하고, 중소·중견 협력회사들은 예치이자 및 감면금리를 활용하여 무이자 대출을 받을 수 있게 된다. 대기업과 금융권이 ESG 경영에 어려움을 겪는 중소기업을 위해 노력하는 사례로 향후 상생문화 확산의 계기가 될 것으로 기대된다.

5대 은행은 삼성이 예치한 재원을 관리하여 협력회사에 필요한 자금이 적재적소에 원활히 공급될 수 있도록 무이자 대출을 제공하고, 필요시 중소기업 사업장의 재해 예방과 탄소 감축 등에 대한 컨설팅과 교육도 지원할 예정이다.

금감원·삼성·5대 금융지주, 국내 중소기업 ESG 경영 지원 위해 '맞손'을 잡았다.

삼성전자와 삼성디스플레이는 이번 협약을 통해 총 1조원 규모의 '협력회사 ESG 펀드'를 조성하여(삼성전자 0.8조원, 삼성디스플레이 0.2조원) 1차 협력회사들이 ESG 경영 전환에 어려움이 없도록 무이자 대출을 지원한다. ESG 펀드는 오는 10월부터 시행하여 향후 6년간 협력회사의 ESG 경영기반 구축을 위한 자금으로 활용될 예정이다.

(2) 현대자동차

현대자동차는 전기차와 수소차 개발을 통해 협력사와 함께 지속 가능한 공급망을 구축하는 등 ESG 경영을 실천하고 있다. 또한 사회적 책임을 다하기 위해 지역사회와 협력하여 다양한 사회공헌 활동을 진행하고 있다.

'ESG 기준'을 높이겠다는 현대차와 협력사 긴장상태, 재생에너지 비율 등 입찰 표준계약서에 첫 포함 일정점수 미달땐 납품을 포기해야 할 형편이다.

> 현대자동차그룹이 1차 협력사를 대상으로 ESG(환경·사회·지배구조) 평가 결과를 입찰 조건으로 담은 표준계약서를 새로 마련하고 있는 것으로 알려졌다. 재생에너지 사용 비율 등을 위반하면 내년부터 납품업체에서 제외될 수 있다는 의미다. 4차 하도급 업체까지 포함해 협력사가 5000여 개에 달하는 현대차그룹이 ESG 가속 페달을 밟기 시작하면서 국내 제조업계의 'ESG 이행'에도 속도가 붙을 전망이다.
>
> 현대차그룹은 올해 안에 ESG 항목을 담은 표준계약서를 완성하기 위해 계열사별 일원화 작업을 하고 있다. ESG의 어떤 항목을 평가하고, 연도별 적용 범위를 어디까지로 할지 등을 논의하는 것으로 알려졌다. 현대차그룹은 우선 1차 협력사에 적용할 표준계약서에 △재생에너지 사용 비율 △노동력의 다양성 △지역주민 권리 보호 △온실가스 감축 구체적 목표 등을 넣는 작업을 조율 중이다. 자동차부품업계 관계자는 "표준계약서에 발주사와 납품사 양측이 동의하면 법적 구속력을 갖는다"며 "ESG 평가 점수가 100점 만점에 70점이 넘지 않는 협력사는 내년 재계약이 불발될 수 있다는 얘기가 1차 협력사에 전달됐다"고 말했다.
>
> 한국경제 신정은/김재후 기자 newyearis@hankyung.com

(3) SK그룹의 ESG전략

SK는 ESG 경영을 그룹 경영의 핵심 전략으로 삼고 있다. SK그룹은 친환경 에너지 사업, 사회적 가치 창출, 그리고 투명한 의사결정을 통해 지속가능경영을 실천하고 있다. 특히 SK가스는 전사 미션 및 비전과 연계한 ESG 경영을 실천하고 기후변화에 선도적으로 대응하기 위해 Zero Carbon으로의 사업 포트폴리오 대전환을 추진하고 있다.

이를 위해 SK가스는 'Sustainable Energy, Better Future'라는 ESG 비전을 수립하고, 'For the Planet', 'With Stakeholders', 'Through Transparency' 라는 ESG 영역별 방향성에 따른 중점 추진 영역을 설정하였다.

SK가스는 ESG 위원회를 구성해 회사의 중장기 기후변화 대응전략 수립과 지속 가능한 성장을 위한 ESG 경영 관련 자문과 검토에 대한 책임을 갖고 있으며, 조직 기후관련 대응활동을 총괄하고 있다. 정기적으로 기후변화 대응 및 관리 현황을 모니터링하고 대응계획을 논의하고 있으며, 그 결과를 이사회에 보고하고 있다.

2) 국내 중소기업의 ESG 경영

국내 중소기업들도 ESG 경영에 대한 관심이 증가하고 있다. 비록 대기업에 비해 자원이 부족할 수 있지만, 중소기업들은 지속 가능한 경영을 위한 혁신적인 아이디어와 기술을 도입하고 있다. 정부는 이러한 중소기업들을 지원하기 위한 정책추진에 적극 나서고 있다.

2023년 1월 중소기업중앙회가 30대 대기업 협력회사에 대해 설문조사한 결과 대부분 협력회사가 인력 및 설비부족 등으로 ESG 경영의 이행에 어려움을 호소하고 있는 것으로 나타났다. 대기업의 지원이 필요한 항목은 ESG 시설 및 설비가 20.4%, 관련 자금지원이 19.4%, 임직원 교육이 10.2%순이었다.

중소벤처기업부는 2025년 처음으로 유럽연합(EU) 공급망 실사지침시행을 앞두로 15개 내의 공급망, 600개 이상을 대상으로 중소기업에 대한 ESG지원에 나서고 있다.

3) 국내 행정기관과 공공기관 등의 ESG 경영

2023년 4월, 행정안전부는 민간협력 강화를 위한 3대 핵심과제 중 지방공공기관의 환경·사회·지배구조(ESG)경영 협력 및 지원 강화를 선정하였고, 지방공공기관이 지역 소재 기업에 ESG 경영 기법을 공유할 것을 권장하고 있다.

ESG가 기업 부문에서 처음 논의되면서 ESG 경영이라는 용어가 널리 사용되기 시작했으며, 기업뿐만 아니라 공공부문에서도 활용이 확대되었다. ESG 가치, ESG 규범, ESG 기준, ESG 시스템, ESG 행정, ESG 정책, ESG

실천 등 방향성과 강조점에 따라 다양한 형태로 혼용되기도 한다.

코로나 이후로 ESG 경영이 확산되고 있으며, ESG 경영 관련 표준화, 녹색 분류 체계, ESG 채권 발행, 탈석탄 선언 등 다양한 노력이 관심을 끌고 있다.

(1) 광역자치단체의 ESG 경영 조례 제정

2023년 11월 기준, 13개 광역자치단체가 ESG 경영 관련 조례를 15건 제정 또는 일부 개정하여 공표하였고, 지역별 특성에 따른 세부 지원 전략을 제시하였다.

(2) 기초자치단체의 ESG 경영 조례 제정

2023년 11월 기준으로 34개 기초자치단체에서 ESG 경영 관련 조례를 제정 및 공표하였고, 지역별 특성에 맞춤화된 지원 전략을 제시하고 있다.

(3) 경기도 공공기관의 현황 분석

가. 경영평가 항목 및 지표

경기도 공공기관 경영평가 지표체계는 〈표 3-1〉과 같이 크게 기반영역과 성과영역으로 구분해 영역별 주요 내용을 평가하고 있다.

〈표 3-1〉 ESG평가영역별 주요 평가내용

평가영역	주요 평가내용
기반영역	• 조직의 동인(動因)인 리더십 및 전략이 적절하게 구성·운영이 되고 있는지 여부 • 성과 달성을 위한 조직 및 인적자원, 재정 및 정보자원 등 조직구성의 제반 요소들이 충실히 운영·관리되고 있는지 여부
성과영역	• 주요사업성과와 사회성과 등 공공기관으로서 주요 성과를 제대로 창출하고 있으며, 정부 및 도 정책 등에 대한 준수와 사회적 책임을 다하고 있는지 여부

자료: 경기도(2022). 2022년('21년 실적) 경기도 공공기관 및 기관장 경영평가 보고서(종합보고서).

나. 경영평가 및 기관장 평가 추이

경기도 출연·출자기관에 대한 기관 경영평가 결과를 살펴보면 경영평가

대상기관 수는 12개(2016년)에서 17개(2023년)로 늘어났으며, 경영평가 평균 점수는 2016년 75.3점에서 2023년 84.0점으로 증가하여 전반적으로 지속적으로 높아지는 추세를 보이고 있다. 경기도 출연·출자기관에 대한 연도별 기관별 경영평가 결과는 〈표 3-2〉 와 같다.

〈표 3-2〉 연도별 기관별 경영평가 결과

연도	'16년	'17년	'18년	'19년	'20년	'21년	'22년	'23년
대상기관 수 (개)	12	14	15	17	17	18	17	17
경영평가 평균 점수 (점)	75.3	80.0	79.0	78.0	83.7	83.8	83.5	84.0

* 별도평가를 받거나 출자 지분 및 결산서 대상기간 미달 등의 사유로 경영평가 대상에 해당하지 않는 기관은 제외함.

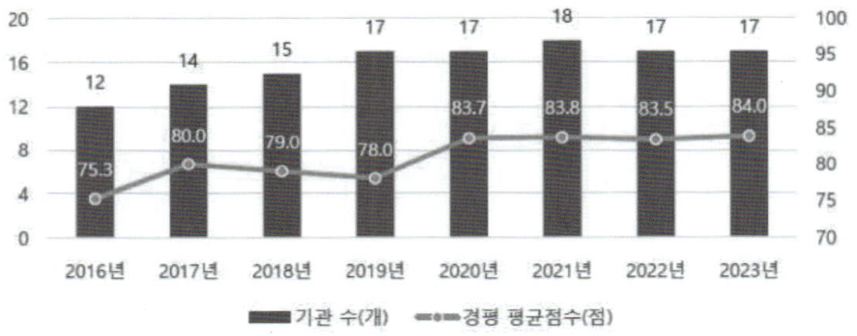

[그림 3-2] 연도별 경영평가 대상기관 수와 평균점수 변화 추이

연도별 경영평가 대상기관 수와 평균점수 변화 추이를 조사한 결과 [그림 3-2]와 같았다.

경기도 공공기관을 대상으로 2023년 ESG 경영 도입 시 한계점이 무엇인지를 조사한 결과, 복수응답 기준으로 가장 빈도수가 높은 응답은 '조직 내 ESG 경영 전문 인력의 부족'으로 나타났고, 다음 순으로 'ESG 경영 추진을 위한 예산 부족'과 'ESG 경영 도입 및 운영 관련 정보 부족'을 한계점으로 제시한 응답자가 많았고, '조직구성원의 ESG 경영 참여 의지 부족'과 'ESG 경영 추진을 위한 부서 간 협력 및 소통의 어려움' 등의 응답이 나타났다.

제 II 부

ESG 평가와 ESG 경영 대응전략

제4장 ESG 보고기준과 평가인증

ESG 경영에 대한 지속 가능성, 기업의 사회적 책임, 그리고 투명한 지배구조를 촉진하는 글로벌 프레임워크와 글로벌 ESG활동보고기준, 지표개발, ESG평가인증 등을 통한 이해관계자와 소통이 중요하다. 특히 K-ESG는 한국 기업들이 글로벌 ESG 기준에 맞춰 지속가능하고 책임 있는 경영을 실천할 수 있도록 돕는 중요한 프레임워크이다. 환경, 사회, 지배구조의 세 가지 요소를 중심으로 기업의 경영 성과를 평가하고 있다. 이를 통해 한국 기업들은 글로벌 시장에서 경쟁력을 강화할 수 있다. K-ESG 평가 및 인증은 기업의 ESG 경영 수준을 객관적으로 측정하고, 이를 바탕으로 개선할 수 있는 기회를 제공한다.

제4장은 글로벌 ESG 활동보고 기준과 K-ESG 활동보고기준 및 인증프로세스와 점수체계, K-ESG 진단지표 개발과 ESG평가인증 및 진단 지표에 대해 구체적으로 설명하겠다.

1 글로벌 ESG 활동보고 기준

ESG 활동에 대한 보고 방식은 기존의 지속가능보고 또는 지속가능경영보고서(SR)를 많이 활용하고 있다. 아예 지속가능경영보고서를 ESG 보고서로 준용하기도 한다.

대표적인 글로벌 ESG 경영의 보고기준에는 지속가능성 보고서에 대한 가이드라인을 제시하는 GRI Standards, 미국 SASB의 산업별 중대성(Materiality) 지표, 기후변화 관련 재무정보공개협의체(TCFD)의 권고안, IR 프레임워크, 이해관계자 자본주의 측정지표 등이 있다. 이들은 산업 전반 혹은 특정 산업에 대한 ESG 가이드라인을 투자자와 이해관계자들에게 제공하고 있다.

1) GRI Standards

ESG 경영의 보고기준으로 가장 널리 활용되고 있는 GRI Standards는 지속가능경영보고를 위한 최초의 글로벌 프레임워크이다. 1997년 미국의 환경단체인 세레스(CERES)와 UNEP가 중심이 되어 설립되었으며, 2002년 네덜란드에 본부를 두고 상설기관으로 확대 개편되어 '지속가능경영 성과 보고'에 필요한 가이드라인을 제공하고 있다. 지속가능경영보고서(SR)는 기업 및 조직이 경제, 환경, 사회에 미치는 긍정적 또는 부정적 영향을 체계적으로 관리하기 위해 지속가능경영의 성과를 담은 기업보고서이다.

2020년 기준 세계 250대 기업의 80% 이상이 GRI지침을 준수하고 있으며, 현재 국내 ESG 보고서 발간기업의 90% 이상이 GRI지침을 준수하고 있다. GRI데이터는 그 목적이 비정부기구 및 정부가 기업에 책임을 묻는데 도움을 주는 것으로 산업, 규모, 국적, 소유 구조와 관계없이 모든 회사가 같은 정보를 보고하기 때문에 제한적인 정보만을 제공하고 있다.

GRI 가이드라인은 보편적 기준(universal standards)과 주제별 기준(topic specific standards)으로 구성된다. GRI 101~103은 보편적 기준으로, 101은 보고서 원천, 102는 일반적 공시내용, 103은 경영방식 보고방법이며, GRI 200~400은 주제별 기준으로, 200은 경제, 300은 환경, 400은 사회 주제에 대한 기준이다.

2) 지속가능성회계기준위원회(Sustainability Accounting Standard Board, SASB)

SASB는 미국 재무회계기준위원회가 비재무공시의 문제점을 보완하기 위해 만든 것이며, 투자자 관점에서 지속가능경영 정보 활용에 초점을 두고 사업보고서에 포함가능한 형태로 제공되는 지침이다. 2018년부터 미국의 77개 산업별(SICS)로 중요성 지표를 제공 중이며, Healthcare 분야는 Biotechnology & Pharmaceuticals, Drug Retailers, Health Care Delivery, Health Care Distributors, Managed Care로 구분되어 있다.

3) 기후변화 관련 재무정보공개전담협의체(Task Force on Climate-related Financial Disclosures, TCFD)

기후변화 관련 재무정보공개전담협의체(TCFD)의 권고안은 기후변화와 관련된 재무영향 공시를 위한 지침으로, 지배구조, 전략, 리스크 지표, 감축 목표 4가지 영역으로 구성되어 있다(2017년~). 이는 기후변화가 기업에 미치는 영향을 반영하기 위해 G20이 금융안정위원회(FSB)에 정보공개 가이드라인을 요청하면서 만들어졌다.

4) 이해관계자 자본주의 측정지표(Stakeholder Capitalism Metrics, SCM)

세계경제포럼(WEF)와 국제비즈니스협의회(IBC)는 글로벌 4대 회계법인인 PwC, KPMG, Deloittte, EY와 함께 2020년 9월 이해관계자 자본주의 측정지표(Stakeholder Capitalism Metrics, SCM)를 발표하는데, UN SDG와 연계하여 기존 ESG 보고기준 중 중요하다고 판단되는 공시항목을 제시했다. 공시항목에는 21가지 핵심지표와 34가지의 확장지표가 있다.

5) 보고기준 통합 동향

ESG 경영의 보고 기준은 GRI 표준, SASB, TCFD 외에도 전 세계에 374개가 존재한다. 이러한 보고기준의 다양성은 비교가능성을 저하시키고 있어 재무정보와 마찬가지로 비재무보고의 비교가능성과 신뢰성을 높이기 위한 움직임이 가시화되고 있다. 2020년 9월 국제기구 GRI, SASB, CDP, IIRC, CDSB는 ESG 정보공시를 위한 공동 기준 제정을 위한 협력에 합의했다. 이러한 국제기구의 움직임은 정부와 투자기관의 공시표준화에 대한 요구가 증가하기 때문이다. 국제통화기금(IMF)과 미국의 증권관리위원회(SEC)도 글로벌 통합 공시, 의무공시를 위한 ESG 정보 보고 표준화를 주장했다. 글로벌 기구별 정보공시의 글로벌 ESG보고기준은 〈표 4-1〉과 같다.

〈표 4-1〉 글로벌 ESG보고기준

구분	제정기관	특징	지표구성
GRI 표준	Global Reporting Initiative	• 지속가능경영보고를 위한 최초의 글로벌 프레임워크 • 기업의 활동이 경제/환경/사회에 미치는 중대한 영향에 대하여 공시 • 전 세계적으로 가장 많은 기업들이 활용 중 • 모든 이해관계자를 고려한 지속가능경영 정보와 관련된 기준	• 모든 산업에 공통으로 적용되는 가이드라인과 산업별 가이드라인으로 구성되어 경제/환경/사회 이슈 및 이슈별 세부 토픽으로 구성 – 경제이슈(7개 토픽):경제성과, 시장지위, 간접경제 효과, 조달 관행 등 – 환경이슈(8개 토픽):원재료,에너지, 용수 및 폐수, 생물다양성, 배출 등 – 사회이슈(19개 토픽):고용, 노사관계, 훈련 및 교육, 다양성 등
SASB 표준	Sustainability Accounting Standards Board	• 투자자 관점에서의 지속가능경영 정보활용에 초점을 두고 사업 보고서에 포함 가능한 형식으로 구성	• 산업별 기준 – 금융업, 소비재 등 11개의 산업군을 기준으로 77개의 산업으로 세분화한 기준 제시 • 환경, 사회자본, 인적자본, 사업 모델 및 혁신, 리더십과 지배구조 5개 분야에 대한 정보공시
TCFD 권고지침	Task Force on Climate-related Financial Disclosures	• 기후변화와 관련된 재무영향 공시를 위한 지침을 제공	• 지배구조, 전략, 위험관리 지표와 감축목표 등 4대 영역으로 구성 • 영역별로 모든 섹터에 대한 정보공개지침과 특정 섹터의 정보공개를 위한 보충지침으로 구성

지금까지는 GRI, SASB, TCFD가 가장 큰 공신력이 있는 기준으로 활용되었다. 그러나 국제회계기준재단(IFRS)은 2021년 지속가능성기준위원회(ISSB)를 출범시켜 지속가능경영보고의 일관성, 비교가능성, 신뢰성을 제고하기 위해 국제회계기준위원회(IASB)와의 협력으로 비재무정보와 재무정보 간 연계성을 고려한 기준을 제정하기로했다.

국제감사 및 검증기준위원회(IAASB)가 2024년 12월 지속가능성 검증에 관한 국제 표준(ISSA) 5000 '지속가능성 검증 계약에 대한 일반 요구사항'의 최종 버전을 발표했다. 기업의 공시 정보 인증은 재무정보의 감사와 같이 ESG 관련 정보의 정확성, 신뢰성 및 완전성을 보장하는 것을 목표로 하며 정보이용자가 기업의 ESG 실태를 파악하는데 중요한 종전 인증기준은 ISAE 3000과 AA 1000 시리즈 등이 사용되었다.

2 K-ESG 활동보고 기준

K-ESG는 한국 정부와 다양한 기관이 국내 기업들의 ESG 경영을 활성화하고 국제적인 ESG 프레임워크에 맞춰 기준을 설정하고 평가하기 위한 중

요한 틀이다. K-ESG는 글로벌 ESG 프레임워크를 기반으로 하되, 한국의 경제 및 사회적 특성을 반영한 맞춤형 기준을 제시하고 있다.

1) K-ESG의 등장 배경

한국의 ESG 경영은 전 세계적인 지속 가능성 요구와 기후 변화 대응의 흐름 속에서 중요성이 크게 부각되고 있다. 특히 2020년 이후 글로벌 기업들이 ESG 경영을 도입하면서, 한국 정부와 주요 기업들도 이에 발맞춰 ESG 경영을 도입해야 할 필요성이 증대되고 있다. K-ESG는 이러한 배경 속에서 한국 기업들이 글로벌 경쟁력과 사회적 책임을 동시에 추구할 수 있도록 지원하는 역할을 한다.

2) 한국 정부의 ESG 경영 촉진 정책

통상산업자원부는 2021년 K-ESG 가이드라인을 발표하며, 국내 기업들이 ESG 기준을 기반으로 체계적인 경영을 도입하도록 유도하고 있다. 이 가이드라인은 기업이 환경적 지속 가능성, 사회적 책임, 지배구조의 투명성을 강화하는 데 필요한 구체적인 기준이다. 특히, 대기업뿐만 아니라 중소기업들도 ESG 경영을 실천할 수 있도록 다양한 지원책 마련에 나서고 있다.

3) K-ESG 가이드라인의 세부항목과 주요 기준

K-ESG 가이드라인은 글로벌 ESG 표준에 맞추면서도 한국의 경제 및 산업 특성을 반영한 맞춤형 지침이다. 이 가이드라인은 기업들이 자발적으로 ESG 활동을 보고하고, 그 성과를 평가받을 수 있도록 돕는다.

(1) 환경(Environment) 기준

환경적 기준은 기업이 환경에 미치는 영향을 최소화하고, 자원을 효율적으로 사용하는 것을 중점으로 한다. K-ESG 가이드라인에서는 다음과 같은 항목을 포함하고 있다:

- 탄소 배출 관리: 기업은 온실가스 배출량을 줄이기 위한 목표를 설정하

고, 이를 달성하기 위한 구체적인 계획을 마련해야 한다.

- 에너지 효율성: 기업이 에너지를 효율적으로 사용하고, 재생 가능 에너지를 도입하는 방안을 마련하도록 유도한다.
- 자원 관리: 자원 절약과 재활용을 통해 폐기물 발생을 줄이고, 순환 경제를 구축하는 것이 중요하다.

(2) 사회(Social) 기준

사회적 기준에서는 기업이 노동자, 소비자, 지역사회와의 관계에서 책임 있는 행동을 하는 것에 중점을 둔다. K-ESG 가이드라인에서는 다음과 같은 항목을 포함한다.

- 인권 보호 및 노동 조건 개선: 기업은 인권 보호를 위한 정책을 수립하고, 모든 노동자에게 공정한 대우를 제공해야 한다.
- 다양성 및 포용성: 기업은 직원과 소비자의 다양성을 존중하고, 포용적인 문화를 조성해야 한다.
- 사회적 기여 활동: 기업은 지역사회와 협력하여 사회적 문제를 해결하는 데 기여해야 하며, 지역 경제 발전에 도움을 줄 수 있는 프로그램을 운영해야 한다.

(3) 지배구조(Governance) 기준

지배구조는 기업의 투명한 경영과 윤리적인 경영을 보장하는 중요한 요소이다. K-ESG 가이드라인은 다음과 같은 지배구조 기준을 설정하고 있다.

- 투명한 의사결정 과정: 기업은 모든 의사결정이 투명하게 이루어지며, 주주와 이해관계자들에게 정확하고 신뢰성 있는 정보를 제공해야 한다.
- 이사회의 독립성: 이사회는 경영진을 적절히 감독하고, 주주들의 권익을 보호할 수 있어야 한다.
- 윤리적 경영: 기업은 모든 경영 활동에서 법과 윤리를 준수해야 하며, 내부 통제를 통해 부패와 비리를 방지해야 한다.

3 ESG 보고 동향

K-ESG는 한국 기업들이 글로벌 ESG 기준에 맞춰 지속가능하고 책임 있는 경영을 실천할 수 있도록 돕는 중요한 프레임워크이다. 환경, 사회, 지배구조의 세 가지 요소를 중심으로 기업의 경영 성과를 평가하며, 이를 통해 한국 기업들은 글로벌 시장에서 경쟁력을 강화할 수 있다. K-ESG 평가 및 인증은 기업의 ESG 경영 수준을 객관적으로 측정하고, 이를 바탕으로 개선할 수 있는 기회를 제공한다.

1) 글로벌 보고 동향

세계적으로 '지속가능경영보고서' 발간은 증가 추세이며, 2020년 기준 전 세계 매출 250대 기업의 96%, 전 세계 52개국별 매출 100대 기업의 80%가 지속가능경영보고서를 발간 중이다. 국제회계사연맹(IFAC)에서 발간한 글로벌 지속가능성 정보보고 및 인증현황에 관한 보고서에 따르면, 분석대상 기업(1,400개) 중 미국의 ESG 보고비율은 99%, ESG 인증비율은 71%, 회계법인의 인증비율은 11%이다. 영국의 ESG 보고비율은 99%, ESG 인증비율은 54.5%, 회계법인의 인증비율은 53.5%이다.

한국의 ESG 보고비율은 92%, ESG 인증비율은 93.5%, 회계법인의 인증비율은 5.3%이다. 미국과 영국의 ESG 보고비율은 한국보다 높으나, 인증비율은 한국이 높다. 분석대상 기업(1,400개) 중 91%(1,269개)가 기업의 사회적 책임(CSR), 지속가능성 또는 ESG 정보를 보고서 형태(지속가능경영보고서 57%, 연차보고서 18%, 통합보고서 16%)로 제공하고 있다. 한국은 글로벌 평균(91%)과 비슷한 수준으로 기업들이 보고서를 발간하고 있다. 1,269개 기업의 ESG정보 보고 기준은 GRI 69%, 복합형 68%, SDG 62%, TCFD 24%, SASB 15% 순으로 GRI 기준을 가장 많이 활용하고 있는 것으로 나타난다. GRI는 통합보고서 78%와 지속가능경영보고서 75%가 사용 중이며, SDG는 통합보고서에는 79%, 지속가능경영보고서 65%가 사용 중이다.

2023년 2월 7일 EU이사회와 유럽의회는 환경적 영향이 큰 8개 산업에 대한 ESG공시 도입 시기를 2026년 6월로 예정보다 2년 유예하는 방안에 합의하였다. 8개 산업분야는 석유 및 가스, 석탄·채석장 및 광업, 도로 운송, 농림어업, 자동차, 에너지 및 유틸리티, 음식료, 직물·액세서리·신발 및 보석류 등이다.

2) 국내 보고 동향

2020년 기준 국내 지속경영보고서 발간 현황은 〈표 4-2〉와 같이 민간과 공공기업을 합쳐 연 111개의 보고서가 발간되었다. 2020년 기준 국내 보고서의 95.5%는 GRI 기준을 준수하고 있으며 그 다음은 IIRC, SASB, TCFD 순으로 나타난다.

〈표 4-2〉 국내 지속경영보고서 발간 현황

구분	2016	2017	2018	2019	2020
전체 발간	127개(100.0%)	129개(100.0%)	130개(100.0%)	148개(100.0%)	111개(100.0%)
GRI	119개(93.70%)	120개(93.02%)	124개(95.38%)	142개(95.95%)	106 개(95.5%)
IIRC	19개(14.96%)	17개(13.18%)	19개(14.62%)	23개(15.54%)	19개(17.12%)
SASB	-	1개(0.78%)	2개(1.54%)	3개(2.03%)	17개(15.32%)
TCFD	-	-	-	3개(2.03%)	15개(13.51%)

자료원 : 한국공인회계사회(2021)

i) 기업일반: -ESG 경영 수준 향상을 위한 방향성 제시에 초점을 두고 기업 스스로 ESG 경영 목표 수립이 용이하도록 활용가이드 제시.- 국내외 평가지표의 공통적이고 핵심적인 항목의 제시를 통해 평가에 대한 이해 제고 및 평가대응역량 확보

ii) 중소·중견기업: ESG 경영전략 수립을 희망하는 중소·중견기업이 우선적으로 활용할 수 있는 항목 선별 제시(27개 항목)

iii) 평가·검증기관: ESG 평가 시 K-ESG 가이드라인을 자율적으로 활용할 수 있도록 설계하고 평가·검증기관의 니즈를 고려하여 기본 진단 항목외 대체·추가 항목 제시

우리나라의 경우 2021년에 기업의 기후리스크 등 환경정보 관련 공시를 2025년부터 단계적으로 의무화하는 방안을 발표하였다. 그러나 의무화 방안 실시하기는 2026년 이후로 연기된 상태이다.

(1) 대기업의 ESG 경영

삼성전자, 현대자동차, SK 그룹 등 한국의 주요 대기업들은 K-ESG 기준에 따라 ESG 경영을 강화하고 있다. 이들 기업은 탄소 중립 목표를 설정하고, 지속 가능한 제품을 개발하며, 사회적 책임을 다하기 위한 다양한 프로그램을 운영하고 있다.

(2) 중소기업의 ESG 경영

정부는 우리나라 중소기업들이 ESG 경영을 도입할 수 있도록 다양한 지원책을 마련하고 있다. 이를 위해 금융 지원, 교육 프로그램, 컨설팅 서비스 등을 제공하며, 중소기업들도 점차 ESG 경영을 도입하는 추세이다.

가. K-ESG 가이드라인

국내에서도 투자의 기준으로 ESG를 활용하는 금융, 자산운용사, 연기금이 점차 확대되고, 국제적으로 공급망 실사 등 협력사에 대한 ESG 준수 요구가 지속적으로 증가하고 있다. 대외적인 환경에 대응하기 위하여 2024년 관계부처합동으로 국내 기업을 위한 ESG 요소를 제시하고 특히 산업 전반의 범용적 가이드라인인 K-ESG 가이드라인을 만들었다.

이 가이드라인은 글로벌 지표 13개 ESG 평가제도와 공시표준을 참고했다. 정보공시, 환경, 사회, 지배구조 4개 영역, 61개 진단항목으로 구성되며 중견/중소기업 대상의 진단항목도 제시하고 있다.

나. 한국ESG기준원(KCGS)의 모범 규준

한국ESG기준원(KCGS)은 2002년 한국거래소, 금융투자협회, 한국상장회사협의회, 코스닥협회 등의 출자로 설립된 공적기업으로 국내 기업의 ESG 통합평가 및 ESG 모범 규준을 제정하여 기업이 추구해야할 ESG 각 분야별 바람직한 경영방향을 제시한다. KCGS의 ESG 평가는 2003

년 G(지배구조) 부문평가로 시작해 2011년 ESG 전 영역으로 확대됐다. KCGS는 매년 900여개 상장회사를 대상으로 ESG 평가를 실시하며 2018년부터 비상장 주요 금융기관의 지배구조를 별도로 평가하고 있다. KCGS평가영역 및 주요 지표는 〈표 4-3〉과 같다.

〈표 4-3〉 KCGS평가영역 및 주요 지표

부문	대분류	중분류
환경 (4)	리더십과 거버넌스	환경경영 리더십
		환경경영 전략 및 목표
		환경경영 거버넌스
	위험관리	환경위험과 기회의 식별, 평가 및 관리
		기후변화 위험 및 기회
		위험관리체계
	운영 및 성과	친환경제품 및 서비스
		친환경 공급망
		친환경 사업장
		성과관리
		환경회계
		생태계 보전
	이해관계자 소통	이해관계자 설정
		이해관계자 대응 활동
		환경정보 공개
사회 (3)	리더십과 거버넌스	리더십
		전략과 방침
		조직과 의사결정
		기업 문화
		비재무 위험의 통합적 관리
		비재무 위험과 기회의 인식
		비재무 위험의 대응

부문	대분류	중분류
사회	운영 및 성과	인권
		노동관행
		공정운영관행
		지속가능한 소비
		정보 보호
	이해관계자 소통	지역사회 참여 및 개발
		이해관계자 참여 및 소통
		정보 공개
지배구조 (4)	이사회 리더십	이사회의 역할과 책임
		이사의 역할과 책임
		이사회의 구성
		사외이사
		이사회의 운영
		이사회 내 위원회
	주주권 보호	주주의 권리
		주주총회
	감사	내부감사
		외부감사
	주주 및 이해관계자와의 소통	주주,이해관계자와 직접 소통
		정보 공개

다. 금융위원회의 기업공시제도 종합개선방안

2021년 1월, 금융위원회가 발표한 기업공시제도 종합 개선방안은 지속가능경영보고서 자율공시 활성화를 위해 제정됐다. 'ESG 정보공개 가이던스'는 ESG 정보 공개시 권고지표(12개 항목, 21개 지표)를 제시하고, 연 1회 공개를 원칙으로 매년 일정시기에 공고하는 것을 권고한다. 권고영역은 조직, 환경, 사회 3가지 영역으로 구성된다. 제1단계는 2025년까지 ESG가이던스 제시 및 자율공시를 활성화하고, 2단계는 2025년부터 2030년까지 2025년부터 자산 2조원 이상 기업은 기업지배구조 보고서 공시 등을 의무화한다. 3단계는 2030년부터 전 코스피 상장사에게 공시를 의무화할 계획이다. 그러나 2단계의 의무화 공시는 현재 2026년 이후로 연기된 상태이다.

라. 기획재정부의 '공공기관 통합공시에 관한 기준'

기획재정부는 2022년 2050 탄소중립 달성과 지속가능한 성장을 위해 '공공기관의 통합공시에 관한 기준' 개정안을 마련하여 공공기관의 환경, 사회, 지배구조 등 ESG 공시항목을 추가하였다. 여기에는 한국거래소

ESG 정보공개 가이던스지표와 산업통상자원부 K-ESG 가이드라인을 참고하여 공공기관의 부담을 최소화하는 지표를 중심으로 추가하였다. 기업들은 이러한 보고기준을 참고하여 자율적으로 ESG 정보를 공시한다. 국내 ESG 보고기준은 〈표 4-4〉와 같다.

〈표 4-4〉 국내 ESG 보고기준

공시 기준	제정기관	특징	지표 구성
K-ESG 가이드라인 v1.0 (2021.12)	관계부처 합동 산업통상자원부	• 산업통상자원부는 국내 산업 전반의 ESG수준 제고를 위한 범용적 가이드라인 제시, 글로벌 지표 13개 참고 • 중견/중소기업 대상의 기본 진단 항목 설정	• 4개 영역(정보공시, 환경, 사회, 지배구조)을 기준으로 가이드라인 대분류 설정 • 기본 진단항목 정의서 : 4개 영역, 27개 범주, 61개 기본진단 항목 설정
ESG 모범규준 (2021.8)	한국기업지배구조원	• 상장회사 대상으로 회사별 900개 이상의 기초데이터 평가, 평가척도 S, A~D	• 환경 모범규준 : 전문, 리더십과 거버넌스, 위험관리, 운영 및 성과, 이해관계자 소통 • 사회 모범규준 : 전문, 리더십과 거버넌스, 비재무 위험관리, 운영 및 성과, 이해관계자 소통 • 지배구조 모범규준 : 전문, 이사회 리더십, 주주권 보호, 감사, 주주 및 이해관계자와의 소통
ESG 정보공개 가이던스 (2021.1)	한국거래소	• 지속가능경영보고서 자율공시 활성화를 위해 ESG 정보공개 가이던스 발표	• 권고지표(12개 항목, 21개 지표) • 조직 : ESG대응, ESG평가, 이해관계자 • 환경 : 온실가스배출, 에너지사용, 물사용, 폐기물배출, 법규위반, 사고 • 사회 : 임직원현황, 안전/보건, 정보보안, 공정경쟁
공공기관의 ESG 경영 (2022.2.7)	기획재정부	• 2050 탄소중립 달성과 포용/공정경제로의 대전환 추진과 공공기관의 ESG경영 유도위해 공공기관의 통합공시에 관한 기준 개정안 마련	• 안전경영책임보고서, 온실가스 감축 실적, 봉사/기부실적, 중증장애인 생산품 구매실적, 가족돌봄 휴가 등 11개 공시항목 추가 • 환경 : 에너지 사용량, 폐기물 발생량, 용수 사용량, 환경법규 위반 현황, 저공해자동차 현황 • 사회 : 개인정보보호, 인권경영, 동반성장 평가 결과 • 지배구조 : 자체 감사부서 현황, 청렴도

4 K-ESG 가이드라인 진단항목 및 활용프로세스

1) K-ESG 가이드라인의 필요성

K-ESG 가이드라인은 한국 정부가 기업의 환경(Environmental), 사회(Social), 지배구조(Governance) 측면에서 지속 가능한 발전을 도모하기

위해 마련한 정책적 지침이다. 이 가이드라인은 2050년까지 탄소 중립을 달성하겠다는 지속 가능성에 대한 정부의 의지로 기업들이 ESG 요소를 경영에 통합하여 책임 있고 지속 가능한 비즈니스를 운영하도록 돕기 위해 고안되었다.

① **부문별 다양성**

중공업에서부터 하이테크 부문까지 다양하며 각각 산업부문별로 서로 다른 ESG 접근 방식이 필요하다.

② **글로벌 공급망**

한국의 수출 중심 경제는 글로벌 공급망에 크게 의존하므로 국제 ESG 기대치를 준수하지 않을 수 없다.

③ **중소기업(SME)의 과제**

경제의 중추를 형성하는 중소기업은 포괄적인 ESG 전략을 채택할 자원이 부족한 경우가 많다. K-ESG 지침은 국제 벤치마크와 국내 우선순위의 균형을 맞추는 구조화된 접근 방식을 제공하는 유용한 역할을 하고 있다.

2) K-ESG가이드라인 진단항목

지속가능경영지원센터(http://www.k-esg.or.kr/)에서 제시하고 있는 K-ESG 가이드라인에는 영역과 범주, 항목으로 나눠 가이드라인을 분류하고 있다. ESG와 관련된 정보공개 여부를 측정하는 항목을 추가하여 정보공시(Public), 환경(Environmental), 사회(Social), 지배구조(Governance) 4개 영역으로 분류하고 국내외 ESG 공시기준 및 평가기준에서 공통적으로 제시하고 있는 이슈들을 기반으로 27개 범주로 나눴다. 가이드라인 각 '범주' 에서 추구하고 있는 '사회적 가치'를 정성/정량적으로 진단하기 위한 세부지표 61개 기본진단항목을 설정하였다.

(1) 정보공시 분야

K-ESG 가이드라인에서 정보공시(P)의 진단은 〈표 4-5〉와 같이 정보공

시형식, 정보공시내용, 정보공시 검증 등 3개 범주에 대해 ESG정보 공시방식 등 5개 진단항목을 설정해 평가한다.

〈표 4-5〉 정보공시 분야 범주와 진단항목

영역	범주	분류번호	진단항목
정보공시(P) (5개 문항)	정보공시 형식	P-1-1	ESG 정보공시 방식
		P-1-2	ESG정보 공시추가
		P-1-3	ESG정보 공시범위
	정보공시 내용	P-2-1	ESG 핵심이슈 및 KPI
	정보공시 검증	P-2-2	ESG정보공시 검증

(2) 환경(E) 분야

K-ESG 가이드라인에서 환경(E)분야의 진단은 〈표 4-6〉과 같이 환경경영 목표와 원부자재, 온실가스, 에너지, 용수, 폐기물 등 9개 범주에 대해 17개 진단문항을 설정해 평가한다.

〈표 4-6〉 환경 분야 범주와 진단항목

영역	범주	분류번호	진단항목
환경(E) 17개 문항	환경경영목표	E-1-1	환경경영목표수립
		E-1-2	환경경영 추진체계
	원부자재	E-2-1	원부자재 사용량
		E-2-2	재생 원부자재 비율
	온실가스	E-3-1	온실가스 배출량(Scope1, Scope2)
		E-3-2	온실가스 배출량(Scope3)
		E-3-3	온실가스 배출량
	에너지	E-4-1	에너지 사용량
		E-4-2	재생에너지 사용비율
	용수	E-5-1	용수사용량
		E-5-2	재사용 용수비율
	폐기물	E-6-1	폐기물배출량
		E-6-2	폐기물 재활용비율
	오염물질	E-7-1	대기오염물질배출량
		E-7-2	수질오염물질배출량
	환경법/규제 위반	E-8-1	환경법/규제 위반
	환경라벨링	E-9-1	친환경인증제품 및 서비스비율

(3) 사회(S) 분야

K-ESG 가이드라인에서 사회(S)분야 진단은 기업의 사회적 책임과 지속 가능성을 중심으로 기업이 이해관계자와의 관계에서 얼마나 사회적 가치를 창출하고 있는지를 측정하는 지표로 구성된다. 주요 지표로는 〈표 4-7〉과 같이 노동 및 인권과 다양성 및 포용, 고객관리, 지역사회기여, 이해관계자 소통을 중심으로 9개범주 22개 문항을 설정해 진단한다.

주요 데이터로는 HR 데이터베이스, 노동조합 보고서나 안전 관리 부서 보고서, 급여 관리 시스템, 외부 시장 데이터, 기업 공시 자료 및 연례 보고서, IT 및 보안 팀 데이터, 고객 서비스 기록, CSR 보고서, 기업 웹사이트, 연례 보고서, 고객 서비스 기록 등을 활용할 수 있다.

〈표 4-7〉 사회 분야 범주와 진단항목

영역	범주	분류번호	진단항목
사회(S) 22개 문항	목표	S-1-1	목표수립 및 공시
	노동	S-2-1	신규채용 및 고용유지
		S-2-2	정규직 비율
		S-2-3	자발적 이직률
		S-2-4	교육훈련비
		S-2-5	복리후생비
		S-2-6	결사의 자유 보장
	다양성 및 양성평등	S-3-1	여성 구성원 비율
		S-3-2	여성급여 비율((평균 급여액 대비)
		S-3-3	장애인 고용률
	산업안전	S-4-1	안전보건 추진체계
		S-4-2	산업재해율
	인권	S-5-1	인권정책 수립
		S-5-2	인권 리스크 평가
	동반성장	S-6-1	협력사 ESG경영
		S-6-2	협력사 ESG지원
		S-6-3	협력사 ESG 협약사항
	지역사회	S-7-1	전략적 사회공헌
		S-7-2	구성원 봉사 참여
	정보보호	S-8-1	정보보호시스템 구축
		S-8-2	개인정보 침해 및 구제
	사회 법규제위반	S-9-1	사회 법규제위반

(4) 지배구조(G) 분야

K-ESG 가이드라인에서 지배구조(G)분야의 진단항목은 〈표 4-8〉과 같다. 지배구조진단은 이사회 구성과 이사회 활동, 주주권리, 윤리경영, 감사기구 등 6개 범주로 나눠 사외이사 비율 등 17개문항으로 평가한다.

〈표 4-8〉 사회 분야 범주와 진단항목

영역	범주	분류번호	진단항목
지배구조(G) 17개 문항	이사회 구성	G-1-1	이사회 내 ESG 안건 상정
		G-1-2	사외이사 비율
		G-1-3	대표이사 이사회 의장 분리
		G-1-4	이사회 성별 다양성
		G-1-5	사외이사 전문성
	이사회 활동	G-2-1	전체 이사 출석률
		G-2-2	사내이사 출석률
		G-2-3	이사회 산하 위원회
		G-2-4	이사회 안건처리
	주주권리	G-3-1	주주총회 소집공고
		G-3-2	주주총회 개최일
		G-3-3	집중/전자/서면 투표제
		G-3-4	배당정책 및 이행
	윤리 경영	G-4-1	윤리규범 위반사항 공시
	감사기구	G-5-1	내부 감사기구 설치
		G-5-2	감사기구 전문성 (감사기구 내 회계/재무전문가)
	지배구조 법규제 위반	G-6-1	지배구조 법규제 위반

3) K-ESG 가이드라인의 ESG요소별 평가기준 예시

K-ESG가이드라인은 일반 기업들을 대상으로 산업전반의 ESG수준제고를 위해 ESG평가에 필요한 내용을 가이드하고 있다. 특히 대기업과 중견/중소기업으로 나눠서 고려해야 할 ESG이슈중심으로 평가 지표를 구성해 평가를 구분하고 있다.

공급망 대응 K-ESG 가이드라인은 실제 기업 공급망에 연계된 공급망사가 고려해야 할 내용이다. 이 또한 평가지표이자 공급망사로서 앞으로 실천하고 고려해야 할 ESG경영 활동이다. 무엇보다 우리 정부에서 발간해 놓은

K-ESG가이드라인을 제대로 먼저 이해하는 것이 중요하기 때문에 [그림 4-1]과 같이 평가기준을 소개한다.

P-1-1 정보공시방식

① 1단계: 조직이 어떠한 방식으로든 ESG 정보를 공시하지 않는 경우
② 2단계: 조직의 홈페이지, 지속가능경영보고서, 사업보고서, 기타 간행물 등에 ESG 정보를 분산하여 공시하고 있는 경우
③ 3단계:조직의 홈페이지, 지속가능경영보고서, 사업보고서, 기타 간행물 등에 ESG 정보를 통합하여 공시하고 있는 경우
④ 4단계: ESG 정보를 통합한 조직의 홈페이지, 지속가능경영보고서, 사업보고서, 기타 간행물 등을 지정된 장소에 비치하거나, 특정 URL에 담고 있는 경우
⑤ 5단계: ESG 정보를 통합한 조직의 홈페이지, 지속가능경영보고서, 사업보고서, 기타 간행물 등의 발행여부를 '전자공시시스템-자율공시' 사항으로 알리는 경우

점검 기준 적용방안(단계형)

1단계	2단계	3단계	4단계	5단계
0점	25점	50점	75점	100점

E-8-1 환경: 법/규제 위반

① 유형 1: 지난 5개년 간 환경 법/규제 위반내역 중 판결이 확정된 건수에 대해, 처벌수위가 사법상 형벌, 벌금, 과료인 경우, 또는 국가나 지방자치단체를 당사자로 하는 계약에서 입찰참가자격을 제한당한 경우
② 유형 2: 지난 5개년 간 환경 법/규제 위반내역 중 판결이 확정된 건수에 대해, 처벌수위가 행정상 처분 중 금전적 처분에 해당하는 과태료, 과징금, 이행강제금 등인 경우
③ 유형 3: 지난 5개년 간 환경 법/규제 위반내역 중 판결이 확정된 건수에 대해, 처벌수위가 행정상 처분 중 비금전적 처분에 해당하는 시정명령, 시정권고, 경고 등인 경우

점검 기준 적용방안(감점형)

유형 1	유형 2	유형 3
-50점	-30점	-10점

* 환경 법/규제 위반행위란 오염물질 불법배출의 가중처벌, 환경보호지역 오염행위 등의 가중처벌, 과실범, 멸종위기 야생생물의 포획 등의 가중처벌, 폐기물 불법처리의 가중처벌, 누범의 가중, 명령 불이행자에 대한 처벌의 규정에 해당하는 행위나 「대기환경보전법」비산먼지 발생을 억제하기 위한 시설 설치 혹은 조치를 하지 않은 경우나 「폐기물관리법」 생활폐기물을 불법 처리하는 행위 등으로써, 「환경범죄 등의 단속 및 가중처벌에 관한 법률」 제3조에서 제14조를 통해 처벌수위를 규정하고 있다.

S-9-1 사회: 법/규제 위반

① 유형 1: 지난 5개년 간 사회 관련 법/규제 위반내역 중 처분이 확정된 건수에 대해, 처벌수위가 사법상 형벌, 벌금, 과료인 경우, 또는 국가나 지방자치단체를 당사자로 하는 계약에서 입찰참가자격을 제한당한 경우
② 유형 2: 지난 5개년 간 사회 관련 법/규제 위반내역 중 처분이 확정된 건수에 대해, 처벌수위가 행정상 처분 중 금전적 처분에 해당하는 과태료, 과징금, 이행강제금 등인 경우
③ 유형 3: 지난 5개년 간 사회 관련 법/규제 위반내역 중 처분이 확정된 건수에 대해, 처벌수위가 행정상 처분 중 비금전적 처분에 해당하는 시정명령, 시정권고, 경고 등인 경우

점검 기준 적용방안(감점형)

유형 1	유형 2	유형 3
-50점	-30점	-10점

*사회 법/규제 위반은 「근로기준법」, 「고용상 연령차별금지 및 고령자고용촉진에 관한 법률」, 「산업안전보건법」, 「중대재해 처벌 등에 관한 법률」, 「소비자보호법」, 「전자상거래 등에서의 소비자보호에 관한 법률」, 「하도급거래 공정화에 관한 법률」, 「가맹사업거래의 공정화에 관한 법률」, 「가대규모유통업에서의 거래 공정화에 관한 법률」이 있다.

G-4-1 지배구조: 윤리경영

① 요건 1: 이사회 산하 모든 위원회 설치는 정관에 근거하고 있으며, 모든 위원회에 대해 '운영규정'을 제정하고 있는 경우
② 요건 2: 특정 이사(사내이사, 사외이사, 기타비상임이사)가 이사회 산하 모든 위원회의 구성원으로 선임되어 있지 않은 경우
③ 요건 3: 이사회 산하 모든 위원회가 구성원의 과반수 이상을 사외이사로 선임하고 있는 경우
④ 요건 4: 직전 회계연도 중 이사회 산하 위원회 개최 횟수가 평균적으로 3회 이상인 경우
⑤ 요건 5: 직전 회계연도 중 이사회 산하 모든 위원회가 심의/의결 안건을 다룬 경우

점검 기준 적용방안(선택형)

1개 이하 충족	2개 충족	3개 충족	4개 충족	5개 충족
0점	25점	50점	75점	100점

윤리규범 위반이란 조직이 제정한 윤리규범에서 다루는 행동방식을 위반한 행위를 하는 경우 및 이에 준하는 사회통념적 윤리기준을 위반한 행위를 통칭한다. 이러한 윤리규범 위반 행위에 포함되는 사례는 다음과 같다. "이해관계 상충 행위", "금품 및 향응 수수", "직무권한 및 지위남용", "공정거래 미준수", "부정경쟁", "자금세탁방지 위반", "중요정보 관리 위반", "내부정보 무단 활용", 품질기준 저해", "괴롭힘 및 차별", "기타. 반환경적/반사회적 행위"

[그림 4-1] ESG 요소별 평가(점검) 기준 예시

5 K-ESG 평가 인증프로세스와 점수체계

K-ESG 평가는 기업의 ESG 성과를 체계적으로 평가하고, 이에 대한 인증을 부여하는 과정이다. 도입취지는 기업의 지속가능경영과 자본시장에서의 책임투자 문화 확산에 있다. 평가결과는 기관투자자들의 종목 선정 및 투자 의사결정, 한국거래소의 ESG지수 개발에 활용된다. K-ESG 평가는 기업의 ESG 성과를 정량적 및 정성적으로 평가하는 방법을 사용한다. 평가항목은 앞서 설명한 환경, 사회, 지배구조의 세 가지 주요 영역을 기반으로 하며, 각 영역에서 세부적인 평가지표를 설정하여 기업의 성과를 분석한다.

1) K-ESG 인증 프로세스

K-ESG 인증은 한국의 인증기관들이 기업의 ESG 성과를 평가한 후, 일정 기준을 충족하는 기업에게 인증서를 발급하는 방식으로 이루어진다. 이

인증은 기업이 사회적 책임을 다하고 있음을 공식적으로 인정받는 과정이다. 이를 통해 대내외적으로 기업의 신뢰도를 높이는 데 기여한다.

2) 평가 지표와 점수 체계

K-ESG 평가 지표는 환경, 사회, 지배구조의 각 영역에서 측정한 성과를 세분화하여 점수로 환산된다. 예를 들어, 환경 분야에서는 탄소 배출 저감 노력, 에너지 절감 효과 등을 정량적으로 평가하고, 사회 분야에서는 노동 조건과 사회적 기여 등을 평가한다. 각 지표에 대한 점수를 합산하여 최종 점수를 산출하며, 이를 바탕으로 인증이 부여된다.

3) ESG 경영정보인증과 ESG 인증기준

ESG 경영정보 인증은 〈표 4-9〉와 같이 독립된 전문가가 정보이용자에게 기업의 ESG 경영정보가 준거기준에 따라 적정하게 작성 및 공시되었는지에 대한 확신을 제공하는 업무이다. 그린 워싱과 같은 ESG 정보의 왜곡과 오류를 줄이기 위해서 ESG 인증에 대한 필요성이 부각되고 있다.

〈표 4-9〉 ESG 경영정보 등 인증

구분	내용	사례
인증대상정보	ESG 경영에 관한 정보	기업이 공시하는 정보로서 사업보고서 또는 지속가능경영 보고서와 같은 별도의 보고서에 공시된 ESG경영정보
준거기준	ESG 공시기준과 프레임워크	GRI, SASB, CDSB, IIRC, TCFD 등이 제정한 각종 기준 및 프레임워크
인증대상정보의 작성책임자	기업의 경영자	경영자 또는 기업에서 ESG 경영활동과 보고책임을 부여받은 자
인증서비스 제공자	독립된 제3자인증 전문가	공인회계사, ESG 인증서비스 제공자
인증보고서 이용자	정보이용자	ESG 경영에 관한 이해관계자 (주주, 채권자, 투자기구, 종업원, 정부, 시민단체 등)

자료원 : 한국공인회계사회(2021)

국외의 대표적인 인증기준으로는 국제회계사연맹의 국제감사인증기준위원회(IAASB)가 제정한 ISAE 3000과 영국의 어카운트어빌리티가 제정한 AA1000AS가 있다. ISAE 3000은 재무정보에 대한 감사 또는 검토 외의 모든 인증업무에 범용적으로 활용될 수 있는 기준이다. 주로 회계법인에서 사용하며, AA1000AS는 ESG 정보 등 지속가능경영보고 인증 목적에 특화해 제정된 기준으로 회계법인이 아닌 그 외 기관에서 사용한다. 현재까지 사용되고 있는 ESG인증기준의 제정기구와 주된 이용자, 특징은 〈표 4-10〉과 같다.

〈표 4-10〉 ESG인증기준

구분	제정기구	주된 이용자	특징
ISAE 3000	IAASB	회계법인(공인회계사)	인증절차에 중점(인증 계획 수립과 수행, 증거입수, 윤리적 요구사항 등)
AA1000AS	AccountAbility	ESG 인증기관	보고대상과 범위에 중점(중요성과 완전성 등)

자료원 : 한국공인회계사회(2021)

국제적으로 ESG 등 비재무정보에 관한 인증을 의무화하고 있는 국가는 많지 않다. 다만 유럽연합(EU)은 비재무정보 보고지침(NFRD)를 제정하고 상장기업 등에 ESG 관련 비재무정보를 공시하도록 요구한다.

6 K-ESG 진단지표 개발

K-ESG 진단지표는 한국 기업들의 ESG 성과를 평가하고, 이를 통해 지속 가능한 경영을 촉진하기 위한 핵심 도구이다. 진단지표 개발에서 중요한 것은 글로벌 기준에 맞추면서도 한국 기업들의 실정에 맞는 실효성 있는 지표를 마련하는 것이다. K-ESG가이드라인 개발절차는 [그림 4-2]와 같으며, 우리나라 실정에 맞는 진단지표개발이 필요하다.

(1단계) 글로벌 ESG 지표 정합성 검토	
'19년 ~ '21년 상반기	• 글로벌 13개 ESG 평가제도 및 공시표준을 조사하여, 우리기업이 직면한 모든 ESG 진단항목 체계를 설계(영역-범주) * DJSI, MSCI, EcoVadis, Sustainalytics, World Economic Forum, Global Reporting Initiative 등 분석 • 도출된 ESG 진단항목 중 13개 평가제도 및 공시표준의 공통적이고 핵심적인 항목 선정 및 산정 방식 비교·분석 **(산출물) K-ESG 기본 진단항목정의서(영역, 범주, 항목, 진단기준)**

v

(2단계) 국내 산업계 ESG 특수성 반영	
'21년 상·하반기	• 산업계, 금융계, 연기금, 경제단체, NGO, 학계, 평가기관, 언론사 등과 간담회를 통한 폭넓은 의견 수렴 진행 • 의견수렴 결과를 바탕으로 K-ESG 기본 진단항목정의서 고도화 과정을 진행함 **(산출물) K-ESG 기본 진단항목정의서 수정/보완**

v

(3단계) 국내 ESG 관련 법/제도 정합성 검토	
'21년 하반기	• 국내 정책·제도와 정합성을 검토하여 K-ESG 기본 진단항목이 정책·제도와 상충되는지 최종 검토함 • 관계부처 의견수렴을 통해 국내 정책·제도 등의 사항을 보완하고 필요에 따라 추가지표 구성 **(산출물) K-ESG 가이드라인**

[그림 4-2] K-ESG 가이드라인 개발절차

1) 글로벌 ESG 기준 반영

K-ESG 지표 개발에서 첫 번째로 중요한 방향성은 글로벌 ESG 기준과의 연계이다. 한국의 K-ESG지표는 GRI(Global Reporting Initiative), SASB(Sustainability Accounting Standards Board), TCFD(Task Force on Climate-related Financial Disclosures)와 같은 글로벌 표준을 기반으로 하되, 한국 기업들의 현실을 반영해야 한다. 이를 통해 한국 기업들은 국내외 투자자들에게 신뢰를 줄 수 있는 ESG 성과를 체계적으로 보고할 수 있다.

2) 한국의 경제적, 사회적 특수성 반영

K-ESG 진단지표는 한국 기업들의 고유한 특성을 반영해야 한다. 한국의 산업 구조, 규제 환경, 그리고 지역사회와의 관계를 고려한 지표들이 필요하다. 예를 들어, 한국의 중소기업은 대기업과 달리 ESG 경영을 도입하는 데 자원의 한계가 있을 수 있으므로, 이를 감안한 지표와 평가 방식이 필요하다.

3) 환경적 요소 강화

한국은 기후 변화 대응을 위해 탄소 중립 목표를 설정하고 있으며, 이에 맞춰 기업들의 탄소 배출 저감 노력, 재생 에너지 사용 비율, 자원 순환 체계 등을 포함한 환경적 요소를 강화하는 방향으로 지표가 개발되어야 한다. 한국은 온실가스 배출량이 높은 산업구조를 가지고 있기 때문에, 이에 대한 구체적이고 현실적인 감축 목표를 제시할 수 있는 지표가 필요하다.

4) 사회적 가치 창출 지표 강화

K-ESG 진단지표는 사회적 가치 창출에 대한 평가를 강화할 필요가 있다. 특히, 한국의 고용 환경, 지역사회와의 협력, 그리고 노동권 보호에 대한 세부적인 지표를 포함하여 기업들이 사회적 책임을 다할 수 있도록 유도해야 한다. 이는 기업들이 단순한 경제적 성과를 넘어 사회적 가치 창출에도 기여할 수 있도록 한다.

5) 지배구조 개선

K-ESG 진단지표의 지배구조 요소는 경영 투명성과 윤리적 경영을 강조해야 한다. 특히, 기업의 이사회 구성, 경영진의 책임성, 그리고 주주와의 소통 구조 등을 명확하게 평가할 수 있는 지표가 필요하다. 이는 기업의 장기적인 지속 가능성을 높이는 중요한 요소로 작용한다.

ESG평가 진행 프로세스의 평가는 [그림 4-3]과 같이 평가준비와 평가수행, 등급부여, 결과분석 및 등급조정 등의 단계를 거친다.

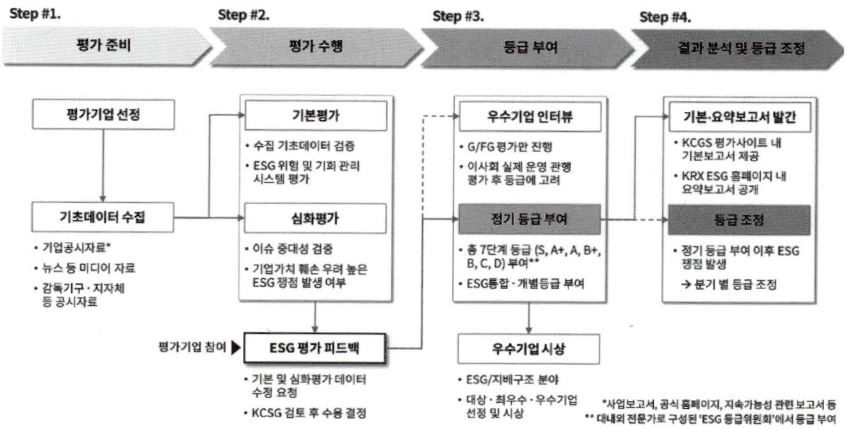

[그림 4-3] ESG평가 진행 프로세스

6) ESG전략방향 설정과 전략 도출

ESG전략을 수립하기 위해선 진단항목의 지표를 설정하기에 앞서 [그림 4-4]와 같이 산업별 특징과 유형별 적용 예시를 바탕으로 산업별 가중치 분석을 하고 ESG의 환경과 사회 등 각 영역별 진단 메카니즘을 도출하고 각 이해관계자들을 위한 ESG전략 도출이 중요하다.

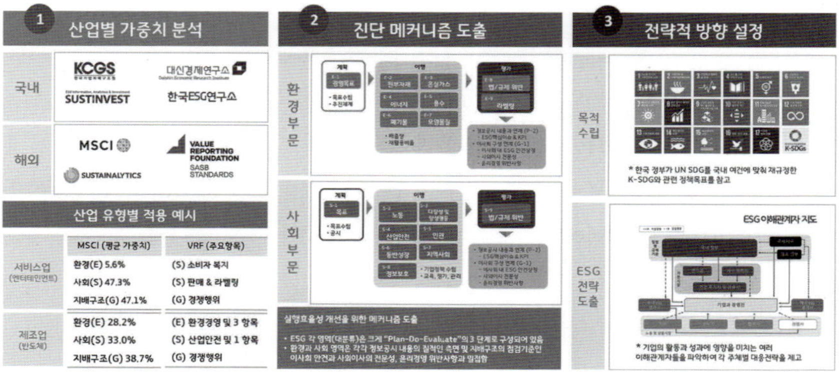

[그림 4-4] K-ESG 가이드라인 활용 프로세스

제5장 ESG 경영전략 수립과 경쟁력 강화방안

ESG 경영전략 수립은 기업이 이해관계자들과 긍정적인 관계를 유지하고 장기적으로 기업가치를 극대화하는 데 중요한 역할을 하기 때문에 전략수립이 중요하다.
ESG 경영전략은 각 분야인 환경(E), 사회적 책임(S), 지배구조(G) 측면에서의 실행방안을 구체적으로 설정한 뒤 기업이 환경을 보호하고, 사회적 책임을 다하며, 투명한 경영을 실현하여 지속 가능한 성장을 추구하는 경영 방식이다.
ESG 경영전략은 단순한 경영 개선을 넘어서, 기업의 장기적인 경쟁력과 지속 가능성을 높이는 핵심 요소이다. 환경, 사회적 책임, 지배구조 측면에서 구체적인 실행 방안을 통해 기업은 리스크를 줄이고, 사회적 가치를 창출하며, 투명한 경영을 실현할 수 있다. ESG 경영을 통해 기업은 단기적인 수익에 그치지 않고, 장기적인 기업 가치와 사회적 신뢰를 제고하는 방안을 찾아야 한다.

1 ESG 경영전략의 수립

1) ESG 경영전략의 수립절차

ESG경영전략 수립은 기업이 환경, 사회, 거버넌스 측면에서 지속가능한 경영 방향을 제시하는 중요한 단계이다. 효율적 전략수립을 위해서는 다음과 같은 6단계의 절차를 따른다.

① **목표 설정 및 평가**

기업이 추구하는 ESG 목표를 설정하고, 현재의 ESG 활동을 평가하여 강화할 부분을 확인한다.

② **리더십 및 조직문화**

경영진의 리더십과 조직문화의 변화가 ESG 전략의 성공 여부엔 핵심적인 역할을 한다. 관련된 가치 및 원칙을 조직 전반에 전파하는 것이 중요하다.

③ **중요 이해관계자 파악**

주요 이해관계자들의 기대와 요구사항을 파악하고, 맞춤 전략을 구성한다.

④ **전략 수립**

목표를 달성하기 위한 구체적인 전략과 계획을 수립한다. 이는 ESG 목표에 맞춘 정책, 프로세스, 시스템 개선 등을 포함한다.

⑤ **모니터링 및 평가**

ESG 전략의 성공을 위해선 ESG 활동의 진행 상황을 모니터링하고, 주기적인 평가를 통해 성과를 측정하고 개선점을 도출한다.

⑥ **투명성과 보고**

ESG 성과를 외부에 투명하게 공개하고 보고하는 것이 중요하다. 투명성은 신뢰를 쌓는데 중요한 역할을 한다.

2) ESG 경영 체계 구축

기업은 ESG 경영을 도입하기 위해선 무엇보다 전문 팀을 조직하고, 경영전략에 ESG 목표를 통합하는 것이 중요하다. ESG 경영체계구축의 첫 단계는 기업의 존재목적과 진단 및 벤치마킹 등을 통한 ESG 비전과 목표의 설정이다. 두 번째 단계는 ESG기반 신사업전략과 ESG 리스크 관리를 위한 기업가치제고 등 조직의 목표달성을 위한 ESG전략 방향 수립 및 추진과제를 도출한다. 세 번째 단계는 ESG 성과평가 등을 바탕으로 ESG기반 전략이행을 위한 운영체계를 마련하고 전략과제의 실행에 맞는 경영인프라를 구축한다. 네 번째 단계는 기업이해관계자 등과 자율공시와 ESG 이니셔티브 활동 등 대내외커뮤니케이션 체계를 확립하고 전략과제 실행을 위한 ESG 경영체계 프로세스를 구축하는 것이다. 특히 의사결정 과정에서 가능한 ESG 요소가 반영되도록 보장해야한다.

ESG 경영체계구축은 [그림 5-1]과 같이 ESG기반전략이행과 기업가치제고 양측면을 고려해야 한다. ESG목표와 목표달성을 위한 ESG전략방향 수립과 추진과제 도출, 전략과제 실행을 위한 조직 및 운영체계 등 경영인프라 구축, ESG정보공시 등 커뮤니케이션 체계확립을 추진해야 한다.

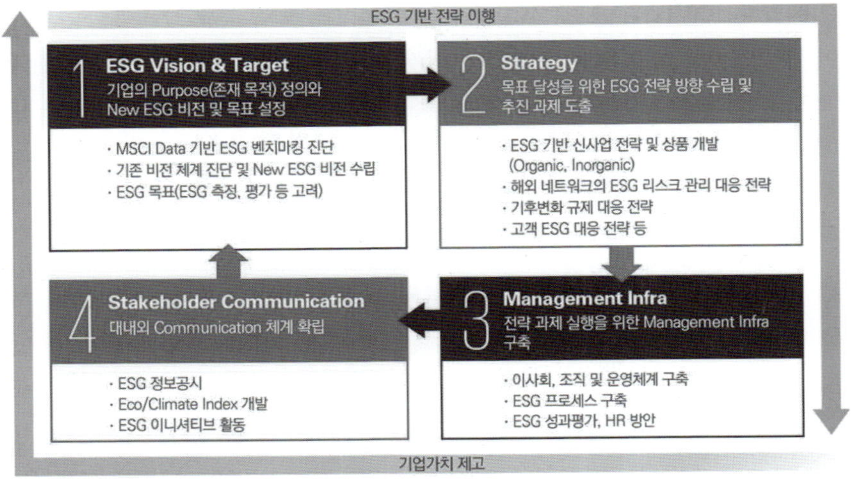

[그림 5-1] ESG 경영체계구축

3) 전략적 ESG 목표 수립

(1) 환경(E) 분야 목표

가. 탄소중립 목표 설정

일정 기한 내에 탄소중립을 달성하기 위한 중·장기 목표를 수립한다.

- 예시: 2030년까지 탄소 배출 50% 감축, 2050년까지 완전한 탄소중립 달성.

나. 재생 에너지 사용 비율 증가

재생에너지 사용 비율 증가를 위해 재생 에너지 사용을 확대하여 전체 에너지 사용에서 차지하는 재생에너지 사용 비율을 늘린다.

- 예시: 2025년까지 재생 가능 에너지 사용 비율을 40%까지 확대.

다. 자원 순환과 폐기물 감소 목표

폐기물 감소 목표를 세워 폐기물 발생을 줄이고 자원을 순환적으로 사용할 수 있는 시스템을 구축한다.

(2) 사회(S) 분야 목표

가. 다양성, 형평성, 포용성(DEI) 목표

조직 내에서 다양한 인종, 성별, 배경을 가진 다양한 인재를 고용하고 그들을 공평하게 대우하는 정책 목표를 설정한다.

- 예시: 여성 임원 비율을 2025년까지 30%로 확대.

나. 지역사회 기여와 사회적 가치 창출

지역사회 기여율을 늘리기 위해 지역사회와의 협력을 통해 지속 가능한 발전을 위한 사회적 프로그램의 운영 등을 통해 사회적 가치창출에 노력한다.

- 예시: 연간 이익의 5%를 지역사회 발전 프로그램에 기부.

다. 공급망의 사회적 책임 이행 목표

사회적 책임 이행 목표를 설정하고 공급망 파트너들이 노동 기준과 인권 보호 기준을 충족하도록 관리 및 평가 시스템을 운영한다.

(3) 지배구조(G) 분야 목표

가. 투명성 제고

투명성을 늘리기 위해 재무 및 비재무 정보를 포함한 투명한 경영보고 시스템 구축한다.

- 예시: 모든 주요 경영 의사결정 과정 공개, 연례 ESG 보고서 발간.

나. 이사회의 다양성 강화

이사회 구성원의 다양성을 높이고, 외부 전문가를 적극적으로 포함시켜 견제 기능을 강화한다.

- 예시: 독립적인 외부 이사 비율을 2025년까지 50%로 확대.

다. 윤리경영 목표 설정

자체적인 윤리경영 목표를 설정하고 모든 임직원이 윤리경영을 준수하도록 교육하고, 내부 감시 시스템을 강화.

4) ESG 경영전략을 통한 기업가치 제고방법

(1) 기업 평판 강화

ESG는 기업 평판에 긍정적 영향을 미친다. 따라서 ESG 경영 전략을 성공적으로 실행하면 기업 평판이 향상되고, 소비자 및 투자자에게 긍정적인 인식을 형성하게 된다.

- 사례: 지속 가능한 환경 경영을 통해 탄소 배출량을 감소시킨 기업이 고객의 신뢰를 얻고, 브랜드 이미지가 강화되는 효과.

(2) 투자 유치 및 자금 조달 비용 절감

ESG 관련 투자유치와 자금조달의 확대는 투자자들의 관심을 증가시킨다. ESG 성과가 좋은 기업은 사회책임투자(SRI) 및 ESG 펀드와 같은 투자자들로부터 더 많은 관심을 받는다.

- 예시: 글로벌 투자자들이 ESG 성과가 우수한 기업에 대한 투자를 선호하여 자본 조달이 쉬워짐.

그리고 ESG 성과가 우수한 기업은 신용평가에서 긍정적인 평가를 받아 금융비용을 절감할 수 있다.

- 사례: ESG 경영 우수 기업은 금융기관으로부터 낮은 금리로 자금을 조달할 수 있음.

(3) 법적 리스크 감소

ESG 경영 전략을 수립하고 실행하면 환경 및 사회적 규제를 준수함으로써 법적 리스크를 감소시킬 수 있다.

- 예시: 환경 규제 강화로 인해 발생할 수 있는 벌금이나 소송 위험을 ESG 경영을 통해 미리 대비할 수 있음.

(4) 장기적 재무 성과 향상

ESG 성과와 재무 성과 간의 긍정적 상관관계라는 여러 연구가 있다. 여러 연구에서 ESG 경영을 실천하는 기업들이 장기적으로 더 나은 재무 성과를 달성하는 것으로 나타날 것으로 기대된다.

- 사례: 탄소 배출을 줄이고 에너지를 효율적으로 사용한 기업들이 비용 절감 효과를 보며, 장기적으로 재무적 성과가 향상됨.

(5) 직원 만족도 및 생산성 향상

ESG 경영을 통해 직원들에게 긍정적인 기업 문화를 제공하면 직원들의 참여와 만족도가 증가하고, 이는 생산성 향상으로 이어질 수 있다.

- 예시: 공정한 노동 조건과 다양한 복지 프로그램을 제공하는 기업들이 직원들의 충성도를 높여 생산성을 향상시킴.

(6) 위험 관리 개선

ESG 경영은 환경, 사회, 지배구조와 관련된 비재무적 리스크를 체계적으로 관리하는 데 중요한 역할을 한다.

- 예시: 기후 변화, 인권 문제와 같은 비재무적 리스크를 미리 예측하고 대응함으로써 기업의 지속 가능성을 확보.

2 ESG 영역별 아젠다 도출과 실행방안

1) ESG 영역별 주요 아젠다

ESG영역별 주요 아젠다들은 기업이 ESG를 통해 비즈니스를 운영하고 지속 가능한 가치를 창출하는 데 중요한 방향을 제시한다.

(1) 환경 (Environmental) 아젠다

가. 기후 변화

온실 가스배출 저감, 친환경 에너지 전환, 기후 변화 적응 등.

나. 자원 보존

자연 자원의 효율적 사용, 재활용 및 감축, 생물 다양성 보전 등.

다. 환경 오염 감소

대기, 물, 토양 오염 등 다양한 영역에서 오염 저감과 관리 등.

(2) 사회 (Social) 아젠다

가. 다양성과 포용성

인종, 성별, 문화적 다양성 증진, 공정성과 인권 보호 이슈 등.

나. 사회적 책임

지역사회에 대한 공헌, 사회적 프로그램 및 봉사활동, 노동권과 노동 조건 등.

다. 고객 건강과 안전

제품 및 서비스의 안전성, 소비자 건강 및 안전에 대한 책임 등을 포함.

(3) 거버넌스(Governance) 아젠다

가. 투명성과 윤리성

경영 투명성, 윤리적 행동, 회계 및 재무 보고의 정확성 등.

나. 이사회의 독립성과 효율성

이사회 구성원의 독립성, 책임, 경영 효율성 등.

다. 보상 및 보고

경영진과 임직원 보상의 공정성, 주주와의 소통과 보고 등.

2) ESG의 주요 아젠다 실행방안

(1) 환경(E)의 실행방안

가. 에너지 효율 개선

기업 운영에서 에너지 소비를 줄이기 위한 실행 계획 수립. 생산 공정에서의 에너지 효율 개선, 사무실의 에너지 관리 시스템 도입, 재생에너지 사용 확대 방안 등을 추진한다.

- 구체적 실행 방안: 스마트 에너지 관리 시스템 설치, 전력 소비 모니터

링, 고효율 장비 도입 등.

- 사례: 구글은 데이터 센터에서 100% 재생에너지를 사용하여 탄소 배출을 줄이는 데 성공함.

나. 재생에너지 사용 확대

기업 운영 전반에 걸쳐 태양광, 풍력, 수력과 같은 재생에너지 비율을 높이는 목표와 실행 방안을 세우는 것이다. 가령 RE100은 Renewable Energy 100%의 약자로 기업이 사용하는 에너지에 대한 효율성을 높이고 전력을 모두 재생 가능한 에너지로 전환하는 것을 목표로 하는 것이다.

- 구체적 실행 방안: 기업의 공장 및 사무실에 태양광 패널 설치, 재생에너지 공급 계약(RE100 이니셔티브) 체결 등.
- 사례: 애플은 2030년까지 자사 제품 생산 전 과정에서 100% 재생에너지를 사용할 계획을 세우고 실천 중이다.

다. 탄소 배출 감축

온실가스 배출량을 줄이고, 남은 배출량은 상쇄하여 탄소 중립을 달성하기 위한 구체적 목표를 수립한다.

- 구체적 실행 방안: 탄소 배출량 추적 및 보고 시스템 도입, 탄소 포집 및 저장 기술(CCS) 도입.
- 사례: 마이크로소프트는 2030년까지 탄소 배출을 제로로 만들고, 2050년까지 과거에 발생한 모든 탄소 배출을 상쇄하겠다는 목표를 발표했다.

라. 자원 순환 및 폐기물 관리

자원 순환형 비즈니스 모델을 채택하여 자원 낭비를 최소화하고 폐기물 발생을 줄이는 실행 방안.

- 구체적 실행 방안: 제품 설계 단계에서부터 재활용 가능성을 고려, 생산 공정에서 폐기물 발생을 줄이는 자원 효율성을 극대화하는 방안을 추진한다.
- 사례: 파타고니아는 오래 사용할 수 있는 제품을 만들고, 리사이클링 프로그램을 운영하여 자원 낭비를 줄이는 데 앞장서고 있다.

마. 생물다양성 보호 및 생태계 복원

기업이 사업을 운영하는 지역에서 생물다양성을 보호하고 생태계를 복원하는 생태계 보호활동을 모색한다.

- 구체적 실행 방안: 산림 복원 프로그램, 해양 보호 프로젝트 등에 참여, 자연 생태계 보호를 위한 지역 사회와 협력.
- 사례: 유니레버는 팜유와 같은 원재료 조달 과정에서 지속 가능한 농업 방식을 채택하고, 열대우림 보호에 기여하고 있다.

(2) 사회적 책임(S)의 실행방안

사회적 책임의 실행방안은 [그림 5-2]와 같이 사회적 책임 목표 및 비전 수립을 위해 대내·외 환경을 분석하고 세부목표를 수립해 제시하는 절차를 추진한다.

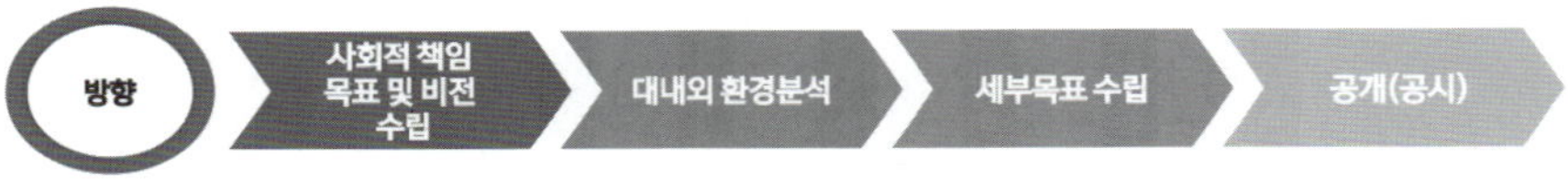

[그림 5-2] 사회적 책임(S)의 실행절차

가. 다양성과 포용성 강화

- 다양성 증진을 위한 정책: 다양한 인종, 성별, 배경을 가진 인재를 채용하고, 조직 내 포용적인 문화를 형성하는 다양성 증진을 위한 정책을 수립한다.
- 구체적 실행 방안: 다양성 목표 수립, 성별 및 인종별 임금 격차 해소, 리더십 계층의 다양성 강화.
- 사례: 스타벅스는 다양한 인종과 배경을 가진 직원을 고용하고, 성 소수자(LGBTQ+) 인권 보호를 위한 프로그램을 운영 중이다.

나. 근로자의 권리 보호 및 복지 향상

직원들이 안전하고 건강한 근무 환경에서 일할 수 있도록 보장하는 실행 방안 안전한 근무환경을 보장하는 방안을 마련한다.

- 구체적 실행 방안: 직장 내 안전 규정 준수, 근로시간 및 휴식 시간 보장, 복지 혜택 강화.

- 사례: BMW는 안전한 생산 공정을 유지하며, 직원들의 건강과 안전을 위한 복지 프로그램을 운영하고 있다.

다. 인권 보호 및 사회적 책임

기업 내 및 공급망에서 노동자의 인권을 보호하고, 아동 노동이나 강제 노동을 방지하는 인권보호정책을 수립한다.

- 구체적 실행 방안: 공급망의 인권 기준 강화, 인권 교육 프로그램 도입, 윤리적 조달 정책 마련.
- 사례: 코카콜라는 공급망 전반에 걸쳐 인권을 보호하는 기준을 마련하고, 윤리적 경영을 위한 인권 보호 방침을 강화하고 있다.

라. 지역사회 기여 및 사회적 가치 창출

기업이 운영하는 지역사회의 경제적, 사회적 발전에 기여하기 위한 지역사회 공헌활동을 강화한다.

- 구체적 실행 방안: 지역사회와 협력하여 교육, 건강, 환경 보호 등 다양한 분야에서 사회적 가치를 창출하는 활동.
- 사례: 삼성전자는 지역사회 교육 프로그램 및 사회적 기업 지원을 통해 지역사회와의 상생을 추구하고 있다.

마. 고객 및 이해관계자와의 신뢰 구축

제품 및 서비스의 안전성과 품질을 보장하고, 고객과의 신뢰를 강화하는 고객신뢰를 위한 투명성 강화방안을 마련한다.

- 구체적 실행 방안: 제품 원재료 및 생산 과정의 투명성 제공, 고객과의 적극적인 소통 강화.
- 사례: 존슨앤드존슨은 소비자와의 신뢰를 강화하기 위해 제품 안전성을 최우선으로 하고, 원재료 투명성을 강화하고 있다.

(3) 지배구조(G)의 실행방안

지배구조의의 실행방안은 [그림 5-3]과 같이 내부 비위 및 비윤리적 이슈 현황을 파악하고 내부통제체계확립 및 직원윤리교육 등과 이슈발생 조치 및 개선활동을 통해 공개 및 모니터링활동을 수행한다.

[그림 5-3] 지배구조(G)의 실행절차

가. 투명한 의사결정 구조 확립

- 이사회 운영의 투명성 제고: 이사회 구성과 운영이 투명하고 윤리적으로 이루어지도록 보장하는 실행 방안.
- 구체적 실행 방안: 이사회 내 독립 이사 비율 증가, 주주와의 소통 강화, 주요 경영 사항 공개.
- 사례: IBM은 이사회의 독립성을 강화하고, 경영 투명성을 제고하기 위한 다양한 시스템을 도입했다.

나. 리스크 관리 및 규제 준수 강화

- 리스크 관리 체계 구축: 재무적, 법적, 규제적 리스크를 체계적으로 관리하고, 이를 예방하는 실행 방안.
- 구체적 실행 방안: 리스크 평가 시스템 도입, 내부 통제 시스템 강화, 윤리적 기준을 준수하는 내부 규정 마련.
- 사례: JP모건은 엄격한 리스크 관리 시스템을 운영하여 금융 시장에서의 규제 위험을 최소화하고 있다.

다. 윤리적 경영 문화 조성

- 윤리적 경영 방침 수립: 경영 전반에서 윤리적 기준을 준수하고, 부패 및 비윤리적 행동을 방지하기 위한 실행 방안.
- 구체적 실행 방안: 반부패 정책 강화, 내부 고발 시스템 구축, 윤리적 경영 교육 프로그램 운영.
- 사례: GE는 윤리적 경영을 강조하며, 직원들을 위한 반부패 교육을 실시하고 내부 고발 제도를 강화했다.

라. 이해관계자 참여 확대

- 이해관계자와의 소통 강화: 주주, 직원, 고객, 지역사회 등 주요 이해관계자와의 소통을 통해 기업 경영의 투명성을 높이는 실행 방안.
- 구체적 실행 방안: 정기적인 주주총회 개최, 주주 제안 제도 활성화,

이해관계자 의견 수렴 시스템 도입.

- 사례: 네슬레는 이해관계자와의 소통을 강화하고, 투명한 경영 방침을 통해 지속 가능성을 높이고 있다.

마. 지속 가능성 목표 통합

- 지속 가능한 경영 목표 설정: ESG 목표를 장기 경영 전략에 통합하여 지속 가능한 경영을 추진하는 실행 방안.
- 구체적 실행 방안: 지속 가능한 성과 목표 설정, 지속 가능한 발전 보고서 발간, 이사회에서 ESG 목표를 검토.
- 사례: 유니레버는 지속 가능한 발전을 목표로 장기적인 ESG 전략을 이사회 의사결정 과정에 반영하고 있다.

3) ESG의 실행방안 사례

(1) 애플의 ESG 실행 사례

- 환경: 애플은 자사의 모든 운영에서 재생에너지를 사용하며, 제품 제조 과정에서도 100% 재활용 알루미늄을 사용하는 등 자원 순환 전략을 실현.
- 사회적 책임: 다양성 및 포용성을 촉진하고, 지역사회와 협력하여 사회적 가치를 창출.
- 지배구조: 투명한 경영과 리스크 관리를 통해 지속 가능한 성장 추구.

(2) 스타벅스의 ESG 실행 사례

- 환경: 스타벅스는 매장 운영에서의 에너지 효율성 개선 및 플라스틱 사용을 줄이기 위한 노력을 기울이고 있음.
- 사회적 책임: 다양한 인종과 배경을 가진 직원 고용 및 지역사회 공헌 프로그램 운영.
- 지배구조: 주주 및 이해관계자와의 적극적인 소통을 통해 투명한 경영 실현.

(3) 유니레버의 ESG 실행 사례

- 환경: 지속 가능한 농업 방식을 도입하고, 제품 생산 과정에서 자원 사용을 최소화.
- 사회적 책임: 윤리적 조달 및 인권 보호 방침을 강화하고, 지역사회 발전을 위한 프로젝트를 추진.
- 지배구조: ESG 목표를 이사회 결정에 반영하여 장기적인 지속 가능성을 실현.

3 ESG를 통한 경쟁력 강화 방안

1) 차별화된 브랜드 가치 구축

ESG 경영을 통해 기업은 소비자와 투자자에게 긍정적인 이미지를 심어줄 수 있으며, 이를 통해 차별화된 브랜드 가치를 구축할 수 있다.

- 친환경 제품과 서비스 개발: 기업이 친환경 제품과 서비스를 개발하고, 이를 통해 소비자들에게 긍정적인 이미지를 심어줄 수 있다. 예를 들어, 플라스틱 사용을 줄인 제품이나, 재활용 가능한 포장재를 사용하는 기업은 친환경 이미지를 강화할 수 있다.
- 사회적 가치 창출: 기업이 사회적 가치를 창출하는 활동을 강화하면, 소비자와 투자자들의 신뢰를 얻을 수 있다. 예를 들어, 지역사회에 기여하는 사회적 프로그램을 운영하거나, 소외된 계층을 위한 일자리 창출활동을 통해 사회적 책임을 다하는 이미지를 구축할 수 있다.

2) 비용 절감과 운영 효율성 개선

ESG 경영을 통해 기업은 비용을 절감하고, 운영 효율성을 높일 수 있다.

- 에너지 절감과 자원 효율성: 에너지 절감과 자원 효율성 개선은 기업의 운영 비용을 절감하는 데 기여한다. 예를 들어, 에너지 절약 조명을 사

용하거나, 물 사용량을 줄이는 정책을 시행하면 운영 비용을 절감할 수 있다.

- 리스크 관리 강화: ESG 요소를 잘 관리하면 법적 리스크와 규제 리스크를 줄일 수 있으며, 이는 기업의 운영 효율성을 높이는 데 기여한다. 예를 들어, 환경 규제를 준수하지 않아 벌금을 부과받는 경우를 예방하고, 공급망에서 인권 침해가 발생하지 않도록 감시하는 것은 기업의 리스크를 줄이는 데 중요한 역할을 한다.

3) 혁신과 성장 기회 창출

ESG 경영은 기업의 혁신과 성장을 촉진하는 중요한 요소로 작용할 수 있다.

- 지속 가능한 제품 혁신: 기업이 ESG 경영을 통해 지속 가능한 제품과 서비스를 개발하면, 새로운 시장 기회를 창출할 수 있다. 예를 들어, 전기차 시장의 성장이나, 재생 에너지 시장의 확대는 ESG 경영을 통해 혁신을 촉진하는 사례이다.
- 신기술 도입과 디지털화: ESG 경영을 통해 기업은 신기술을 도입하고, 디지털화를 촉진할 수 있다. 예를 들어, 데이터 분석을 통해 에너지 사용량을 모니터링하고, 탄소 배출량을 줄이는 전략을 수립하는 것은 기업의 효율성을 높이고, 성장 기회를 창출하는 데 기여한다.

4) 직원 참여와 조직 문화 강화

ESG 경영은 기업의 조직 문화를 강화하고, 직원 참여를 높이는 데 중요한 역할을 한다.

- 포용적 조직 문화 조성: ESG 경영을 통해 기업은 포용적 조직 문화를 조성할 수 있으며, 이는 직원의 만족도와 참여도를 높이는 데 기여한다. 예를 들어, 다양한 배경의 직원을 포용하는 정책을 도입하거나, 공정한 기회 제공을 위한 프로그램을 운영하는 것은 직원들의 긍정적인 참여를 촉진하는 데 도움이 된다.
- 직원 교육과 역량 강화: ESG 경영을 통해 기업은 직원 교육과 역량 강

화를 강화할 수 있다. 사례로 환경 보호와 관련된 교육 프로그램을 운영하거나, 사회적 책임을 다하는 경영 방식을 교육하는 것은 직원들의 ESG 인식을 높이고, 기업의 장기적인 성공에 기여할 수 있다.

5) 글로벌 경쟁력 강화

ESG 경영을 통해 기업은 글로벌 시장에서 경쟁력을 강화할 수 있다.

- 국제 표준 준수와 글로벌 진출: ESG 경영을 통해 기업은 국제 표준을 준수하고, 글로벌 시장에서 신뢰를 얻을 수 있다. 이는 기업의 글로벌 진출과 성장에 중요한 역할을 한다. 예를 들어, 국제 ESG 프레임워크인 UN 지속가능발전목표(SDGs)와 글로벌 보고 기준(GRI)을 준수하는 기업은 글로벌 시장에서 경쟁력을 강화할 수 있다.
- 글로벌 파트너십 강화: ESG 경영을 통해 기업은 글로벌 파트너십을 강화할 수 있다. 예를 들어, 글로벌 기업들과의 파트너십을 통해 ESG 성과를 공유하고, 협력하는 것은 글로벌 경쟁력을 강화하는 데 기여한다.

제6장 환경(E) 관리 전략과 실행

기후 변화와 환경 악화가 세계적으로 심각한 문제로 대두되면서, 탄소 배출 감소, 에너지 효율화, 친환경 제품 개발 등은 오늘날 기업과 정부 모두에게 중요한 과제로 필수적인 관리 전략으로 부각되고 있다.
본장에서는 환경적 지속 가능성을 위한 관리 전략과 실행 방법을 중심으로, 탄소 배출 감소, 에너지 효율화, 그리고 친환경 제품 개발을 위한 구체적인 방안들을 알아보겠다.

1 환경관리의 중요성과 진단항목

1) 환경적 지속 가능성의 중요성

환경적 지속 가능성 개념은 현세대와 미래 세대의 필요를 균형 있게 충족하는 것을 목표로 한다. 특히 기후 변화, 자원 고갈, 생태계 파괴 등의 문제가 심각해지면서, 기업은 이제 더 이상 단순한 이익 추구를 넘어 환경을 고려한 경영 방침을 실천해야 한다. 환경적 지속 가능성을 추구하는 것은 단순히 사회적 책임이 아니라 기업의 생존 전략이다. 이는 기업의 장기적인 성과에 긍정적인 영향을 미치며, 소비자와 투자자들에게 신뢰를 줄 수 있는 요소로 작용한다.

2) 환경적 평가모형

2002년 설립된 한국의 대표적인 ESG평가 및 연구기관인 한국ESG기준원(KCGS: Korea Corporate Governance Service, 한국기업지배구조원)의 평가모형의 사례를 통해 학습하는 것이 좋겠다. KCGS는 국내 코스피와 코스닥 상장기업, 금융기관, 일부 공공기관 등을 대상으로 ESG평가를 실시하고 등급을 부여한다.

환경(E)평가모형은 글로벌 자본시장에서 기후변화 관련 재무적 정보공개에 관한 투자자들의 요구증가에 따라 기후변화 관련 정보공시 및 주요 환경 이슈를 반영하여 글로벌 공시체계와 연계하고 있다.

KCGS의 평가지표와 환경산업 분류체계 사례는 〈표 6-1〉과 같다.

〈표 6-1〉 KCGS의 평가지표와 환경산업 분류체계 사례

평가지표

대분류	중분류
I. 리더십과 거버넌스	가. 거버넌스 나. 전략 및 목표 다. 환경경영 내재화
II. 위험관리	가. 위험관리
III. 운영 및 성과	가. 기후변화 나. 자원순환 다. 물/토양/생물다양성 라. 오염물질/화학물질 마. 친환경 공급망 바. 친환경 제품 및 서비스
IV. 이해관계자 소통	가. 이해관계자 대응 나. 환경정보 공개

환경 산업분류체계(21개)

산업분류	
1. 철강/비철	12. 건설
2. 유리/시멘트	13. 전기/가스(배관공급)
3. 기계/금속가공	14. 전기/가스(발전)
4. 전기/전자	15. 운수
5. 석유/화학	16. 유통
6. 자동차/운송장비	17. 금융
7. 섬유/의복	18. 통신/정보서비스
8. 종이/목재	19. 미디어/엔터/게임
9. 기타제조	20. 기타서비스
10. 음식료품	21. 지주
11. 의약품	

3) 환경분야 진단항목과 평가지표

효과적인 환경적 지속 가능성을 달성하기 위해서는 구체적이고 실천 가능한 관리 전략이 필요하다. 특히 탄소 배출 감소, 에너지 효율화, 친환경 제품 개발은 이러한 관리 전략의 핵심 요소이며, 각 요소는 환경적 지속 가능성 목표를 달성하는 데 상호 보완적인 관계를 가지고 있다. 환경분야 진단항목과 평가지표는 〈표 6-2〉와 같다.

〈표 6-2〉 환경분야 진단항목과 평가지표

			평가지표 Reference	
	범주	진단 항목	구분	평가 항목
E 환경 범주 : 7개 진단항목 : 16개	환경경영	환경경영 전략	K-ESG	환경경영 목표 수립
		환경경영 추진체계		환경경영 추진체계
	온실가스 배출	온실가스 감축 목표	KCGS	온실가스 배출량 감축 활동
		온실가스 배출량 (Scope 1 & 2)	K-ESG	온실가스 배출량 (Scope 1 & 2)
		온실가스 배출량 (Scope 3)		온실가스 배출량 (Scope 3)
		온실가스 배출량 검증		온실가스 배출량 검증
	기후변화 대응	기후변화 대응체계	DJSI	TCFD 프레임워크 적용 여부
	에너지 관리	에너지 소비	K-ESG	폐기물 배출
		재생에너지 소비		폐기물 재활용
	폐기물 배출	폐기물 배출		에너지 소비
		폐기물 재활용		용수 사용
	수자원 관리	용수 사용		용수 재활용
		용수 재활용		재생에너지 소비
	오염물질배출 관리	대기오염물질 배출		대기오염물질 배출
		수질오염물질 배출		수질오염물질 배출
	생물다양성	생물다양성 리스크 관리	DJSI	생물다양성 관리

2 환경관리 진단항목의 개념과 관리전략

1) 탄소 배출 감소

(1) 탄소 배출 감소의 필요성

탄소 배출은 기후 변화의 주요 원인 중 하나로, 탄소 배출을 줄이는 것은 환경적 지속 가능성을 달성하는 데 가장 시급한 과제 중 하나이다. 탄소배출은 지구 온난화와 극단적인 기후 변화, 해수면 상승 등의 문제를 초래한다. 기업과 국가들은 탄소 배출을 줄이기 위한 다양한 전략을 채택하고 있으며, 이는 ESG(환경, 사회, 지배구조) 경영의 핵심 요소로 자리 잡고 있다.

(2) 탄소 배출 감소를 위한 전략

가. 재생 에너지 사용 확대

태양광, 풍력, 수력 등의 재생 가능 에너지를 사용하는 것은 탄소 배출을 줄이는 가장 효과적인 방법 중 하나이다. 따라서 기존 석탄과 석유 등 화석 연료 사용을 대체하여 기업의 에너지 수요를 충족시켜 나가야 한다. 기업은 이를 위해 자체적인 재생 에너지 인프라를 구축하거나, 재생 가능 에너지를 생산하는 기업과 계약을 맺어 탄소 배출을 줄일 수 있는 전략이 필요하다.

나. 탄소 배출권 거래제 활용

탄소 배출권 거래제는 정부가 기업들에게 할당된 탄소 배출 한도를 설정하고, 기업들이 그 한도를 넘으면 배출권을 구입하게 하는 제도이다. 이 제도를 통해 기업들은 자발적으로 탄소 배출을 줄이기 위해 노력하고, 배출권을 구입하지 않기 위해 탄소 배출을 줄이는 기술을 도입하거나, 탄소 배출을 줄이기 위한 혁신적인 전략을 추진할 수 있다.

다. 공정 개선 및 최적화

기업은 생산 과정에서 발생하는 폐기물과 탄소 배출을 최소화하기 위해 공정의 효율성을 높이고 최적화하는 새로운 기술과 방법을 도입할 수 있다. 예를 들어, 에너지 소비가 많은 공정에서 에너지 효율을 개선하거나, 고효율 장비를 도입함으로써 탄소 배출을 줄일 수 있다.

라. 사례 연구: 마이크로소프트의 탄소 네거티브 목표

마이크로소프트는 2030년까지 탄소 네거티브(탄소 배출보다 탄소 흡수가 많은 상태)를 달성하겠다는 목표를 설정했다. 이를 위해 재생 가능 에너지 사용을 늘리고, 탄소 제거 기술에 투자하며, 공정 개선과 에너지 효율화를 추진하고 있다. 이 사례는 기업이 탄소 배출 감소를 목표로 전략을 세우고 실천할 수 있는 좋은 사례이다.

2) 에너지 효율화

(1) 에너지 효율화의 중요성

에너지 효율화는 에너지를 최소한으로 소비하면서도 생산성과 성과를 유지하거나 향상시키는 것을 의미한다. 에너지 효율화를 통해 기업은 운영 비용을 절감하고, 탄소 배출을 줄이며, 자원 사용을 최적화할 수 있다. 이는 기업의 경쟁력을 높이고, 지속 가능한 성장을 가능하게 하는 중요한 요소이다.

(2) 에너지 효율화를 위한 전략

가. 고효율 장비 및 기술 도입

기업은 고효율 에너지 장비와 기술을 도입함으로써 에너지 소비를 줄일 수 있다. 예를 들어, 제조업체는 고효율 전기 모터를 사용하거나, LED 조명을 설치하여 전기 소비를 줄일 수 있다.

나. 에너지 관리 시스템 구축

에너지 관리 시스템은 에너지 사용량을 모니터링하고, 효율적인 에너지 사용을 위한 계획을 세우는 도구이다. 기업은 불필요한 에너지 소비를 줄이고, 에너지를 보다 효율적으로 사용하기 위해 에너지 관리 시스템 구축을 통해 에너지 사용 패턴을 분석하고, 에너지를 낭비하는 부분을 찾아 개선할 수 있다.

다. 건물 에너지 효율화

건물의 에너지 효율화도 중요한 부분이다. 기업은 친환경 건축 설계와 에너지 효율적인 건물 자재를 사용하여 에너지 소비를 줄일 수 있다. 또 건물 내에서 사용되는 냉난방, 조명 시스템을 최적화하고, 자동화된 에너지 절약 기술을 도입함으로써 에너지 효율을 높일 수 있다.

라. 에너지 관리 및 절감 방안

- 에너지 사용 현황 분석: 업무 공간의 에너지 소비 현황을 주기적으로 분석하여 불필요한 소비를 줄이는 방법을 모색.
- 에너지 절감 목표 설정: 연간 에너지 사용량 감축 목표를 설정하고, 이 목표를 달성하기 위한 세부 계획을 수립.
- 스마트 전력 관리 시스템 도입: 사무실과 공장에서 전력 관리 시스템을 통해 에너지 사용을 효율적으로 모니터링 및 제어.
- LED 조명 및 에너지 효율 기기 도입: 전력 효율이 높은 LED 조명 및 에너지 절감형 기기를 도입하여 일상적인 에너지 소비를 절감.

마. 사례 연구: 구글의 데이터 센터 에너지 효율화

구글은 전 세계 데이터 센터에서 사용하는 에너지를 절감하기 위해 AI

기반 에너지 관리 시스템을 도입했다. 이 시스템은 데이터 센터의 온도, 습도, 에너지 소비량 등을 실시간으로 분석하여 최적의 에너지 사용 방법을 제안한다. 이를 통해 구글은 데이터 센터 운영 비용을 절감하고, 에너지 효율성을 높이고 있다.

3) 친환경 제품 개발

환경적 지속 가능성은 현대 기업 경영에서 필수적인 요소로 자리 잡고 있으며, 이를 위해서는 탄소 배출 감소, 에너지 효율화, 친환경 제품 개발과 같은 구체적인 관리 및 실천전략이 필요하다. 탄소 배출을 줄이기 위해서는 재생 에너지 사용 확대, 공정 개선, 탄소 배출권 거래제 등의 전략을 도입할 수 있으며, 에너지 효율화를 위해서는 고효율 장비 도입과 에너지 관리 시스템 구축이 중요하다. 또한, 친환경 제품 개발을 통해 기업은 소비자와의 신뢰를 구축하고, 환경 보호에 기여하는 방안을 찾아나가야 한다.

(1) 친환경 제품의 중요성

친환경 제품 개발은 환경적 지속 가능성을 위한 중요한 전략 중 하나이다. 친환경 제품은 생산 과정에서의 자원 소비와 폐기물을 줄이고, 사용 후에도 환경에 미치는 영향을 최소화할 수 있는 제품을 의미한다. 소비자들은 점점 더 환경을 고려한 제품을 선호하고 있으며, 이는 기업에게 친환경 제품 개발의 필요성과 실천을 촉진하고 있다.

(2) 친환경 제품 개발을 위한 전략

가. 재활용 소재 사용

재활용 소재를 사용하는 것은 친환경 제품 개발을 위한 전략의 핵심 요소 중 하나이다. 기업은 기존 자원을 재활용하여 새로운 제품을 만들고, 이를 통해 자원 소비를 줄일 수 있다. 예를 들어, 패션 업계에서는 폐플라스틱을 재활용하여 의류를 제작하거나, 가구 제조업체는 재활용 목재를 사용하여 제품을 생산할 수 있다.

나. 제품 수명 연장

제품의 수명을 연장하는 것도 친환경 제품 개발의 중요한 전략의 하나이다. 기업은 내구성이 강한 제품을 개발하거나, 제품의 유지보수 및 수리 서비스를 제공하여 소비자들이 오래 사용할 수 있도록 장려할 수 있다. 이는 불필요한 자원 낭비를 줄이고, 소비자가 제품을 오래 사용할 수 있도록 도와준다.

다. 폐기물 최소화

기업은 제품 설계 단계에서부터 폐기물을 최소화하는 방법을 모색해야 한다. 이는 제품 생산에서 발생하는 부산물이나 사용 후 발생하는 폐기물을 줄이는 것을 목표로 한다. 예를 들어, 생분해성 포장재를 사용하거나, 최소한의 포장으로 제품을 제공하여 폐기물을 줄일 수 있는 전략의 실천이 필요하다.

라. 자원 효율화 및 폐기물 관리

- 재활용 프로그램 운영: 사무실 내 분리배출 시스템을 강화하고, 직원들이 재활용품을 정확하게 분리 배출할 수 있도록 교육을 실시.
- 친환경 소모품 사용: 일상 업무에서 사용하는 소모품(종이, 잉크 등)을 친환경 제품으로 전환하고, 불필요한 소비를 줄이는 정책을 시행.
- 폐기물 감축 목표 설정: 각 부서별로 폐기물 배출량을 분석하고, 이를 바탕으로 폐기물 감축 목표를 설정하여 지속적인 감축 성과를 모니터링.

마. 공급망에서의 환경 영향 최소화

- 친환경 공급업체 선정: 제품과 서비스 공급망에서 친환경 인증을 받은 업체를 우선적으로 선정하여 ESG 기준을 충족하는 협력업체 네트워크를 구축.
- 공급업체 평가시스템 도입: 협력업체의 환경 성과를 주기적으로 평가하고, 환경 기준을 충족하지 못하는 업체에 개선 권고 및 지원 제공.

바. 사례 연구: 파타고니아의 친환경 제품 전략

파타고니아는 친환경 제품 개발에 앞장선 대표적인 기업이다. 파타고니아는 재활용 소재를 사용한 의류를 생산하고 있으며, 제품의 수명을 연장하기 위해 'Worn Wear' 프로그램을 통해 소비자들에게 의류 수리 서비스를 제공하고 있다. 또한, 생산 과정에서 발생하는 환경적 영향을 최소화하기 위한 다양한 기술을 도입하고 있다. 기업은 앞으로 갈수록 정부와 소비자, 투자자 등이 요구하는 친환경 전략들을 최대한 수용하여 더욱 체계적으로 실행하고, 환경적 지속 가능성을 추구하는 경영을 지속적으로 실천해야 할 것이다.

4) 법적 요구사항

환경적 지속 가능성을 실현하기 위한 기업의 노력은 법적 요구사항 준수와 환경 경영 시스템 구축을 포함한다. 기업이 환경적 지속 가능성을 실현하기 위해서는 국가별 법적 규제와 국제적인 환경 보호 기준을 준수해야 하며, 동시에 이를 지원하는 체계적인 환경 경영 시스템을 갖춰야 한다.

(1) 환경적 지속 가능성과 법적 요구사항의 중요성

가. 환경적 지속 가능성의 정의

환경적 지속 가능성은 기업이 자원의 고갈을 방지하고, 환경에 미치는 부정적인 영향을 최소화하며, 장기적으로 사회와 자연 환경을 보호하는 데 기여하는 경영 활동을 의미한다. 이는 단순히 기업의 이미지 관리 차원을 넘어서서, 기업의 생존과 발전에 필수적인 요소로 자리잡고 있다.

나. 법적 요구사항의 중요성

법적 요구사항 준수는 환경적 지속 가능성 실현의 핵심이다. 각국 정부와 국제기관은 기업의 환경적 책임을 강화하기 위해 다양한 규제와 법적 기준을 마련하고 있으며, 이를 준수하지 않을 경우 기업은 심각한 법적, 재정적 제재를 받을 수 있다. 법적 요구사항 준수는 기업의 신뢰성을 높이고, 장기적인 경영 안정성을 보장하는 필수 요소이다.

다. 환경적 법률의 주요 요소

- 환경 보호법: 대기, 수질, 토양 오염을 방지하고, 유해 물질 배출을 규제하는 법률.

- 자원 보전 및 폐기물 관리법: 자원의 효율적 사용과 폐기물 최소화, 재활용을 장려하는 법적 규제.
- 에너지 효율 및 탄소 배출 규제: 에너지 사용을 줄이고, 탄소 배출을 규제하기 위한 법적 요구사항.
- 기업의 환경 보고 의무: 기업이 환경적 성과와 영향을 투명하게 보고하도록 규정.

(2) 환경적 법적 요구사항 준수 방안

가. 각국의 환경 규제 준수

기업은 자국의 환경 법률뿐만 아니라, 다국적 기업일 경우 각 운영 국가의 법적 요구사항을 준수해야 한다. 이는 특히 글로벌 공급망을 운영하는 기업들에게 중요한 의무규정으로 부각되고 있다.

① 미국의 환경 규제

미국의 환경 보호청(EPA, Environmental Protection Agency)은 다양한 환경 보호 규제를 시행하고 있다. 주요 규제 내용은 다음과 같다.

- 청정 공기법(Clean Air Act): 대기 오염을 줄이기 위한 법적 요구사항을 규정함.
- 청정 수질법(Clean Water Act): 수질 오염 방지 및 기업의 폐수 배출 규제.
- 자원 보전 및 복원법(RCRA, Resource Conservation and Recovery Act): 폐기물 관리와 자원 보존을 위한 규제를 포함.

② 유럽연합(EU)의 환경 규제

EU는 가장 엄격한 환경 규제를 시행하는 지역 중 하나로 다음과 같은 규제를 시행하고 있다.

- EU 배출권 거래제(ETS, Emissions Trading System): EU 내에서 탄소 배출량을 거래하는 시스템을 통해 배출을 줄이는 규제.
- REACH 규제: 화학물질의 등록, 평가, 승인 및 제한에 관한 법률로,

유해 화학물질의 사용을 엄격히 규제한다.

- 폐기물 지침: 폐기물의 발생을 줄이고 재활용을 촉진하는 EU의 지침이다.

③ **한국의 환경 법규**

한국에서도 환경 보호에 대한 법적 요구사항이 점점 강화되고 있으며, 주요 법규는 다음과 같다.

- 대기환경보전법: 사업장에서 발생하는 대기오염물질 배출을 규제한다.
- 수질 및 수생태계 보전에 관한 법률: 수질 오염을 방지하고, 폐수 배출을 엄격하게 관리한다.
- 자원의 절약과 재활용 촉진에 관한 법률: 기업의 자원 재활용 의무를 규정하고, 폐기물의 재활용을 장려한다.

나. 국제적인 환경 기준과 규제 준수

기업은 국제적으로 인정받는 환경 규제와 기준을 준수해야 한다. 이는 특히 다국적 기업에게 중요한 요소이며, 국제적인 표준을 준수함으로써 글로벌 시장에서의 신뢰성을 높일 수 있다.

① **ISO 14001 환경 경영 시스템**

ISO 14001은 환경 경영 시스템을 구축하기 위한 국제 표준으로, 기업이 환경적 성과를 지속적으로 개선할 수 있도록 돕는 체계이다. ISO 14001을 준수하는 기업은 법적 요구사항을 충족하면서, 자발적인 환경 개선 활동을 실행할 수 있다.

② **파리 기후 협정(Paris Agreement)**

파리 기후 협정은 전 세계 국가들이 탄소 배출을 줄이기 위해 협력하는 국제 협약이다. 기업들은 이 협정의 목표를 달성하기 위해 자발적으로 탄소 배출을 줄이는 목표를 설정하고, 이를 이행할 책임이 있다.

(3) 법적 요구사항 준수를 위한 내부 관리 시스템 구축

기업은 법적 요구사항을 효과적으로 준수하기 위해 내부 관리 시스템을 구축해야 한다. 이를 위해 다음과 같은 요소가 필요하다.

- 환경 규제 모니터링 시스템: 기업은 법적 규제의 변화를 실시간으로 모니터링하고, 이를 준수하기 위한 대응책을 마련해야 한다.
- 내부 감사와 평가: 기업은 정기적으로 환경 규제 준수 여부를 내부 감사하여 법적 요구사항을 위반하지 않도록 해야 한다.
- 직원 교육: 법적 요구사항을 준수하기 위해 전 직원이 관련 법률과 규제를 이해하고 실천할 수 있도록 교육을 강화해야 한다.

3 환경 경영 시스템 구축 방안

1) 환경 경영 시스템의 필요성

환경 경영 시스템은 기업이 환경적 목표를 설정하고, 이를 체계적으로 관리하여 성과를 달성할 수 있도록 돕는 종합적인 관리 체계이다. 환경 경영 시스템은 법적 요구사항 준수뿐만 아니라, 자발적인 환경 성과 개선을 목표로 한다.

2) 환경 경영 시스템의 주요 구성 요소

환경 경영 시스템은 다음과 같은 주요 구성 요소로 이루어져 있다:

- 환경 정책 수립: 기업의 환경적 목표와 가치를 반영한 환경 정책을 수립하는 것이 첫 번째 단계이다.
- 환경적 목표 설정: 탄소 배출 감소, 에너지 효율화, 자원 절약 등 구체적인 목표를 설정하고, 이를 달성하기 위한 세부 계획을 수립해야 한다.
- 환경 성과 평가 및 개선: 기업은 정기적으로 환경 성과를 평가하고, 성과가 미흡할 경우 이를 개선하기 위한 조치를 취해야 한다.
- 이해관계자 소통: 기업은 환경적 목표와 성과를 주주, 소비자, 정부 등 이해관계자와 투명하게 공유해야 한다.

3) 환경 경영 시스템 구축을 위한 단계별 접근

(1) 환경 정책과 목표 수립

기업은 환경적 책임을 다하기 위한 명확한 정책을 수립해야 한다. 이는 최고 경영진의 강력한 의지가 필요하며, 환경적 목표를 장기적인 기업 전략의 일환으로 포함해야 한다.

(2) 환경 성과 측정 지표 개발

환경 경영 시스템이 효과적으로 운영되기 위해서는 측정 가능한 성과 지표가 필요하다. 예를 들어, 탄소 배출량, 에너지 소비량, 폐기물 발생량 등의 지표를 통해 환경 성과를 측정하고 관리할 수 있다.

(3) 내부 감사 및 성과 평가

기업은 정기적으로 내부 감사를 통해 환경 성과를 평가해야 한다. 이를 통해 법적 요구사항 준수 여부를 확인하고, 환경 목표 달성을 위한 개선 사항을 도출할 수 있다.

(4) 개선 활동 및 피드백

환경 경영 시스템의 성과를 높이기 위해서는 지속적인 개선 활동이 필요하다. 내부 감사 결과를 바탕으로 부족한 부분을 보완하고, 새로운 환경 목표를 설정하여 경영 활동에 반영해야 한다.

4) 환경 경영 시스템의 인증과 활용

(1) ISO 14001 인증

ISO 14001 인증은 환경 경영 시스템을 체계적으로 구축한 기업에게 부여되는 국제 인증이다. 이 인증을 획득하면 기업은 법적 요구사항을 준수하고 있음을 국제적으로 증명할 수 있으며, 환경적 개선을 위한 체계를 갖췄다는 신뢰를 얻을 수 있다.

(2) 에코 라벨링(Eco-labeling)

에코 라벨링은 기업이 친환경 제품을 생산하고 있음을 나타내는 인증 제도이다. 이를 통해 소비자들에게 환경 보호에 기여하는 제품임을 알리고, 친환경 소비 문화를 장려할 수 있다.

사례 연구: 유니레버(Unilever)의 환경 경영 시스템

유니레버는 환경적 지속 가능성을 기업의 핵심 전략으로 삼고 있으며, 이를 위해 체계적인 환경 경영 시스템을 구축했다. 유니레버는 ISO 14001 인증을 받은 환경 경영 시스템을 운영하며, 탄소 배출을 줄이고, 에너지 효율성을 높이며, 친환경 제품을 개발하는 데 주력하고 있다. 이 회사는 매년 환경 성과를 외부에 공개하며, 이를 통해 이해관계자들과의 신뢰를 구축하고 있다.

5) 법적 요구사항과 환경 경영 시스템의 통합적 운영

(1) 법적 요구사항과 환경 경영 시스템의 상호보완적 역할

환경적 지속 가능성을 실현하기 위해서는 기업이 법적 요구사항을 철저히 준수하고, 이를 바탕으로 체계적인 환경 경영 시스템을 구축해야 한다. 법적 요구사항은 기업이 환경적 책임을 다하는 최소한의 기준을 제시하며, 환경 경영 시스템은 이를 넘어 자발적인 성과 개선을 가능하게 한다. 기업은 두 가지 요소를 통합적으로 운영함으로써 지속 가능한 성장을 달성하고, 이해관계자의 신뢰를 강화할 수 있다.

(2) 통합적 운영을 위한 방안

가. 규제 모니터링 시스템 구축

법적 요구사항의 변화를 실시간으로 모니터링하여 기업의 환경 경영 시스템에 반영하는 것이 중요하다.

나. 내부 감사와 외부 평가

법적 요구사항 준수 여부를 내부적으로 점검하고, 외부 인증 기관의 평가를 통해 신뢰성을 높이는 방안을 마련해야 한다.

다. 환경적 목표와 법적 요구사항의 일치

기업의 환경적 목표가 해당 국가 및 지역의 법적 요구사항과 일치하도록 전략을 수립해야 한다.

라. 사례 연구: 다우케미컬(Dow Chemical)의 통합적 환경 경영

다우케미컬은 법적 요구사항 준수와 환경 경영 시스템을 통합적으로 운영하여 환경적 성과를 극대화하고 있는 대표적인 사례이다. 다우는 전세계적으로 다양한 환경 규제를 준수하면서도, 자발적으로 에너지 효율을 높이고 폐기물 재활용을 강화하는 환경 경영 시스템을 구축했다.

4 ESG 실무자의 환경적 책임과 역할

환경적 측면에서 ESG 실무자는 기업이 환경 영향을 최소화하고 기후 변화에 대응할 수 있도록 다양한 활동을 주도한다. 이에는 탄소 배출 감소, 에너지 효율 향상, 자원 순환 등이 포함된다.

1) 탄소 배출 관리

탄소 배출 관리에 있어 ESG 실무자는 기업의 탄소 배출량을 모니터링하고 감축 목표를 설정한다. 구체적으로는 다음과 같은 업무를 수행한다:

- 배출량 측정: 기업 활동 전반에서 발생하는 탄소 배출량을 측정하고 관리한다.
- 감축 방안 제시: 재생 에너지 도입, 에너지 효율 개선 등의 방안을 모색하여 탄소 배출을 줄이는 계획을 수립한다.
- 국제 규범 준수: 파리 협정 등 국제 환경 규범을 준수하기 위한 전략적 대응 방안을 마련한다.

2) 자원 관리 및 순환 경제

자원의 효율적 사용과 순환 경제 체제 구축은 ESG 실무자의 주요 과제이다. 이를 통해 기업은 자원을 최대한 효율적으로 사용하고, 폐기물 발생을 최소화할 수 있다.

- 자원 사용 최적화: 생산 과정에서 자원의 낭비를 줄이고 효율성을 높이는 방법을 제안한다.
- 폐기물 관리: 폐기물의 발생을 줄이고 재활용을 극대화하기 위한 프로그램을 설계하고 실행한다.

제7장 사회(S) 책임 관리 전략과 실행

사회(S) 책임 관리는 기업이 사회적 책임을 다하는 방식을 평가하는 중요한 요소이다. 이 요소는 기업이 직원, 지역사회, 고객, 공급망 등 다양한 이해관계자들과의 관계에서 사회적 책임을 다하는 방식을 다루며, 인권 보호, 노동권 강화, 다양성 및 포용성 증진의 세 가지 주요 영역을 포함한다. 세가지 요소는 기업이 운영되는 사회적 환경에서 중요한 역할을 하며, 기업의 지속 가능성과 장기적인 성과에 큰 영향을 미친다.

1 사회적 책임관리의 중요성과 평가지표

1) 사회적 책임 활동 계획 수립의 중요성

사회적 책임 활동 계획은 기업이 사회에 기여하는 구체적인 활동을 체계적으로 설계하고 실행하는 과정이다. 이를 통해 기업은 지역사회, 환경, 직원, 고객, 공급망 등 다양한 이해관계자들에게 긍정적인 영향을 미칠 수 있다. 사회적 책임 활동은 기업의 사회적 가치와 윤리적 경영의 기초를 형성하며, 장기적인 성공을 위한 중요한 전략적 요소로 작용한다. 사회적 책임 활동 계획 수립의 중요성은 다음과 같다:

가. 사회적 가치 창출

기업이 사회적 책임을 다하는 활동을 통해 긍정적인 사회적 변화를 촉진할 수 있다.

나. 이해관계자 신뢰 구축

체계적이고 일관된 사회적 책임 활동을 통해 이해관계자들과 신뢰를 구축하고, 긍정적인 관계를 유지할 수 있다.

다. 지속 가능한 성장 지원

사회적 책임 활동은 기업이 지속 가능한 성장을 추구하는 데 중요한 역할을 한다. 사회적 책임을 다하는 기업은 더 많은 비즈니스 기회를 창출할 수 있다.

2) 사회적 평가모형

한국ESG기준원(KCGS)의 사회(S)평가모형은 기업의 사회적 책임경영을 평가하기 위해 비재무정보 공개에 관한 글로벌 가이드라인, ISO26000 등 사회적 책임경영과 관련된 국제적인 표준, 지침, 사회적 모범규준과 평가모형을 연계하고 있다.

KCGS의 평가지표와 사회산업 분류체계 사례는 〈표 7-1〉과 같다.

〈표 7-1〉 KCGS의 평가지표와 사회산업 분류체계 사례

평가지표

대분류	중분류
I.리더십과 거버넌스	가. 전략과 방침
II.노동관행	가. 공정하고 차별없는 고용 나. 일과 생활의 균형 지원 다. 건전한 노사관계 형성 라. 근로자 역량 개발 및 지원
III. 직장 내 안전보건	가. 안전보건 거버넌스 나. 안전보건 위험 관리
IV.인권	가. 인권경영 거버넌스 나. 인권 위험 관리
V.공정운영 관행	가. 공정운영 거버넌스 나. 공정운영 위험 관리 다. 동반성장 기반 확립 라. 공급망 위험 관리

대분류	중분류
VI. 지속가능한소비	가. 소비자 권익 보호 거버넌스 나. 소비자 권익 침해 위험 관리 다. 소비자와의 소통 라. 적극적이고 효과적인 피해보상 마. 지속가능한 소비 진작
VII. 정보보호및 개인정보보호	가. 정보보호 및 개인정보보호 거버넌스 나. 정보보호 및 개인정보보호 위험관리 다. 정보보호 투자 라. 정보주체 권리 보장
VIII. 지역사회 참여 및 개발	가. 지역사회 참여 거버넌스 나. 지역사회 위험관리 다. 지역사회 참여 성과 관리
IX. 이해관계자 소통	가. 사회책임경영 정보 공개

19

사회 산업분류체계(28개)

산업분류	
1.에너지	15.제약과 생물공학
2.소재	16.은행
3.자본재	17.증권
4.상업서비스와 공급품	18.다각화된금융
5.운송	19.보험
6.자동차와 부품	20.부동산
7.내구소비재와 의류	21.소프트웨어와서비스
8.호텔, 레스토랑, 레저등	22.기술하드웨어와장비
9.소매(유통)	23.반도체와반도체장비
10.교육서비스	24.전자와 전기제품
11.식품과기본 식료품소매	25.디스플레이
12.식품, 음료, 담배	26.전기통신서비스
13.가정용품과개인용품	27.미디어와 엔터테인먼트
14.건강관리장비와서비스	28.유틸리티

3) 사회적 책임 활동 계획 수립의 진단항목과 평가지표

사회적 책임 활동 계획을 수립할 때는 기업의 가치, 비전, 목표를 반영하여 체계적인 프로세스를 따르는 것이 중요하다. 아래는 구체적인 사회적 책임 활동 계획 수립의 주요 단계와 요소들이다. 사회적 책임분야 진단항목과 평가지표는 〈표 7-2〉와 같다.

〈표 7-2〉 사회책임분야 진단항목과 평가지표

	범주	진단 항목	평가지표 Reference 범주	평가지표 Reference 진단 항목
S 사회 범주 : 11개 진단항목 : 25개	사회책임 이행	목표 및 공시	K-ESG	사회책임 이행
	임직원 다양성	신규채용		신규 채용 및 고용
		여성인력 급여수준		여성 급여 비율
		여성인력 비율		여성 구성원 비율
		장애인 고용		장애인 고용률
		정규직 비율		정규직 비율
	임직원 역량개발	교육훈련비		교육훈련비
		인재육성 전략	DJSI	임직원 역량 개발 프로그램
	임직원 복지	일과 삶 균형	KCGS	가족친화인증기업
		직원 몰입	DJSI	직원 만족도 추이
		직원 복리후생비	K-ESG	복리후생비
		직원 이직		자발적 이직률
	노사관계	노사관계		결사의 자유 보장
	안전보건	산업재해		산업재해율
		안전경영 추진체계		안전보건 추진체계
	인권	인권 리스크 평가		인권 리스크 평가
		인권경영		인권정책 수립
	정보보안 및 개인정보보호	개인정보 침해		개인정보 침해 및 구제
		정보보안 관리체계		정보보호 시스템 구축
	협력사 ESG 지원	협력사 ESG 지원		협력사 ESG 지원
		협력사 ESG 협약사항		협력사 ESG 협약사항
	협력사 ESG 리스크 관리	협력사 ESG 경영		협력사 ESG 경영
	지역사회	구성원 봉사참여		구성원 봉사참여
		사회공헌 전략		전략적 사회공헌
	이해관계자 참여	이해관계자 참여	DJSI	이해관계자 참여 및 소통

2 사회적 책임관리 진단항목과 실현방법

인권 보호, 노동권 강화, 다양성 및 포용성 증진은 ESG 경영에서 사회적 책임을 다하는 중요한 요소이다. 이를 실현함으로써 기업은 법적 리스크를 줄이고, 직원들의 만족도와 생산성을 높이며, 장기적인 성장과 지속 가능성을 확보할 수 있다. 이러한 전략을 통해 기업은 사회적 책임을 다하고, 더욱 윤리적이고 투명한 경영을 실현할 수 있다. ESG 경영을 통해 사회적 가치를 창출하는 기업은 더 나은 미래를 위한 지속 가능한 경영을 실현할 수 있으며, 이는 사회와 기업 모두에 긍정적인 영향을 미칠 것이다.

1) 인권 보호(Human Rights Protection)

(1) 인권 보호의 정의와 중요성

인권 보호는 모든 사람이 존엄성과 평등을 기반으로 기본 권리를 보호받아야 한다는 것이다. 기업은 자사와 공급망 전반에서 근로자와 이해관계자의 인권을 존중하고, 인권을 침해하는 관행을 예방하는 책임이 있다. 인권 보호는 노동권과 밀접하게 연관되어 있으며, 특히 국제적인 경영 환경에서 인권 문제는 기업의 지속 가능성과 신뢰성에 직접적인 영향을 미친다. 인권 보호의 중요성은 다음과 같다.

① 윤리적 경영: 인권 보호는 윤리적 경영의 기본이며, 기업의 사회적 책임을 다하는 중요한 요소이다.

② 법적 책임: 많은 국가와 국제기구는 인권 보호를 법으로 규정하고 있으며, 이를 위반할 경우 기업은 법적 제재를 받을 수 있다.

③ 평판 관리: 인권 보호는 기업의 평판에 큰 영향을 미치며, 인권 침해가 발생할 경우 브랜드가치가 급격히 하락할 수 있다.

④ 지속 가능한 성장: 인권을 존중하는 기업은 직원의 신뢰를 얻고, 장기적으로 더 나은 비즈니스 관계를 유지할 수 있다.

(2) 인권 보호를 위한 기업의 사회적 책임 실현 방법

가. 인권 정책 수립

기업은 인권을 존중하고 보호하겠다는 명확한 인권 정책을 수립해야 한다. 이 정책에는 아동 노동 금지, 강제 노동 금지, 적절한 근로 조건 보장 등이 포함된다. 이러한 정책은 기업의 전 직원에게 명확하게 전달되고, 모든 운영 과정에서 준수되어야 한다.

나. 인권 리스크 평가

기업은 경영 활동과 공급망에서 발생할 수 있는 인권 리스크를 식별하고 평가해야 한다. 예를 들어, 특정 국가에서 운영되는 공급업체가 인권을 침해하는 경우, 기업은 이에 대한 책임을 질 수 있다. 따라서 기업은 정기적으로 인권 실사를 실시하고, 리스크를 줄이기 위한 조치를 취해야 한다.

다. 공급망에서의 인권 보호

많은 글로벌 기업은 복잡한 공급망을 가지고 있으며, 이 과정에서 발생할 수 있는 인권 침해 문제는 기업의 사회적 책임과 직결된다. 기업은 공급업체에 대한 실사를 통해 인권 보호가 제대로 이루어지고 있는지 확인하고, 이를 개선하기 위한 협력 프로그램을 도입할 수 있다. 인권 보호 기준을 준수하지 않는 공급업체와의 계약을 종료하는 등의 조치를 취할 수도 있다.

라. 인권 교육과 인식 제고

기업은 전 직원 및 협력 업체를 대상으로 인권 보호의 중요성과 구체적인 실천 방안을 교육해야 한다. 이를 통해 직원들이 인권 침해 상황을 인식하고 이를 방지하기 위한 적절한 조치를 취할 수 있도록 해야 한다. 또한, 인권 교육은 기업의 전체적인 윤리적 문화를 조성하는 데 기여한다.

(3) 인권 보호가 기업에 미치는 영향

가. 법적 리스크 감소

인권 보호를 실천하는 기업은 법적 규제와 국제적 기준을 준수함으로써, 법적 소송과 규제 위반으로 인한 비용을 줄일 수 있다. 이는 특히 국제적인 사업을 운영하는 다국적 기업에게 매우 중요한 요소이다.

나. 평판 강화

인권을 보호하는 기업은 사회적 신뢰와 평판을 강화할 수 있다. 고객, 투자자, 지역사회는 인권을 존중하는 기업에 더 큰 신뢰를 보이며, 이는 장기적인 브랜드 가치를 높이는 데 기여한다.

다. 투자 유치 기회 확대

많은 투자자들은 ESG 성과를 기준으로 투자 결정을 내리고 있다. 인권 보호를 중요시하는 기업은 지속 가능한 투자(Sustainable Investing)를 원하는 투자자들로부터 더 많은 자본을 유치할 수 있다.

2) 노동권 강화(Labor Rights Strengthening)

(1) 노동권 강화의 정의와 중요성

노동권 강화는 직원들이 안전하고 공정한 근로 조건에서 일할 권리를 보장받는 것을 의미한다. 이는 공정한 임금, 적절한 근로 시간, 안전한 작업 환경, 그리고 직원들이 자유롭게 의견을 제시할 수 있는 권리 등을 포함한다. 기업은 이러한 노동권을 강화함으로써 직원의 만족도와 생산성을 높이고, 장기적으로 기업의 지속 가능한 발전에 기여할 수 있다. 노동권 강화의 중요성은 다음과 같다.

① 직원 만족도와 생산성: 공정한 대우와 안전한 근로 환경은 직원의 만족도와 생산성을 높이는 중요한 요소이다.

② 법적 리스크 감소: 노동권을 침해하는 기업은 법적 분쟁에 휘말릴 수 있으며, 이는 재정적 손실로 이어질 수 있다.

③ 기업 이미지 강화: 노동권을 보호하는 기업은 사회적 신뢰를 구축하며, 이는 장기적인 브랜드 이미지와 직결된다.

(2) 노동권 강화를 위한 기업의 사회적 책임 실현 방법

가. 공정한 임금과 근로 조건 보장

모든 직원에게 공정한 임금을 지급하고, 근로 조건을 개선해야 한다. 특히, 최저임금 이상의 임금 지급, 초과 근무 시 추가 보상 제공, 휴가와 휴식 시간을 보장하는 것이 중요하다. 이러한 조건을 만족시키면 직원의 만족도가 상승하고, 장기적인 생산성 향상으로 이어진다.

나. 안전한 작업 환경 조성

기업은 직원의 안전을 최우선으로 고려한 작업 환경을 조성해야 한다. 이는 정기적인 안전 교육과 점검을 통해 이루어질 수 있으며, 사고 예방을 위한 시스템을 갖추는 것이 필수적이다. 작업 환경의 안전성은 직원의 신체적, 정신적 건강에 직접적인 영향을 미치며, 안전한 환경이 조성될 때 직원들은 업무에 대한 신뢰감을 높일 수 있다.

다. 노동권 보호 시스템 구축

노동권 침해를 예방하고, 문제가 발생할 경우 신속하게 해결할 수 있는 체계를 구축해야 한다. 예를 들어, 직원들이 근로 조건이나 인권 침해 문제를 익명으로 보고할 수 있는 핫라인 시스템을 도입하고, 이를 통해 문제를 신속하게 해결할 수 있도록 해야 한다.

라. 직원 참여 증대

직원들이 경영 과정에 참여하고, 의견을 제시할 수 있는 기회를 제공해야 한다. 직원 참여는 기업의 의사결정에 대한 책임감을 높이고, 더 나은 협력관계와 혁신을 촉진하는 중요한 요소이다. 이를 위해 정기적인 직원 회의나 설문 조사를 통해 의견을 수렴하고, 이를 반영하는 경영 방침을 수립할 수 있다.

(3) 노동권 강화가 기업에 미치는 영향

가. 직원 만족도와 충성도 향상

노동권이 강화된 기업은 직원의 만족도와 충성도를 높일 수 있다. 이는 이직률 감소와 우수한 인재 유치에 기여하며, 기업의 장기적인 성공에 긍정적인 영향을 미친다.

나. 법적 분쟁 감소

노동권을 침해하지 않는 기업은 법적 분쟁에 휘말릴 가능성이 줄어든다. 이는 기업이 법적 리스크를 줄이고, 규제 준수를 통해 신뢰를 구축할 수 있도록 도와준다.

다. 생산성 향상

직원들이 안전하고 공정한 근로 환경에서 일할 때, 그들의 업무에 대한 몰입도와 생산성이 높아진다. 이는 기업의 운영 효율성을 높이는 데 중요한 역할을 한다.

3) 다양성 및 포용성 증진(Diversity & Inclusion Enhancement)

(1) 다양성 및 포용성 증진의 정의와 중요성

다양성 및 포용성 증진은 성별, 인종, 종교, 나이, 성적 지향, 장애 여부 등과 관계없이 모든 직원과 이해관계자가 존중받고 공정한 대우를 받는 것을 의미한다. 다양한 배경을 가진 사람들이 동등한 기회를 가지고 기업의 경영에 참여할 수 있는 환경을 조성하는 것이 중요하다. 이는 기업의 경쟁력을 높이고, 혁신적인 아이디어를 창출하는 데 기여한다.

① 혁신과 창의성 촉진: 다양한 배경과 관점을 가진 직원들이 협력할 때, 더 창의적이고 혁신적인 아이디어가 나오기 마련이다.

② 법적 규제 준수: 많은 국가에서 다양성과 포용성을 요구하는 법적 규제가 존재하며, 이를 준수하지 않으면 법적 문제가 발생할 수 있다.

③ 브랜드 평판 강화: 다양성과 포용성을 존중하는 기업은 긍정적인 브랜드 이미지를 구축하며, 고객과 투자자들로부터 더 큰 신뢰를 얻는다.

(2) 다양성 및 포용성 증진을 위한 기업의 사회적 책임 실현 방법

가. 다양성 정책 수립 및 실행

성별, 인종, 종교, 나이, 성적 지향 등을 이유로 한 차별을 금지하는 다양성 정책을 수립하고, 이를 전 직원에게 명확하게 공지해야 한다. 또한, 채용, 승진, 평가 등 인사 결정에서 다양성을 존중하는 기준을 정해야 한다.

나. 다양성 교육 및 인식 제고

기업은 직원들에게 다양성과 포용성의 중요성을 교육하는 프로그램을 제공해야 한다. 이러한 교육을 통해 직원들은 서로의 차이를 존중하고, 차별 없는 조직 문화를 형성하는 데 기여할 수 있다. 또한, 다양성을 인정하는 문화를 강화하기 위해 정기적인 워크숍이나 세미나를 개최할 수 있다.

다. 포용적인 채용 과정 도입

기업은 다양한 배경을 가진 인재를 채용하는 방안을 도입해야 한다. 이는 다양한 후보자들에게 동등한 기회를 제공하는 공정한 채용 절차를 마련하는 것을 의미하며, 이를 통해 기업은 다양한 인재를 확보할 수 있다.

라. 포용적 조직 문화 구축

포용적 조직 문화는 직원들이 자유롭게 의견을 표현하고, 서로를 존중하는 환경을 조성하는 것을 의미한다. 이를 위해 기업은 정기적인 의견 수렴과 피드백 제도를 도입하고, 차별과 불평등을 예방할 수 있는 규정을 마련해야 한다.

(3) 다양성 및 포용성 증진이 기업에 미치는 영향

가. 혁신과 경쟁력 강화

다양한 배경을 가진 직원들이 함께 일할 때, 다양한 관점과 아이디어가 결합되어 더 혁신적인 제품과 서비스가 탄생할 수 있다. 이는 기업의 경쟁력을 높이는 데 중요한 역할을 한다.

나. 인재 유치와 유지

포용적인 기업 문화는 우수한 인재를 유치하고, 이들이 장기적으로 기업에 남아있도록 하는 데 기여한다. 다양한 인재가 함께 일하는 환경은 직원들이 자긍심을 느끼게 하며, 이직률을 줄이는 효과를 가져온다.

다. 브랜드 이미지 향상

사회적 다양성을 존중하는 기업은 긍정적인 브랜드 이미지를 구축하며, 이는 고객과 투자자들에게 신뢰를 주는 중요한 요소이다. 다양성과 포용성을 강조하는 기업은 소비자들에게 더 높은 가치를 제공할 수 있다.

3 사회적 책임의 목표설정과 관리전략

사회적 책임 활동 계획 수립과 이해관계자 참여 전략은 ESG 경영의 사회적 책임을 실현하는 데 중요한 두 가지 축이다. 기업이 체계적으로 사회적 책임 활동을 계획하고, 이를 통해 이해관계자들의 참여를 유도할 때, 더 큰 사회적 가치를 창출할 수 있다. 이러한 전략을 통해 기업은 사회적 책임을 다하고, 지속 가능한 성장과 신뢰를 기반으로 장기적인 성공을 도모할 수 있다.

1) 사회적 책임관리의 설계

사회(S) 책임 관리는 기업이 사회적 책임을 다하고, 이를 실현하는 과정에서 구체적인 실무 전략을 설계하는 중요한 요소이다. 사회적 책임 실무 전략에는 기업이 사회적 책임 활동 계획을 수립하고, 이해관계자들의 참여를 유도하는 두 가지 핵심 과제가 포함된다. 이러한 과제는 기업이 사회적 가치를 창출하고, 이해관계자들과의 긍정적인 관계를 유지하는 데 필수적이다.

(1) 기업의 사회적 책임 목표 설정

첫 번째 단계는 기업의 사회적 책임 목표를 명확하게 설정하는 것이다. 이러한 목표는 기업의 비전과 미션에 부합해야 하며, 장기적으로 달성할 수 있는 실현 가능한 목표여야 한다. 구체적이고 측정 가능하며 달성 가능한 목표를 설정해야 한다. 예를 들어 다음과 같은 항목을 포함할 수 있다.

① 지역사회 기여: 기업이 활동하는 지역사회에 기여하는 목표를 설정한다. 이는 지역사회 개발, 교육 지원, 의료 서비스 제공 등으로 구체화될 수 있다.

② 환경 보호: 기업의 활동이 환경에 미치는 영향을 줄이기 위한 구체적인 목표를 설정한다. 예를 들어, 탄소 배출 감축, 재생 에너지 사용 확대 등이 포함될 수 있다.

③ 직원 복지 강화: 직원들의 복지와 근로 환경을 개선하기 위한 목표를 설정한다. 예를 들어, 건강 증진 프로그램, 직원 교육 및 역량 개발 등이 포함될 수 있다.

(2) 이해관계자 분석과 우선순위 설정

사회적 책임 활동을 계획할 때, 기업이 영향을 미치는 다양한 이해관계자들을 분석하고, 그들의 기대와 요구를 파악하는 것이 필수적이다. 이를 통해 기업은 어떤 이해관계자 그룹에 우선순위를 두어야 할지 명확히 할 수 있다.

① 이해관계자 식별: 기업의 사회적 책임 활동에 영향을 받거나 참여하는 모든 이해관계자를 식별한다. 주요 이해관계자에는 직원, 고객, 공급

업체, 지역사회, 투자자 등이 포함된다.

② 이해관계자 요구 분석: 각 이해관계자의 요구와 기대를 분석하고, 이들이 기업의 사회적 책임 활동에 어떻게 관여하는지를 평가한다.

③ 우선순위 설정: 제한된 자원을 효과적으로 활용하기 위해 우선순위를 설정하고, 가장 중요한 이해관계자들에게 중점을 두어 활동을 설계한다.

(3) 사회적 책임 활동의 구체적 프로그램 설계

목표와 우선순위가 설정된 후에는 구체적인 사회적 책임 활동 프로그램을 설계해야 한다. 이 단계에서는 활동의 내용, 목표, 대상, 실행 방법, 기간, 예산 등을 구체화한다. 사회적 책임 활동 프로그램은 다음과 같이 구체적인 세부 계획을 포함해야 한다.

① 활동의 내용: 구체적으로 어떠한 방식으로 사회적 책임 활동을 실현할 것인지를 제시한다. 예를 들어, 지역사회 개발을 위한 교육 프로그램, 환경보호를 위한 재활용 캠페인, 직원 복지를 위한 건강 프로그램 등이 있다.

② 대상 선정: 프로그램의 대상이 될 이해관계자를 명확히 설정한다. 예를 들어, 지역사회 프로그램은 지역 주민과 비영리 단체를 대상으로 할 수 있으며, 직원 복지 프로그램은 내부 직원들이 대상이 된다.

③ 예산 책정: 각 프로그램의 실행을 위해 필요한 예산을 책정하고, 자원 배분을 계획한다. 각 프로그램이 원활히 진행토록 자원을 확보해야한다.

④ 실행 일정과 책임 부서: 프로그램의 실행 일정과 책임 부서를 지정하여, 계획이 차질 없이 진행되도록 해야한다. 명확한 책임 부서와 일정이 설정될 때 프로그램의 성과를 효과적으로 모니터링할 수 있다.

(4) 성과 측정과 평가 계획 수립

사회적 책임 활동의 성과를 측정하고 평가하기 위한 계획을 수립하는 것도 중요한 요소이다. 성과평가를 통해 프로그램이 실제로 사회적 가치를 창출하고 있는지 확인할 수 있다. 성과를 평가하기 위한 구체적인 지표를 설정하고, 정기적인 모니터링과 피드백을 통해 프로그램을 개선해 나가야 한다.

① 성과 지표 설정: 활동이 얼마나 성공적으로 실행되었는지 평가하기 위한

성과 지표를 설정한다. 예를 들어, 환경 보호 활동의 성과를 평가할 때는 탄소 배출량 감축, 에너지 절감량 등을 성과 지표로 설정할 수 있다.

② 정기적 평가와 피드백: 프로그램이 실행되는 동안 정기적으로 성과를 평가하고, 필요에 따라 피드백을 반영하여 개선할 수 있도록 해야한다.

2) 이해관계자 참여 전략

(1) 이해관계자 참여의 중요성

이해관계자 참여는 기업이 사회적 책임을 실현하는 과정에서 필수적인 요소이다. 이해관계자는 기업이 사회적 책임을 다하는 과정에서 직접적 또는 간접적으로 영향을 받는 모든 집단이다. 여기에는 직원, 고객, 공급업체, 지역사회, 투자자 등이 포함된다. 이해관계자들의 참여는 기업의 사회적 책임 활동이 실제로 긍정적인 변화를 창출하는지 평가하고, 그들의 기대를 반영하는 데 중요한 역할을 한다.

① 사회적 책임 활동의 효과성 증대: 이해관계자의 참여를 통해 기업은 사회적 책임 활동의 실효성을 높일 수 있다. 그들의 피드백과 요구를 반영한 활동은 더 큰 사회적 가치를 창출할 수 있다.

② 신뢰 구축: 기업이 이해관계자들과 긴밀히 협력하고 그들의 의견을 존중할 때, 신뢰가 형성되며 이는 기업의 장기적 성공에 긍정적인 영향을 미친다.

③ 리스크 관리: 이해관계자들과의 소통을 통해 기업은 잠재적인 사회적, 환경적 리스크를 사전에 파악하고 리스크를 줄일 수 있는 방안을 찾아야 한다.

(2) 이해관계자 참여를 위한 전략적 접근 방법

이해관계자 참여 전략을 설계할 때, 기업은 각 이해관계자의 요구와 기대를 반영하고, 그들의 적극적인 참여를 유도하기 위한 다양한 방법을 모색해야 한다. 이해관계자 참여 전략은 다음과 같은 단계로 진행될 수 있다.

가. 이해관계자 분석

이해관계자 참여 전략의 첫 단계는 기업과 상호작용하는 이해관계자를 식별하고, 그들의 요구와 기대를 분석하는 것이다. 이를 통해 각 이해관계자 그룹의 중요성을 평가하고, 그들의 참여를 유도할 수 있는 전략을 수립할 수 있다.

① 이해관계자 식별: 기업의 사회적 책임 활동에 영향을 받거나 참여하는 이해관계자 그룹을 명확하게 식별한다. 이는 내부 이해관계자(직원, 경영진)와 외부 이해관계자(고객, 공급업체, 지역사회 등)를 모두 포함한다.

② 이해관계자 요구 분석: 각 이해관계자의 요구와 기대를 분석하고, 이들이 기업의 사회적 책임 활동에 어떻게 영향을 미치는지 평가한다. 이해관계자의 요구를 반영하는 것이 중요한 이유는, 그들의 요구와 기대가 무시될 경우 사회적 불만이 발생할 수 있기 때문이다.

나. 이해관계자 참여 목표 설정

이해관계자 참여의 목표를 설정하고, 이를 통해 얻고자 하는 성과를 명확히 하는 것이 필요하다. 기업은 다음과 같은 목표를 설정할 수 있다.

① 이해관계자 의견 반영: 사회적 책임 활동 계획에 이해관계자의 의견을 반영하여, 활동이 그들의 기대와 일치하도록 한다.

② 이해관계자 참여 강화: 이해관계자들이 기업의 사회적 책임 활동에 더 적극적으로 참여할 수 있도록 장려하고, 그들의 피드백을 통해 프로그램을 개선한다.

③ 투명한 의사소통 구축: 이해관계자들과의 투명하고 개방적인 소통을 통해, 기업의 사회적 책임 활동의 진정성을 보여준다.

다. 이해관계자 참여 방법과 도구

이해관계자의 참여를 유도하기 위해서는 효과적인 소통 방법과 도구를 사용하는 것이 중요하다. 이해관계자들과의 소통을 원활히 하기 위해 다음과 같은 방법을 사용할 수 있다.

① 정기적 커뮤니케이션: 정기적으로 이해관계자들과 소통하는 구조를 마련하여 그들의 피드백을 지속적으로 받을 수 있어야 한다. 예를 들어, 정기 보고서 발행, 뉴스레터, 소셜 미디어 등을 통해 기업의 사회

적 책임 활동을 공유하고 피드백을 받는 것이 중요하다.

② 의견 수렴 및 설문 조사: 설문 조사나 의견 수렴 도구를 통해 이해관계자들의 의견을 효과적으로 모을 수 있다. 예를 들어, 직원 대상 설문 조사나 고객 피드백 시스템을 통해 그들의 요구를 반영할 수 있다.

③ 공청회 및 워크숍: 특정 사회적 책임 프로그램에 대해 이해관계자들과 공청회나 워크숍을 개최하여, 직접적인 대화를 통해 의견을 나누고 피드백을 받을 수 있다.

라. 이해관계자와의 파트너십 구축

이해관계자들과의 관계를 강화하기 위한 중요한 전략 중 하나는 파트너십을 구축하는 것이다. 이는 특히 지역사회나 비영리 단체와 협력하여 사회적 책임 활동을 확대하고, 긍정적인 사회적 변화를 촉진하는 데 중요한 역할을 한다.

① 지역사회와의 협력: 기업은 지역사회와의 협력을 통해, 사회적 책임 활동이 실제로 필요한 곳에 집중될 수 있도록 해야 한다. 지역사회와의 협력은 기업이 현지의 요구를 반영한 맞춤형 프로그램을 설계할 수 있도록 도와준다.

② 비영리 단체와의 파트너십: 비영리 단체와 협력하여 사회적 책임 프로그램을 실행하는 것은 기업의 활동이 보다 체계적이고 전문적으로 이루어질 수 있게 한다. 비영리 단체는 사회적 문제 해결에 대한 전문성을 가지고 있기 때문에, 그들과의 협력은 사회적 가치를 극대화하는 데 기여할 수 있다.

마. 성과 평가와 피드백 반영

이해관계자의 참여는 지속적인 성과 평가와 피드백 반영 과정을 통해 더욱 효과적으로 이루어질 수 있다. 이를 위해서는 다음과 같은 방법을 사용할 수 있다.

① 성과 평가 지표 설정: 이해관계자의 참여가 실제로 성과를 내고 있는지 평가하기 위해 구체적인 성과 지표를 설정해야 한다. 예를 들어, 이해관계자 피드백 참여율, 사회적 책임 활동에 대한 만족도 등을 평

가할 수 있다.

② 정기적 피드백 세션: 이해관계자들과의 정기적인 피드백 세션을 통해, 그들의 의견을 반영하고 프로그램을 개선할 수 있다. 이는 기업의 활동이 지속적으로 개선되고, 이해관계자들의 요구를 반영한 프로그램이 될 수 있도록 해야한다.

4 사회적 책임을 위한 ESG 실무자의 역할

사회적 책임(Social) 측면에서 ESG 실무자는 직원, 고객, 지역 사회 등 다양한 이해관계자의 요구를 반영하여 사회적 가치를 창출할 수 있는 역할을 개발해야 한다.

1) 인권 및 노동권 보호

ESG 실무자는 사회적 책임을 이행하기 위해 인권 및 노동권 보호를 위한 정책을 마련하고 준수하도록 감독한다. 주요 역할은 다음과 같다:

① 인권 정책 수립: 국제 노동기구(ILO) 등의 기준을 바탕으로 기업의 인권 정책을 설계하고 관리한다

② 공급망 관리: 글로벌 공급망에서 발생할 수 있는 인권 침해를 예방하고, 공급업체에 대한 지속적인 평가를 통해 리스크를 최소화한다.

③ 다양성 및 포용성 증진: 직원들의 성별, 인종, 연령 등의 다양성을 존중하는 문화를 장려하고, 성별, 연령, 인종, 장애 등에 따른 차별을 철저히 금지한다.

④ 협력업체의 인권 보호 평가: 협력업체와의 계약 시 인권 보호 여부를 중요한 기준으로 삼고, 정기적으로 평가를 통해 인권 침해 가능성을 최소화한다.

2) 지역사회와의 상생

기업의 사회적 가치는 지역사회와의 긴밀한 협력을 통해 강화될 수 있다. ESG 실무자는 기업의 사회적가치 창출을 위해 지역사회와의 상생관련 다양한 프로그램을 기획하고 운영하는 방안을 마련해야 한다.

① 사회 공헌 프로그램: 지역사회의 요구를 반영한 맞춤형 사회 공헌 활동을 기획하고 실행한다.

② 교육 및 훈련 지원: 지역사회와 협력하여 교육 프로그램을 운영하거나, 직업 훈련을 제공하여 지역 경제 활성화에 기여한다.

③ 지역사회 참여 프로그램 운영: 회사가 위치한 지역사회와의 관계를 강화하기 위해 자원봉사 활동, 기부 활동 등 다양한 사회 공헌 프로그램을 운영한다.

④ 지역사회와의 소통 강화: 지역 주민들과의 정기적인 소통 창구를 마련하고, 지역사회 요구에 부응하는 다양한 사회적 가치를 창출하는 노력을 한다.

제8장 지배구조(G) 강화 전략과 실행

ESG 경영에서 지배구조(Governance)는 기업이 어떻게 운영되고, 의사결정이 어떻게 이루어지는지를 평가하는 중요한 요소이다. 특히 투명성과 책임성, 윤리적 경영은 건강한 지배구조를 이루는 핵심 원칙으로, 기업의 지속 가능성, 신뢰성, 장기적인 성공에 중요한 영향을 미친다. 이러한 원칙들은 기업이 공정하고 효과적인 의사결정을 내리며, 사회적 책임을 다하고, 이해관계자들과의 신뢰를 구축하는 데 필수적이다.

1 지배구조관리의 중요성과 평가지표

1) 지배구조관리의 활동계획수립과 관리의 중요성

이사회 운영 개선과 내부 통제 및 감사 시스템 강화는 ESG 경영에서 효과적인 지배구조를 구축하는 중요한 방법이다. 이사회가 독립적이고 다양하게 운영되며, 경영진에 대한 객관적인 감독을 강화할 때, 기업의 의사결정은 더 투명하고 책임 있게 이루어질 수 있다. 또한, 내부 통제와 감사 시스템이 강화되면 재정적, 비재정적 리스크를 사전에 예방하고, 기업의 윤리적 경영을 보장할 수 있다.

이러한 개선 방법을 통해 기업은 장기적인 성공과 지속 가능한 성장을 이룰 수 있으며, 이해관계자들과의 신뢰 관계를 강화할 수 있다. ESG 경영의 지배구조를 효과적으로 구축하는 것은 기업이 환경, 사회적 책임, 지배구조의 세 가지 요소를 균형 있게 관리하고, 더 나은 사회적 가치를 창출하는 데 기여할 수 있다.

2) 지배구조 평가모형

한국 ESG기준원(KCGS)의 일반기업에 대한 지배구조(G) 평가모형은 기업의 주요 지배구조 이슈를 중심으로 평가하고 분류체계는 통계적 유의성(신뢰도 및 구조적 타당도) 분석을 거쳐 대분류 4개, 중분류 14개로 구성된다. 평가대상기업은 기업유형(일반기업, 공기업), 자산규모, 지배주주 유무, 감사위원회 유무 등에 따라 총 9개의 유형으로 나누고 해당 분류에 따라 평가지표를 적용한다. 그리고 금융사 지배구조(FG) 평가모형은 별도로 있다.

KCGS의 평가지표와 지배구조 분류체계 사례는 〈표 8-1〉과 같다.

〈표 8-1〉 KCGS의 평가지표와 지배구조 분류체계 사례

평가지표

대분류	중분류
I .이사회리더십	가. 이사회 독립성 나. 이사회 다양성 및 전문성 다. 이사회 운영 라. 이사회 내 위원회 - 보상위원회 바. 이사회 내 위원회 - 사외이사후보추천위원회 사. 이사 보수
II.주주권보호	가. 주주의 권리 나. 주주환원 다. 소유구조
II감사	가. 감사기구 구성 나. 감사기구 운영 다. 회계 투명성 라. 내부통제 및 리스크관리
IV. 이해관계자 소통	가. 정보공개

지배구조 분류체계(9개)

유형 분류	기업유형	자산규모	지배주주*	감사위원회
유형 1	일반기업	2조원 이상	유	-**
유형 2			무	
유형 3		5000억원 이상~2조원미만	유	
유형 4			무	
유형 5		5000억원 미만	유	설치
유형 6				미설치
유형 7			무	설치
유형 8				미설치
유형 9	공기업	-	무	-**

*공정거래위원회 지정 동일인 및 소유구조 관련 내부 평가 기준 적용

**5000억 이상 일반기업 및 공기업은 설치여부에 관계없이 감사위원회 운영 관련 문항 모두 적용
(자산2조원이상:상법제542조의11에따른법상의무,자산2조원미만:상법제415조의2에따라감사위원회설치권고)

3) 지배구조 책임 활동 계획 수립의 진단항목과 평가지표

지배구조 책임 활동 계획을 수립할 때는 이사회의 구성 및 운영, 윤리 및 반부패, 감사기구, 정보공시, 글로벌 이니셔티브 참여 분야를 중심으로 각 조직의 중요성과 평가기관에 따라 진단항목이 달라질 수 있다. 구체적인 지배구조 책임 활동 계획 수립의 주요 진단항목과 평가지표는 〈표 8-2〉와 같다.

〈표 8-2〉 지배구조분야 진단항목과 평가지표

G 지배구조 (범주 : 5개, 진단항목 : 17개)			평가지표 Reference	
	범주	진단 항목	범주	진단 항목
	이사회 구성 및 운영	사내이사 출석률	K-ESG	사내이사 출석률
		사외이사 비율		사외이사 비율
		사외이사 산업경력		사외이사 산업경력
		여성임원 비율		이사회 성별 다양성
		이사회 내 ESG 논의		이사회 내 ESG 안건 상정
		이사회 산하 위원회		이사회 산하 위원회
		이사회 안건 처리		이사회 안건 처리
		전체 이사 출석률		전체 이사 출석률
	윤리, 반부패	윤리경영	MSCI	뇌물/반부패 정책
		윤리규범 위반사항 공시	K-ESG	윤리규범 위반사항 공시
	감사기구	감사위원회		감사위원회
		내부감사부서 설치		내부감사부서 설치
	정보공시	ESG 핵심이슈 및 KPI		ESG 핵심이슈 및 KPI
		정보공시 검증	K-ESG	정보공시 검증
		정보공시 주기		정보공시 주기
		정보공시 형식		정보공시 형식
	글로벌 이니셔티브 참여	글로벌 이니셔티브 참여	KCGS	환경관련 국제 이니셔티브 참여

2 지배구조의 평가항목과 실현방안

1) 투명성(Transparency)

(1) 투명성의 정의와 중요성

투명성(Transparency)은 기업의 경영 활동과 의사결정 과정이 외부 이해관계자들에게 명확하게 공개되고, 정보가 정확하게 전달되는 것을 의미한다. 투명성은 기업의 운영 방식을 외부에서 평가할 수 있도록 하고, 기업이 이해관계자들과 신뢰를 구축하는 데 중요한 역할을 한다. 투명성의 중요성은 다음과 같다.

가. 신뢰 구축

투명한 경영은 고객, 투자자, 공급업체, 정부 등 다양한 이해관계자들과의 신뢰 관계를 강화하는데 있다.

나. 리스크 관리

불투명한 경영은 불필요한 의심과 분쟁을 초래할 수 있다. 기업은 투명성을 높이기 위해 잠재적인 법적, 재정적 리스크를 사전에 예방하는 것이 좋다.

다. 장기적 성공

투명한 기업은 더 나은 평판을 얻고, 이해관계자들로부터 지속적인 지지를 받을 수 있으며, 이는 기업의 장기적인 성공에 기여한다.

(2) 투명성을 강화하는 방법

가. 정확한 정보 공개

기업은 재무 정보, 경영 활동, ESG 성과 등 주요 정보를 정확하고 시의적절하게 공개해야 한다. 특히, 연례 보고서와 같은 정기적인 보고서에는 재무 정보뿐만 아니라, 기업의 ESG 활동과 성과에 대한 구체적인 내용도 포함되어야 한다. 기업은 이러한 정보를 제공함으로써 투자자들이 올바른 판단을 내릴 수 있도록 도와준다.

나. 투명한 의사결정 과정

기업의 주요 의사결정 과정은 투명하게 이루어져야 하며, 그 과정에서 이해관계자들의 의견이 반영될 수 있도록 해야 한다. 예를 들어, 이사회는 중요한 경영 결정을 내리기 전에 이사회의 논의 내용과 결정 과정에 대한 기록을 남기고, 이를 공개할 필요가 있는 것이다.

다. 이해관계자와의 소통 강화

투명성 강화를 위해서는 이해관계자들과의 소통 채널을 강화해야 한다. 기업은 고객, 투자자, 직원, 공급업체 등과 정기적으로 소통하며, 그들의 의견을 반영하는 경영 방침을 수립해야 한다. 따라서 소통은 일방적인 정보 제공이 아닌, 양방향 의사소통을 통해 이루어져야 한다.

라. 내부 감사 시스템 강화

내부 감사 시스템은 기업의 재무 및 비재무적 활동이 투명하게 이루어지고 있는지를 점검하는 중요한 기구이다. 기업은 독립적인 내부 감사

기구를 두어 경영진의 결정과 행동을 감시하고, 불투명한 경영 관행을 개선해 경영 투명성을 높이는 것이 좋다.

마. 지속적인 교육과 문화 형성

투명성은 단순한 규제 준수의 문제가 아니라, 기업 문화로 자리 잡아야 한다. 이를 위해 경영진과 직원들에게 투명성의 중요성을 교육하고, 투명한 경영을 촉진하는 문화를 형성해야 한다. 예를 들어, 경영진이 모든 결정과 의사소통을 투명하게 처리하는 모범을 보이면, 직원들도 이를 따르게 될 것이다.

(3) 투명성이 기업에 미치는 영향

가. 이해관계자 신뢰도 증대

투명한 경영은 이해관계자들에게 신뢰를 주며, 기업의 장기적인 성장을 뒷받침하는 중요한 요소이다. 고객, 투자자, 규제 기관 등 다양한 이해관계자들이 기업을 신뢰하게 되면, 이는 기업의 비즈니스 환경을 더 긍정적으로 만들 것이다.

나. 법적 리스크 감소

투명성은 기업이 규제를 준수하고, 이해관계자들에게 정확한 정보를 제공함으로써 법적 리스크를 줄이는 데 도움이 된다. 특히 재무 정보의 투명성은 투자자 보호와 직결되며, 불투명한 경영으로 인해 발생할 수 있는 소송이나 규제 위반을 예방할 수 있다.

다. 평판 및 브랜드 이미지 향상

투명한 경영은 기업의 평판을 높이고, 긍정적인 브랜드 이미지를 형성하는 데 기여한다. 특히, ESG 경영을 실천하는 기업이 투명성을 유지할 때, 소비자와 투자자들에게 더 큰 신뢰를 받을 수 있다.

2) 책임성(Accountability)

(1) 책임성의 정의와 중요성

책임성(Accountability)은 기업이 자신의 경영 활동과 의사결정에 대해 책임을 지고, 그 결과를 이해관계자들에게 보고하는 것을 의미한다. 책임성은 경영진이 의사결정에 대한 책임을 지는 것뿐만 아니라, 직원들 역시 자신의 업무에 대해 책임을 질 수 있는 구조를 갖추는 것을 포함한다. 책임성의 중요성은 다음과 같다.

가. 기업 경영의 투명성 보완

투명성만으로는 충분하지 않으며, 기업이 내린 결정과 행동에 대해 책임을 지는 것이 필수적이다.

나. 위기 관리 및 예방

책임성은 기업이 문제를 미리 인식하고, 위기가 발생했을 때 신속하게 대응할 수 있도록 돕는다.

다. 이해관계자 보호

책임성은 기업의 행동이 이해관계자에게 미칠 영향을 고려하고, 그들의 권익을 보호하는 역할을 한다.

(2) 책임성을 강화하는 방법

가. 명확한 책임 분담

기업 내 각 부서와 직위별로 명확한 책임 분담 체계를 수립해야 한다. 모든 경영 활동과 의사결정에 대해 누구에게 책임이 있는지를 명확히 하고, 그에 대한 책임을 지는 문화를 형성하는 것이 중요하다. 이를 위해 명확한 역할과 책임을 규정하는 조직 구조와 직무 설명서를 작성하는 것도 좋은 방법이다.

나. 이사회 및 경영진의 책임 강화

이사회와 경영진은 기업의 모든 의사결정에 대해 최종 책임을 져야 한다. 이사회의 구성원은 독립적인 입장에서 경영진의 결정을 감시하고, 기업의 장기적인 이익을 고려한 의사결정을 해야 한다. 경영진 또한 잘못된 의사결정에 대한 책임을 지고, 이를 개선하기 위한 구체적인 조치를 취하는 것이 좋다.

다. 내부 통제 및 감사 강화

기업은 내부 통제 시스템을 통해 경영 활동이 올바르게 이루어지고 있는지, 법적 규제와 내부 규정을 준수하고 있는지를 지속적으로 감시해야 한다. 내부 감사 기구는 경영진의 의사결정을 독립적으로 평가하고, 잘못된 관행이 발견될 경우 즉각적인 시정을 요구할 수 있다.

라. 성과 평가와 보상 시스템 개선

책임성을 강화하기 위해서는 성과 평가와 보상 시스템도 중요한 역할을 한다. 경영진과 직원들이 책임을 다했을 때 적절한 보상을 제공하고, 그렇지 못할 경우에는 그에 따른 처벌을 명확히 하는 것이 좋다. 이때 객관적인 성과 평가 기준을 설정하고, 공정하게 이를 적용해야 한다.

마. 이해관계자에게 보고 및 설명

기업은 자신이 한 결정과 그 결과에 대해 이해관계자들에게 정기적으로 보고하고, 설명할 의무가 있다. 연례 보고서, ESG 보고서, 정기적인 이해관계자 미팅 등을 통해 투명하게 정보를 제공하고, 경영 활동에 대한 책임을 지는 모습을 보여주는 것이 좋다.

(3) 책임성이 기업에 미치는 영향

가. 위기 대응 능력 강화

책임성은 문제를 사전에 인식하고, 이를 해결하기 위한 체계를 구축하는 데 기여한다. 특히, 책임 있는 경영진은 위기가 발생했을 때 신속하게 대응하고, 문제를 해결할 수 있는 능력을 갖추는 것이 좋다.

나. 경영 효율성 향상

책임성이 강화된 조직은 의사결정의 명확성과 효율성이 높아진다. 각 부서와 직원들이 자신의 역할과 책임을 명확히 인식하고 이를 수행함으로써, 기업 전체의 운영 효율성이 향상될 수 있다.

다. 이해관계자의 신뢰 확보

기업이 책임을 다하는 모습을 보여줄 때, 고객, 투자자, 정부 등 이해관계자들은 기업을 더욱 신뢰하게 된다. 이는 기업의 장기적인 성장과 성공에 중요한 영향을 미친다.

3) 윤리적 경영(Ethical Business)

(1) 윤리적 경영의 정의와 중요성

윤리적 경영(Ethical Business)은 기업이 법적 규제를 준수하는 것뿐만 아니라, 더 나아가 도덕적이고 윤리적인 기준을 준수하면서 경영 활동을 수행하는 것을 의미한다. 이는 부패 방지, 공정 경쟁, 사회적 책임을 다하는 경영 등을 포함한다.

윤리적 경영의 중요성은 다음과 같다.

가. 법적 리스크 감소

윤리적 경영은 법적 규제를 넘어 도덕적 기준을 지키는 것으로, 기업이 법적 리스크를 최소화하는 데 기여한다.

나. 브랜드 이미지 강화

윤리적 경영을 실천하는 기업은 소비자와 투자자들로부터 높은 신뢰를 얻으며, 이는 기업의 장기적인 성공에 기여한다.

다. 사회적 책임 실현

윤리적 경영은 기업이 단순히 이익을 추구하는 것을 넘어서, 사회적 책임을 다하고, 긍정적인 사회적 영향을 미치도록 하는 데 중요한 역할을 한다.

(2) 윤리적 경영을 강화하는 방법

가. 윤리 강령 수립 및 실행

기업은 윤리적 경영을 실천하기 위한 윤리 강령(Code of Ethics)을 수립하고, 이를 모든 직원에게 교육하고 실행해야 한다. 윤리 강령은 부패 방지, 공정 경쟁, 이해 충돌 방지, 인권 존중 등의 내용을 포함해야 하며, 이를 실천하는 실행시스템을 구축하는 것이 좋은 방법이다.

나. 부패 방지 프로그램 도입

부패는 기업의 신뢰성과 법적 안정성을 위협한다. 따라서 기업은 부패 방지 프로그램을 도입하여, 모든 경영 활동에서 부패를 예방하고, 부패 행위가 발생할 경우 이를 즉시 시정할 수 있는 내부 신고 제도와 익명 제보 시스템을 운영할 수 있는 시스템 마련이 좋다.

다. 공정 거래 및 경쟁 준수

윤리적 경영의 중요한 요소 중 하나는 공정한 거래와 경쟁을 준수하는 것이다. 기업은 시장에서의 불공정한 관행(예: 담합, 가격 조작 등)을 방지하고, 경쟁사와의 공정한 경쟁을 추구해야 한다. 이를 위해 공정 거래와 관련된 규제를 준수하고, 내부적으로 교육 프로그램을 운영해야 한다.

라. 지속 가능한 경영

윤리적 경영은 환경적, 사회적 책임을 다하는 지속 가능한 경영을 의미하기도 한다. 기업은 자원 낭비를 줄이고, 환경을 보호하며, 지역사회에 기여하는 활동을 통해 윤리적 경영을 실천할 수 있다.

마. 윤리적 경영 감시 기구 운영

기업 내 윤리적 경영 실천 여부를 감시할 수 있는 독립적인 기구를 운영해야 한다. 이 기구는 경영진과 직원들의 행동을 감시하고, 윤리적 경영이 제대로 실천되고 있는지를 지속적으로 평가하는 것이 좋다.

(3) 윤리적 경영이 기업에 미치는 영향

가. 브랜드 평판 향상

윤리적 경영은 기업의 브랜드 가치를 높이고, 평판을 강화하는 데 중요한 역할을 한다. 윤리적 경영을 실천하는 기업은 소비자와 투자자들로부터 더 큰 신뢰를 얻으며, 이는 기업의 장기적인 성장과 성공에 기여한다.

나. 법적 리스크 감소

윤리적 경영은 기업이 법적 규제를 철저히 준수하고, 불법적이거나 비윤리적인 행위를 방지함으로써 법적 리스크를 줄이는 데 기여한다. 이는 기업이 소송이나 규제 위반으로 인한 재정적 손실을 예방할 수 있도록 도와준다.

다. 사회적 책임 실현

윤리적 경영을 통해 기업은 단순한 이익 추구를 넘어서, 사회적 책임을 다하는 기업으로 평가받는다. 기업이 사회적 문제를 해결하고, 지역사회와 함께 성장하는 것이 중요한 역할이다.

투명성, 책임성, 윤리적 경영은 ESG 경영의 지배구조에서 핵심적인 원칙이다. 이들 원칙을 강화함으로써 기업은 신뢰를 구축하고, 법적 리스크를 줄이며, 장기적인 성공과 지속 가능성을 확보할 수 있다. 이러한 원칙을 실천하는 기업은 더 나은 경영 구조를 구축하고, 사회적 가치를 창출하며, 이해관계자들에게 긍정적인 영향을 미칠 수 있다.

3 효과적인 지배구조 구축 방법

지배구조(Governance)는 기업의 의사결정, 책임성, 윤리적 경영을 평가하는 중요한 요소로, 이는 기업의 장기적인 성공과 지속 가능성에 핵심적인 역할을 한다. 특히 이사회 운영 개선과 내부 통제 및 감사 시스템 강화는 실질적인 지배구조 개선의 중요한 축을 이룬다. 이사회는 기업의 전략적 의사결정과 감독을 책임지며, 내부 통제와 감사 시스템은 기업의 재무적, 비재무적 리스크를 관리하고 윤리적 경영을 유지하는 데 필수적이다.

1) 이사회 운영 개선

(1) 이사회의 역할과 중요성

이사회는 기업의 최고 의사결정 기구로서 경영진의 전략 수립과 운영을 감독하는 역할을 한다. 이사회의 주요 기능은 경영진의 성과 평가, 리스크 관리, 법적 규제 준수, 이해관계자의 이익 보호 등이다. 특히, ESG 경영에서는 이사회가 기업의 지속 가능성과 사회적 책임을 강화하는 데 중요한 역할을 한다.

이사회의 역할은 다음과 같다.

- 경영진 감독 및 평가: 이사회는 CEO와 경영진이 기업의 목표를 달성하고 있는지 감독하고, 그들의 성과를 평가한다.
- 전략적 의사결정: 기업의 장기적인 전략 수립과 실행을 위한 중요한 의사결정을 내린다.
- 리스크 관리: 기업이 직면한 재무적, 비재무적 리스크를 평가하고, 이를 해결하기 위한 방안을 제시한다.
- 이해관계자 보호: 주주, 직원, 고객, 지역사회 등 이해관계자들의 이익을 보호하는 역할을 한다.

(2) 이사회 운영 개선의 중요성

이사회 운영의 효율성을 개선하는 것은 기업의 지배구조를 강화하는데 매우 중요하다. 이사회가 독립적이고 투명하게 운영될 때, 경영진에 대한 적절한 감독이 이루어지고, 기업의 리스크를 사전에 관리할 수 있다. 이사회 운영 개선은 또한 투자자와 이해관계자들로부터 신뢰를 얻는 데 중요한 역할을 한다.

이사회 운영 개선의 중요성은 다음과 같다.

- 경영진에 대한 독립적 감독: 경영진의 독단적인 결정을 방지하고, 객관적인 감독을 통해 기업 운영의 투명성을 강화한다.
- 의사결정의 질 향상: 다양한 배경과 전문성을 가진 이사들이 참여함으로써 더 나은 의사결정을 내릴 수 있다.
- 이해관계자 보호: 이사회가 효과적으로 운영되면 이해관계자들의 이익을 보호하고, 기업의 사회적 책임을 다할 수 있다.

(3) 이사회 운영 개선을 위한 구체적인 방법

가. 이사회 구성의 다양성 확대

이사회의 다양성은 이사회 운영과 관련된 의사결정의 질을 높이는 중요한 요소이다. 성별, 인종, 연령, 경력 등 다양한 배경을 가진 이사들이 참여하면 다양한 관점에서 문제를 바라보고, 더 창의적이고 균형 잡힌 결정을 내릴 수 있다. 특히 ESG 경영에서는 환경, 사회, 지배구조에 대한 전문성을 가진 이사들을 포함시키는 것이 중요하다.

나. 독립적인 외부 이사 임명

경영진과의 이해관계 충돌을 방지하고, 이사회의 독립성을 강화하기 위해 독립적인 외부 이사를 임명하는 것이 좋다. 외부 이사는 경영진에 대한 객관적인 평가와 감독을 통해 이사회의 투명성을 높이는 데 기여한다. 특히, 독립적인 감사위원회에 외부 이사가 포함되면 내부 감사를 효과적으로 수행할 수 있다.

다. 정기적인 이사회 평가 도입

이사회의 성과를 주기적으로 평가하는 시스템을 도입하는 것이 좋다. 이를 통해 이사회가 얼마나 효과적으로 운영되고 있는지 평가하고, 필요한 개선 사항을 파악할 수 있다. 이사회 평가는 자체 평가와 외부 평가로 이루어질 수 있으며, 이를 통해 이사회의 운영 효율성을 높이고 경영진에 대한 적절한 감독이 이루어지도록 해야 한다.

라. 이사회 회의의 효율성 증대

이사회 회의는 중요한 의사결정이 이루어지는 자리인 만큼, 회의의 효율성을 높이는 것이 중요하다. 이를 위해 회의 주제를 명확히 설정하고, 사전에 자료를 충분히 공유하여 이사들이 충분한 정보를 바탕으로 논의할 수 있도록 해야 한다. 또한, 회의록을 투명하게 작성하고 공유하여 의사결정 과정을 기록하고, 이해관계자들에게 투명하게 공개해야 한다.

마. 이사회 의장의 역할 강화

이사회 의장은 이사회의 운영을 주도하는 역할을 한다. 의장은 이사회 회의를 주재하며, 이사들이 효과적으로 의견을 개진하고 협력할 수 있는 환경을 조성해야 한다. 또한, 의장은 경영진과 이사회 간의 원활한 소통을 촉진하고, 이사회의 독립성을 유지하는 데 중요한 역할을 한다.

바. 이해관계자와의 소통 강화

이사회는 이해관계자들과의 소통을 강화하여 그들의 요구와 기대를 반영한 의사결정을 내릴 수 있도록 해야 한다. 이를 위해 이사회는 주기적으로 이해관계자들과의 회의를 개최하고, 그들의 의견을 수렴하는 절차를 마련해야 한다. 또한, ESG 경영 성과와 관련된 정보를 투명하게 공개하여 이해관계자들의 신뢰를 얻는 것이 중요하다.

사. 지속 가능한 경영 목표 설정

이사회는 기업의 장기적인 지속 가능성을 위해 ESG 경영 목표를 설정하고, 이를 달성하기 위한 전략을 수립하는 것이 중요하다. 환경 보호, 사회적 책임, 윤리적 경영을 강화하는 목표를 설정하고, 그 성과를 주기적으로 평가해야 한다. 이를 통해 기업이 지속 가능한 성장을 이룰 수 있도록 이사회가 적극적으로 지원해야 할 것이다.

(4) 이사회 운영 개선의 효과

가. 의사결정의 질 향상

이사회 운영이 개선되면 다양한 관점을 반영한 질 높은 의사결정이 이루어지며, 나아가 기업의 경영 효율성을 높이고, 장기적인 성공에 기여한다.

나. 경영진에 대한 독립적 감독 강화

독립적인 이사와 외부 이사의 참여는 경영진에 대한 객관적인 평가와 감독을 강화하여, 기업 운영의 투명성과 책임성을 높인다.

다. 이해관계자와의 신뢰 관계 강화

이사회가 이해관계자들의 요구를 반영한 의사결정을 내리면, 이해관계자들과의 신뢰 관계를 강화하고, 기업의 사회적 책임을 다하는 데 중요한 역할을 한다

2) 내부 통제 및 감사시스템 강화

(1) 내부 통제 시스템의 정의와 중요성

내부 통제 시스템은 기업이 재무적, 비재무적 리스크를 관리하고, 법적

규제를 준수하며, 경영 활동이 윤리적으로 이루어지도록 보장하는 체계이다. 내부 통제는 경영진과 직원들의 부정 행위를 예방하고, 기업의 재정적 무결성을 유지하는 데 필수적인 요소이다. 특히 ESG 경영에서는 환경적, 사회적 리스크를 관리하는 내부 통제 시스템이 중요하게 작용한다.

내부 통제 시스템의 중요성은 다음과 같다.

- 리스크 관리: 내부 통제는 기업이 직면한 재무적, 비재무적 리스크를 사전에 식별하고, 이를 효과적으로 관리하는 데 중요한 역할을 한다.
- 법적 규제 준수: 내부 통제 시스템은 기업이 법적 규제를 준수하고, 법적 리스크를 줄이는 데 기여한다.
- 윤리적 경영 보장: 내부 통제는 경영진과 직원들이 윤리적 기준을 준수하도록 하여, 기업의 투명성과 책임성을 강화한다.

(2) 내부 통제 시스템 강화 방법

가. 리스크 식별 및 평가 체계 구축

기업은 내부 통제 시스템을 강화하기 위해 먼저 재무적, 운영적, 법적 리스크를 식별하고 평가하는 체계를 구축해야 한다. 이를 위해 리스크 관리 위원회를 설립하고, 각 부서와 협력하여 잠재적인 리스크를 파악하고, 그 심각도에 따라 우선순위를 설정하는 것이 좋은 방법이다.

나. 재무 통제 강화

재무적 리스크를 관리하기 위해 재무 통제 시스템을 강화해야 한다. 이는 자금의 흐름을 투명하게 기록하고, 자산을 보호하며, 부정 행위를 방지하는 데 도움이 된다. 예를 들어, 모든 재무 거래에 대해 승인 절차를 마련하고, 이중 서명 제도를 도입하여 회계 부정이 발생하지 않도록 해야 한다.

다. 내부 감사 시스템 강화

내부 감사는 내부 통제 시스템의 효과성을 평가하고, 개선이 필요한 부분을 식별하는 중요한 절차이다. 기업은 내부 감사를 정기적으로 수행하여 재무적, 비재무적 통제 시스템을 평가하고, 이를 개선하기 위한 권고 사항을 제시해야 한다. 또한, 내부 감사 결과는 이사회에 보고되어야 하며, 필요한 경우 외부 감사와 협력하여 독립적인 평가를 받을 수 있는 것이 좋다.

라. 윤리적 기준 준수 시스템 구축

윤리적 기준을 강화하기 위해 내부 고발 시스템, 부패 방지 교육 프로그램, 윤리적 의사결정 절차 등 내부적으로 윤리 강령을 수립하고, 이를 실천할 수 있는 시스템을 마련하는 것이 좋다. 특히 내부 고발 시스템은 직원들이 비윤리적 행동을 발견했을 때 이를 안전하게 신고할 수 있도록 해야 하며, 내부 고발자를 보호하는 조치를 마련해야 한다.

마. 내부 통제 교육 프로그램 운영

내부 통제 시스템의 효과적인 운영을 위해 전직원들이 내부 통제의 중요성을 이해하고, 이를 실천할 수 있도록 내부 통제와 관련된 교육 프로그램을 제공하는 것이 좋다. 특히, 회계 부서, 감사 부서 등 관련 부서의 직원들에게는 보다 심도 있는 교육을 제공하여 내부 통제 시스템의 효과성을 높일 수 있다.

바. 외부 감사 시스템 도입

내부 통제 시스템을 객관적으로 평가하기 위해 외부 감사 시스템을 도입하는 것이 중요하다. 외부 감사는 기업의 재무 보고서와 내부 통제 시스템을 독립적으로 검토하여, 이를 개선하기 위한 권고 사항을 제시할 수 있다. 또한, 외부 감사는 투자자와 이해관계자들에게 기업의 재정 상태와 통제 시스템이 신뢰할 수 있음을 보장하는 중요한 역할을 한다.

(3) 감사 시스템 강화 방법

가. 감사위원회 역할 강화

감사위원회는 기업의 내부 통제와 감사를 감독하는 중요한 기구로, 이사회의 독립적인 외부 이사가 참여하는 것이 필수적이다. 감사위원회는 내부 감사의 결과를 검토하고, 외부 감사와 협력하여 기업의 재정적 투명성을 유지하는 데 중요한 역할을 한다. 감사위원회는 또한 경영진과 이사회 간의 의사소통을 주도하며, 내부 통제 시스템의 개선을 촉진할 수 있다.

나. 내부 감사팀의 독립성 보장

내부 감사팀은 경영진의 영향에서 독립적이어야 하며, 이사회에 직접 보고하는 체계를 갖추는 것이 좋다. 이를 통해 내부 감사팀이 경영진의 부정 행위나 비윤리적 행동을 발견했을 때, 이를 신속하게 보고하고 대응할 수 있다. 내부 감사팀의 독립성을 보장하기 위해 외부 이사와의 협력을 강화하고, 이사회의 지원을 받을 수 있도록 하는 것이 좋은 방안이다.

다. 내부 감사의 정기적 수행

내부 감사는 주기적으로 수행되어야 하며, 기업의 재무 상태와 운영 절차를 평가하는 데 중요한 역할을 한다. 이를 위해 매년 내부 감사 계획을 수립하고, 각 부서의 리스크를 평가하여 필요한 개선 사항을 제시할 수 있다. 내부 감사 결과는 경영진과 이사회에 보고되어야 하며, 이를 통해 개선 조치가 신속하게 이루어지도록 하는 것이 좋다.

라. 외부 감사의 투명성 보장

외부 감사는 기업의 재무 보고서와 내부 통제 시스템을 독립적으로 평가하는 중요한 역할을 한다. 외부 감사 결과는 이해관계자들에게 투명하게 공개되어야 하며, 이를 통해 기업의 재정 상태와 운영이 신뢰할 수 있음을 보장할 수 있을 것이다. 외부 감사 결과에 따라 필요한 경우 내부 통제 시스템을 개선하고, 경영진의 리스크 관리 능력을 강화할 수 있을 것이다.

마. 감사 결과의 피드백 시스템 구축

내부 및 외부 감사 결과를 기반으로 이사회는 감사 결과를 검토하고, 필요한 조치를 취하는 절차를 마련하는 피드백 시스템을 구축하여, 감사에서 발견된 문제점과 개선 사항을 신속하게 해결할 수 있도록 해야 한다. 또한, 감사 결과는 전사적으로 공유되어 모든 부서가 이를 바탕으로 스스로 개선할 수 있도록 하는 것이 좋다.

(4) 내부 통제 및 감사 시스템 강화의 효과

가. 리스크 관리 효율성 증대

내부 통제 시스템이 강화되면 기업의 재무적, 비재무적 리스크를 사전에 식별하고 관리하는 능력이 향상될 수 있다. 이는 기업이 스스로 불필요한 손실을 예방하고, 법적 규제를 준수하는 데 기여한다.

나. 재정적 무결성 확보

내부 감사와 외부 감사의 강화는 기업의 재정 상태와 보고서의 무결성을 보장하여, 투자자들과 이해관계자들에게 신뢰를 줄 수 있다. 이를 통해 기업은 더 많은 자본을 유치하고, 지속 가능한 성장을 이룰 수 있다.

다. 윤리적 경영 강화

내부 통제와 감사 시스템이 강화되면 기업 내 부정 행위나 비윤리적 행동을 예방하고, 윤리적 경영을 유지하는 데 중요한 역할을 한다. 이는 기업의 평판을 보호하고, 이해관계자들의 신뢰를 얻는 데 기여한다.

4 거버넌스(Governance) 측면에서 ESG 실무자의 역할

지배구조는 기업의 경영 투명성, 이사회 구성, 윤리적 경영 등과 직결된 문제이다. ESG 실무자는 기업이 이러한 부분에서 책임 있는 경영을 수행할 수 있도록 중요한 역할을 해야 한다.

1) 경영 투명성 강화

ESG 실무자는 기업 경영의 투명성을 높이고, 이해관계자들에게 신뢰받을 수 있는 시스템을 구축하기 위해 다음과 같은 역할을 수행하는 것이 좋다.

- 정보 공개: 기업의 재무 성과와 비재무 성과를 투명하게 공개하고, 정확한 정보를 바탕으로 신뢰성 있는 ESG 보고서를 작성한다.
- 감사 제도 관리: 내부 감사 제도를 강화하고, 외부 감사와의 협력을 통해 부정행위를 예방한다.
- 정기적 ESG 보고서 발행: 회사의 ESG 활동 및 성과를 투명하게 공개하고, 이해관계자들과 소통하기 위한 ESG 보고서를 연간 또는 반기별로 발행한다.
- 이해관계자 의견 수렴 시스템: 이해관계자들이 회사의 ESG 활동에 대한 피드백을 제공할 수 있는 채널을 마련하고, 수렴된 의견을 경영에 반영한다.

2) 윤리적 경영과 법적 준수

ESG 실무자는 기업이 윤리적 경영을 실천하고, 국내·외 법적 요구 사항을 준수할 수 있도록 체계를 마련한다.

- 윤리 강령 도입 및 강화: 임직원 모두가 준수해야 할 윤리 강령을 재정비하고, 이를 실천할 수 있도록 직원 교육 및 인식 개선 활동을 전개한다.
- 법적 리스크 관리: 국제적 ESG 규범과 국내 규제의 변화에 신속하게 대응할 수 있도록 각종 경영 리스크를 체계적으로 분석하고, 리스크를 관리한다.
- 내부 고발 제도 운영: 내부 고발 시스템을 통해 부정행위나 비윤리적 행동을 신속하게 보고하고 해결할 수 있도록 절차를 마련한다.

3) ESG 리포팅과 이해관계자 소통 강화

ESG 리포팅은 실무자의 주요 책임 중 하나로, 이를 통해 기업의 지속 가능 경영 성과를 투명하게 전달하고, 이해관계자와의 소통을 원활히 한다.

(1) ESG 성과 지표 개발

ESG 실무자는 기업의 ESG 성과를 평가할 수 있는 지표를 개발하고, 이를 토대로 체계적인 성과 관리를 수행해야 한다. 주요 지표는 다음과 같다.

- 환경 성과 지표: 탄소 배출량, 에너지 사용량, 폐기물 처리율 등 환경적

성과를 수치화하여 평가한다.

- 사회 성과 지표: 노동 환경, 인권 보호, 지역사회 공헌 등의 사회적 성과를 정량적으로 측정한다.
- 지배구조 성과 지표: 이사회 구성, 투명성, 윤리적 경영 실천 등을 평가하는 지표를 마련한다.

(2) 이해관계자와의 소통 강화

ESG 실무자는 투자자, 고객, 지역사회 등 다양한 이해관계자들과의 소통을 통해 기업의 ESG 전략에 대한 신뢰를 구축한다.

- 정기 보고서 발행: ESG 성과와 전략을 투명하게 공유하기 위한 정기적인 보고서를 발행한다.
- 이해관계자 참여 프로그램 운영: 다양한 이해관계자의 의견을 수렴하고 이를 ESG 전략에 반영할 수 있는 프로그램을 운영한다.
- ESG 전담 조직 구성: ESG 관련 전략 수립 및 이행을 전담하는 조직을 구성하고, 이 조직이 직접 이사회에 보고할 수 있는 체계를 구축해 운영한다.

4) ESG 기준에 따른 경영 의사결정

- 투자 의사결정 시 ESG 기준 반영: 투자 의사결정 과정에서 ESG 기준을 고려하여 장기적인 재무적 리스크를 최소화하고, 기업의 지속 가능한 성장에 기여하도록 한다.
- ESG 성과에 따른 보상 체계 도입: 경영진과 임직원의 성과 평가 및 보상 체계에 ESG 성과를 반영하여 ESG 목표 달성에 대한 책임감을 높인다.

제 III 부

ESG 성과평가와 ESG 보고서 작성

제9장 ESG 성과평가와 공시

ESG 성과평가는 기업이 지속 가능한 성장을 실현하고, 이해관계자들과의 신뢰를 강화하는 중요한 도구이다. 이를 통해 기업은 환경, 사회, 지배구조 측면에서의 리스크를 파악하고, 지속 가능한 경영 전략을 수립할 수 있다. 성과평가 결과를 바탕으로 전략을 지속적으로 개선하며, 기술을 활용한 성과 측정의 정확성을 높이는 것이 중요하다. 이러한 과정을 통해 ESG성과를 지속적으로 개선하고, 장기적인 기업 가치를 창출할 수 있다. ESG 성과 측정은 기업이 환경(E), 사회(S), 지배구조(G)측면에서 얼마나 긍정적인 영향을 미치는지에 대한 객관적인 데이터를 수집하고 분석하는 과정이다. ESG 평가의 핵심지표는 GRI, TCFD, CDP, CDSB, IIRC, UN SDGs, OECD 지배구조 가이드라인 등 글로벌 평가사의 주요 이니셔티브가 준용된다. 국외 ESG 평가기관에는 S&P에서 만든 다우존스지속가능경영지수(DJSI), MSCI ESG Ratings, CDP scores, 공급업체의 CSR을 평가하는 EcoVadis, 영국의 Sustainalytics 등이 있다. 이들 평가는 주로 플랫폼 기반으로 질문지에 답을 하거나 공개된 정보를 기반으로 평가하고 국내 ESG평가에는 한국ESG기준원(KCGS)의 ESG 모범규준, SUSTINVEST의 ESG평가, 기관과 평가지표, 산업통상자원부의 K-ESG 지표 등이 있다.

1 ESG 성과평가의 개념과 목적

1) ESG 성과 평가란 무엇인가?

ESG 성과 평가는 기업이 환경, 사회, 지배구조 측면에서 얼마나 책임감 있게 행동하는지를 평가한다. 이 평가는 주로 각종 데이터와 지표에 기반해 수행된다.

주요 ESG 성과 평가 영역은 환경적 성과(탄소 배출, 자원 사용 등), 사회적 성과(노동권, 인권, 지역사회 기여 등), 지배구조적 성과(투명성, 이사회의 다양성 등) 등이다.

ESG 성과를 평가할 때 사용되는 대표적인 지표로는 GRI(국제 지속 가능성 보고 기준), SASB(지속 가능성 회계 기준 위원회) 등이 있다.

2) ESG 성과 평가의 목적과 중요성

(1) ESG 성과 평가의 목적

ESG 성과 측정의 목적은 기업의 지속 가능성을 객관적으로 측정하기 위한 기준 마련에 있다. ESG 성과 측정 지표에는 환경, 사회, 지배구조 측면에서 기업이 달성한 성과를 측정할 수 있는 수치적 및 비수치적 기준이 있다. ESG 성과 측정은 투자자, 소비자, 규제 기관 등 다양한 이해관계자들에게 기업의 비재무적 성과를 보여주기 위해 사용된다.

(2) ESG 성과 평가의 중요성

ESG 성과측정의 중요성은 다음과 같다.

① 기업 신뢰성 향상: ESG 성과 평가를 통해 기업은 투명성과 신뢰성을 높일 수 있다. 이해관계자들은 기업이 책임감 있게 경영하고 있다는 사실을 ESG 평가 결과를 통해 확인할 수 있다.

② 투자자 및 소비자의 요구 대응: ESG는 투자자의 중요한 투자 기준으로 작용하며, 소비자들 역시 기업의 ESG 성과를 고려하여 제품과 서비스를 선택한다. 이에 따라 기업은 ESG 성과를 지속적으로 관리할 필요가 있다.

③ 법적 규제 및 정책 대응: 여러 국가 및 지역에서 ESG 관련 법적 규제와 정책이 강화되고 있다. 성과 평가를 통해 기업은 이러한 법적 요구를 충족시키고 더 나은 경영 체계를 구축할 수 있다.

2 ESG 평가의 보고동향

1) 글로벌 동향

해외에서는 2006년 UN의 PRI발표 이후 ESG 측정을 위한 지표가 꾸준히 개발되고 있다. 현재 사용되고 있는 ESG 주요지표는 4,500개 이상이며, 이를 기반으로 만들어진 ESG 평가와 순위체계는 약 400여개 이상이다. ESG

생태계의 구성요소에서 보면, ESG 관련 데이터를 제공하는 기관과 정보보고 기준을 제공하는 기관들이 주로 ESG 평가업무를 함께 수행하고 있다.

국외 ESG 평가에는 S&P에서 만든 다우존스지속가능경영지수(DJSI), MSCI ESG Ratings, CDP scores, 공급업체의 CSR을 평가하는 EcoVadis, 영국의 Sustainalytics 등이 있다. 이들 평가는 주로 플랫폼 기반으로 질문지에 답을 하거나 공개된 정보를 기반으로 평가되며, 평가척도는 100점 만점, 등급화(A~D, AAA~CCC)로 측정된다. ESG 평가는 투자자 및 기업들에게 기존의 공개된 자료 및 설문조사를 통해 해당기업의 ESG 수준과 지속가능한 경영수준을 제시하고 있다.

2) 국내 동향

국내 ESG평가에는 한국ESG기준원(KCGS)의 ESG 모범규준, SUSTINVEST의 ESG평가, 지속가능발전소의 ESG평가, 산업통상자원부의 K-ESG 지표 등이 있다. 이들 역시 글로벌과 유사하게 자본시장, 즉 상장회사의 공개정보를 기반으로 하거나 평가의견 등을 수렴하여 점수화(100점 만점), 척도화(AA~E, S, A~D)하고 있다. 정부차원의 가이드라인인 산업통상자원부의 K-ESG는 지표와 함께 점수화할 수 있어 기업들이 스스로 점검할 수 있도록 하였다.

3 ESG 성과 측정을 위한 주요 지표(KPI) 지표설정 방법

ESG 평가의 핵심지표는 GRI, TCFD, CDP, CDSB, IIRC, UN SDGs, OECD 지배구조 가이드라인 등 글로벌 평가사의 주요 이니셔티브가 준용된다.

ESG성과평가를 위한 주요 지표설정방법은 [그림 9-1]과 같다. 선정된 매트릭스 가운데에서 국내 법제도, 산업·기업규모별 특성을 반영하여 ESG 평가지표와 지표별 가중치를 결정하고 이를 합산해 점수를 산정한다. 이 때 부정적 이슈가 발생할 경우, 점수에게 차감되는 방식으로 평가되는 것이 일반적이다.

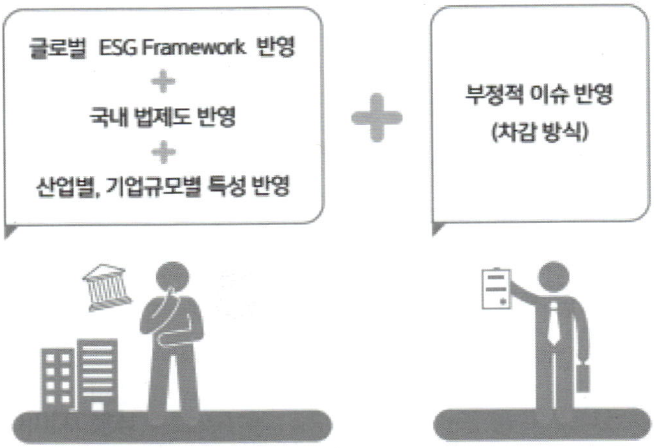

[그림 9-1] 주요 ESG 지표설정 방법

보다 정확하고 객관적인 ESG 성과 측정과 평가를 위해서는 산업별, 기업규모별 지속 가능성과 책임 경영을 실현하기 위한 각 요소에 맞는 지표를 설정하는 것이 매우 중요하다. 이는 ESG의 각 축인 환경(E), 사회(S), 지배구조(G)에 대해 구체적이고 명확한 지표를 수립하여 성과를 체계적으로 평가하고, 이를 기반으로 지속적인 개선 방안을 찾아야 한다.

ESG 지표 설정을 통해 기업이 지속 가능한 성장과 사회적 책임을 실현하는 방법 및 ESG 성과 측정을 통한 장기적인 비즈니스 가치 창출 방안을 도출하는 것이 중요하다.

1) 환경(E) 성과 지표 설정 방법

환경 성과는 지표 설정을 통해 기업의 사업 활동이 환경에 미치는 영향을 평가하는 것이다. 환경성과 평가에는 탄소 배출, 자원 사용, 에너지 효율성 등의 지표를 사용한다.

(1) 탄소 배출량 측정

탄소 배출량 측정에는기업이 배출하는 이산화탄소(CO_2)와 같은 온실가스의 총량을 측정한다.

- 목표: 기업의 온실가스 배출을 감소시키기 위한 지표 설정
- 지표: Scope 1, 2, 3 탄소 배출량(직접 및 간접 배출 포함)
- 데이터 수집 방법: 연료 소비, 전력 사용량 등을 기반으로 배출 계수 적용
- 성과 평가 방법: 배출량 절감 목표 대비 성과 분석, 과거 수치와의 비교

(2) 에너지 효율성

기업이 사용하는 에너지의 총량과 그 효율성을 측정한다.

- 목표: 에너지 사용을 최소화하고, 재생 가능 에너지의 비중을 늘리기 위한 지표 설정
- 지표: 총 에너지 사용량, 재생 에너지 비율, 에너지 효율성(제품 생산당 에너지 소비량)
- 데이터 수집 방법: 에너지 소비 기록 및 계측 시스템
- 성과 평가 방법: 재생 에너지 전환률, 에너지 절감 목표 달성 여부 분석

(3) 자원 사용량과 재활용률

기업이 사용하는 자원(물, 원자재 등)의 양과 재활용 비율 등을 측정한다.

- 목표: 자원의 효율적 사용과 폐기물 발생 최소화
- 지표: 총 자원 사용량, 재활용률, 폐기물 발생량, 물 사용량
- 데이터 수집 방법: 자원 투입 기록, 폐기물 처리 데이터 분석
- 성과 평가 방법: 자원 사용 감소 및 재활용 비율 증가 추세 분석

(4) 폐기물 관리

폐기물 발생량, 폐기물 재활용률 및 처리 방법 등을 평가하고 측정한다.

- 목표: 폐기물 발생을 줄이고 처리의 효율성을 높이기 위한 지표 설정
- 지표: 폐기물 발생량, 재활용된 폐기물 비율, 유해 폐기물 발생량
- 데이터 수집 방법: 폐기물 배출 및 처리 기록

- 성과 평가 방법: 폐기물 감소 목표 달성 여부, 재활용 비율 증가 평가

(5) 환경 리스크 관리

환경 관련 사고 발생률 및 대응 전략을 평가한다.

- 목표: 환경 관련 사고 및 리스크를 최소화하는 지표 설정
- 지표: 환경 사고 발생 건수, 환경 리스크 대응 계획, 환경 인증 획득 여부(ISO 14001 등)
- 데이터 수집 방법: 환경 관련 사고 보고서, 리스크 평가 보고서
- 성과 평가 방법: 사고 발생 감소 추세, 리스크 관리 시스템의 효과성 분석

2) 사회(S) 성과 지표 설정 방법

사회 성과는 기업이 사회적 책임을 어떻게 실천하는지에 대한 평가이다. 이는 주로 노동 관행, 인권, 다양성, 지역사회 기여 등을 포함한다.

(1) 노동 관행 및 직원 안전

직원의 안전, 복지, 임금 수준, 근로 시간 등을 평가한다.

- 목표: 안전한 근로 환경 제공 및 직원 복지 향상을 위한 지표 설정
- 지표: 안전 사고 발생 건수, 산업 재해율, 근로자 만족도, 교육 시간
- 데이터 수집 방법: 사고 보고서, 근로자 설문 조사, 교육 기록
- 성과 평가 방법: 안전사고 발생 감소 추세, 교육 효과성 평가

(2) 다양성과 포용성

기업 내에서의 성별, 인종, 연령 등 다양한 직원의 비율 등을 평가한다.

- 목표: 성별, 인종, 연령 등의 다양성과 포용성을 확대하기 위한 지표설정
- 지표: 성별 임금 격차, 여성 관리직 비율, 소수 집단의 고용 비율
- 데이터 수집 방법: 인사 데이터베이스, 고용 보고서
- 성과 평가 방법: 성별 및 인종 다양성 확대 추세, 임금 격차 감소 평가

(3) 인권 존중

기업의 인권 보호 정책 및 실천 여부 등을 평가한다.

- 목표: 기업의 인권 보호 실천을 평가하기 위한 지표 설정
- 지표: 인권 침해 사례 수, 인권 교육 이수율, 공급망 내 인권 리스크 평가
- 데이터 수집 방법: 인권 관련 조사, 교육 이수 기록, 공급망 감사 보고서
- 성과 평가 방법: 인권 침해 사례 감소, 교육 및 감사 효과성 평가

(4) 지역사회 기여

지역사회 발전을 위한 기업의 기여 및 자선 활동 등을 평가한다.

- 목표: 지역사회 발전에 기여하는 활동을 측정하기 위한 지표 설정
- 지표: 기부금 총액, 봉사활동 시간, 지역사회 프로젝트 참여율
- 데이터 수집 방법: 기부 및 봉사활동 기록, 지역사회 협력 보고서
- 성과 평가 방법: 기여 증가 추세, 지역사회와의 협력 효과성 분석

(5) 제품 책임과 소비자 보호

제품의 안전성, 품질 관리 및 소비자 보호활동 등을 평가한다.

- 목표: 제품의 안전성과 소비자 보호 실천을 평가하기 위한 지표 설정
- 지표: 제품 리콜 건수, 소비자 불만 건수, 제품 품질 인증 획득 여부
- 데이터 수집 방법: 제품 불만 보고서, 리콜 기록, 인증 데이터
- 성과 평가 방법: 제품 안전 사고 감소, 소비자 만족도 평가

3) 지배구조(G) 성과 지표 설정 방법

지배구조 성과 평가는 기업의 경영 투명성, 이사회의 독립성 및 경영 윤리를 평가하는 지표들에 의하여 측정된다.

(1) 이사회 구조와 다양성

이사회 구성원의 다양성(성별, 인종 등) 및 독립성 등을 평가한다.

- 목표: 이사회의 다양성과 독립성을 보장하기 위한 지표 설정
- 지표: 독립 이사 비율, 여성 이사 비율, 이사회 평균 임기
- 데이터 수집 방법: 이사회 구성 보고서, 이사 선임 기록

- 성과 평가 방법: 독립성과 다양성 증가 추세 분석

(2) 경영진 보상 구조

경영진의 보상 구조가 장기적 성과와 연계되어 있는지 여부를 평가한다.

- 목표: 경영진의 보상이 장기적인 성과와 연계되었는지 평가 지표 설정
- 지표: 경영진의 성과 연계 보상 비율, 경영진 보수 대비 기업 성과
- 데이터 수집 방법: 보수 보고서, 경영 성과 분석
- 성과 평가 방법: 보상 구조와 성과의 상관 관계 평가

(3) 윤리적 경영과 규정 준수

기업이 윤리적 경영을 실천하고 있는지, 부패 및 뇌물 방지 정책이 있는지 여부 등을 평가한다.

- 목표: 윤리적 경영 실천 여부와 규정 준수을 평가하기 위한 지표 설정
- 지표: 부패 및 뇌물 수수 사례, 윤리 규정 위반 건수, 법적 소송 건수
- 데이터 수집 방법: 윤리 위반 보고서, 내부 감사 기록, 소송 기록
- 성과 평가 방법: 윤리 규정 위반 감소, 법적 리스크 관리 효과성 평가

(4) 투명성과 정보 공개

기업의 재무 정보 및 ESG 정보의 공개 수준 등을 통해 판단한다.

- 목표: 기업의 투명한 경영과 정보 공개 수준을 평가하기 위한 지표 설정
- 지표: 재무 및 ESG 정보 공개 범위, 투자자와 소통, 정보 비공개 비율
- 데이터 수집 방법: 연간 보고서, 정보 공개 기록
- 성과 평가 방법: 투명성 및 정보 공개 수준 향상 추세 분석

4 ESG 성과 측정 및 평가 방법

ESG 성과 측정과 평가 방법은 기업의 환경, 사회, 지배구조 측면에서의

성과를 체계적으로 분석하고 평가하는 과정이다. ESG는 기업의 지속 가능성을 평가하는 중요한 척도이며, 많은 이해관계자들은 ESG 성과를 통해 기업의 장기적인 리스크 관리 능력과 기회를 판단한다. ESG 성과 측정과 평가 방법을 이해하는 것은 기업이 책임 있는 경영을 하고 있는지 확인할 수 있는 중요한 수단이다. ESG 성과 평가에는 내부 평가와 외부 평가 방법이 모두 사용된다.

1) 내부 평가

기업 내부에서 ESG 성과를 측정하는 방법은 주로 비재무적 데이터를 수집하고 분석하여 ESG 지표에 맞추어 평가한다. 내부 평가를 통해 얻어진 데이터를 기반으로 목표를 설정하고 성과를 모니터링하며, 개선 전략을 수립한다. 이를 위해 전담 부서나 팀이 ESG 데이터를 관리하고 ESG 성과를 평가한다.

2) 외부 평가

대표적인 글로벌 ESG평가 기관은 미국의 모건스탠리 캐피털 인터내셔널(MSCI), 블룸버그(Bloomberg), Moody's, S&P Global, Clarity AI, 네덜란드의 서스테이널리틱스(Morningstar Sustainalytics), 프랑스의 EcoVadis 등이 있다. 외부 평가 기관은 다양한 기준에 따라 기업의 ESG 데이터를 분석하고 평가하며, 그 결과를 투자자와 소비자에게 공개한다. 대표적인 ESG 평가기관의 진단지표로는 MSCI(모건스탠리 캐피탈 인터네셔널), DJSI(다우존스 지속가능경영지수), FTSE(FT Stock Exchange), CDP(탄소정보공개 프로젝트) 등이 있다.

3) 정량적 평가 vs 정성적 평가

ESG 성과는 정량적인 데이터뿐만 아니라 정성적인 요소도 포함되어야 한다. 예를 들어, 회사의 환경 정책, 노동 환경 개선방안 등이 정성적 평가,

탄소배출량 등은 정성적 평가의 대상이 될 수 있다.

(1) 정량적 평가

정량적 평가는 탄소 배출량, 폐기물 발생량 등과 같은 명확한 수치를 기반으로 기업의 성과를 평가하는 방법이다.

(2) 정성적 평가

정성적 평가는 기업의 정책, 문화, 경영 방식과 같은 비정량적 요소를 평가하는 방법이다. 사례로 기업의 사회적 책임 이행 여부나 지배구조의 투명성 등이 이에 해당한다.

5 ESG 공시기준 초안

2024년 4월 말 국내 ESG 공시기준 초안이 발표됐다. 이는 글로벌 3대 ESG 공시기준인 국제지속가능성기준위원회(ISSB)의 '지속가능성 공시기준', EU의 '기업 지속가능성 공시기준(ESRS)', 미국 증권거래위원회(SEC)의 '기후 공시규칙'을 초안에 포함시켜 의견수렴 기간에 들어갔다.

지속가능성기준위원회(KSSB) 공시기준 공개 초안은 ISSB 기준을 기반으로 한다. EU, 미국 등 주요국의 ESG 공시기준과의 상호 운용성을 갖추고, 신뢰성 있는 정보공시가 이루어질 수 있도록 공시기준 제정에 있어 정보 유용성, 국제 정합성, 기업 수용가능성 간의 균형을 맞추었다.

KSSB는 공시기준 초안 개발에 글로벌 기준선인 ISSB 공시기준을 국내 기준제정의 시작점으로 잡았다. 이렇게 KSSB 공시기준으로 채택한 ISSB 기반의 공시정보는 주 이용자가 투자자임을 이해하고 투자자들이 원하는 정보에 초점을 둬야 하는 투자자 중심 공시의 중요성을 강조하고 있다. 이로써 기존의 GRI 중심 임팩트 관점의 공시가 ISSB와 KSSB공시기준을 통해 투자자를 위한 재무정보 중심의 공시로 바뀌고 있다.

가장 큰 특징은 지속가능성 정보공시를 기업이 일반목적 재무보고서의 일부로서 제공하도록 하는 것이다. 따라서 ISSB와 KSSB의 공시기준은 재무공시와도 연계되어 재무제표의 기준 변화에도 영향을 주고 있는 만큼, 재무적 중요성을 다룬 '단일중요성'을 채택하고 있다.

중요한 것은 ESG가 추구하는 지속가능성이 경제적 가치의 일방적 희생을 강요하지 않는다는 점이다. ESG는 장기적으로 재무적 성과로 연결되기 때문에 경쟁 논리를 따르는 기업 속성상 결코 포기할 수 없다. 물론 사회와 환경적 가치에 대한 고려가 단기적으로는 비용을 발생시키지만, '계속기업(going concern)'으로서 그 비용을 초과하는 경제적 이익을 장기적으로 창출해 낸다.

현재 논의되고 있는 밸류업 프로그램에서는 여러 재무지표 중 유독 PBR의 중요성을 강조하는데, 그럴만한 이유가 있다. PBR은 주가를 주당순자산가치(BPS : book value per share)로 나눈 비율로, 기업의 주가가 그 내재가치에 비해 얼마나 평가(고평가 PBR〉2, 저평가 PBR〈1)되는지를 나타내는 측정기준이다. 하지만 수익성 지표인 ROE, ROA, PER 등이 전체적인 기업가치를 나타나는 데는 한계가 있다. 또한 순자산과 주가와의 배율이라는 관계에서 PER*ROE=PBR 공식이 성립한다. 따라서 PBR은 ROA와 PER를 포괄적으로 담은 종합적인 지표다.

우리보다 앞서 기업가치 프로그램을 시행한 일본의 기업분석결과에 따르면 PBR 개선으로 자기자본이익률(ROE) 목표 공시, 주주환원책의 개시와 실행, 성장 전략 개시 등의 기업가치가 제고되는 지속가능발전 기반을 마련했다고 한다. 일찍이 일본은 PBR이 재무제표에 나타나지 않는 지속가능성 가치에 대해 주목했던 것이다. 우리 증시가 이를 롤모델로 삼는 배경이다.

이제 기업은 환경과 사회적 이슈를 잘 관리해 위험을 최소화할 뿐 아니라 경영전략에 활용해 기업 밸류업을 위한 비즈니스 모델개발의 기회로 삼아야 한다. 이와 함께 경제적 성과는 물론이고 사회 및 환경적 성과를 잘 관리하기 위한 투명한 거버넌스가 필수적이다.

ESG 없는 기업가치는 공허하고, 기업가치 없는 ESG는 맹목적이다. ESG 출발은 기업의 기존 재무성과에 더해 지속가능성 재무성과를 투자에 반영하는 데 있다. ESG 정보를 매개로 한 자본의 흐름은 더욱 거세질 것이다. 바야흐로 ESG 공시기준이 기업의 지속가능성 공시 관행을 재무 중심으로 이끌고 있다.

ISSB는 기준을 제정함에 있어 네 가지 전략적 방향을 가지고 있는데, 그 내용은 다음과 같다. 첫째 투자자 중심의 정보이고, 둘째는 환경(E) 부분 중에서 기후를 우선 제정했다. 셋째, IFRS 지속가능성공시기준을 글로벌 지속가능성 정보 공개의 기준선으로 제안했다. 넷째, 기존 이니셔티브 및 프레임워크를 적극 활용한다. IFRS S1 일반요구사항은 〈표 9-1〉과 같다.

〈표 9-1〉 IFRS S1 일반요구사항의 지속가능성기준위원회(KSSB) 공시기준

구분	주요 내용
제1호 일반사항	- 재무제표와 동일한 보고기업 대상 - 위험 및 기회가 재무상태·성과 등에 미치는 예상 영향 공시 · 기업의 기량, 역량, 자원을 고려한 정보 공시 · 측정 불확실성이 매우 높은 경우 질적 정보로 공시 가능 - 기업 전망에 영향을 미칠 것으로 합리적으로 예상할 수 있는 지속가능성 관련 위험 및 기회에 대한 중요한 정보 공시 - **기후는 의무 공시, 기후 외 다른 지속가능성 관련 사안 공시여부는 기업이 선택** - 지속가능성 관련 재무공시 발행 승인일과 승인자를 공시

2024.05.05

이 기준은 지속가능성 관련 재무정보 공시 전반에 대한 핵심 요소를 설정하여 지속가능성 관련 재무정보에 대한 포괄적인 기준선을 제시한다.

IFRS S1 일반요구사항은 지속가능성 관련 재무정보 공시에 있어서 TCFD의 네 가지 축에 기반한 접근법을 사용한다. IFRS S1 일반요구사항의 보고기업은 주 재무제표에서 선택한 보고기업과 동일하게 정의된다. IFRS S2 기후 관련공시의 주요 내용은 〈표 9-2〉와 같다.

〈표 9-2〉 IFRS S2 기후 관련공시의 지속가능성기준위원회(KSSB) 공시기준

구분	주요 내용
제2호 기후 관련 공시 사항	- 위험 및 기회가 가치사슬에 미치는 영향 공시 - 기후 회복력 평가를 위해 시나리오 분석 수행 및 공시 요구 · 범위값으로 양적정보 공시 가능 · 기업 상황을 고려한 질적 분석 가능 - 성과지표가 경영진 보상에 어떻게 포함되는지 공시 - 온실가스 배출량을 상쇄하는 탄소크레딧 정보 공시 - **Scope 3 배출량을 공시 (단, 의무화 여부 및 시기 등은 추후 결정)** - 내부탄소가격 관련 정보 중 탄소가격 적용 여부와 적용 방법에 대한 정보는 공시 (톤당 가격 공시 여부는 기업이 선택) - 단기 1년, 중기 1~5년, 장기 5년 이후로 정의

2024.05.05

※ 출처: 지속가능성기준위원회(KSSB)

KSSB는 기후 관련 내용부터 ESG 공시를 시작하기로 했다. 기후 관련 사항이 다른 ESG 항목보다 정량화가 용이하고 ISSB에서도 일반사항과 기후 관련 공시사항을 먼저 공개하도록 했기 때문이다.

기업은 기후 관련 위험과 기회가 해당 회사의 재무상태, 성과 등에 미치는 예상 영향을 공시해야 한다. 이러한 영향은 단기(1년 이하) 뿐만 아니라 중기(1년 초과~ 5년 이하), 장기(5년 초과)를 포함해야 한다. 이에 대한 대응 전략도 함께 작성해야 한다. 그리고 그 대상을 재무제표를 작성하고 있는 기업과 동일하게 보고 있기 때문에 연결재무제표를 작성하고 있는 기업이라면 ESG 공시도 연결 기준으로 작성해야 한다.

육아친화경영, 산업안전 등과 같이 정책 이슈에 대한 정보도 선택해 공시토록 했다. 저출산, 고령화 등 사회적 문제를 정부와 기업이 함께 대비할 수 있도록 한다는 것이다.

물론 기업에 굳이 추가적인 공시 부담을 지울 필요가 있냐는 말이 나올 수도 있지만 정부의 힘만으로는 사회를 변화시키는 데 한계가 있기 때문이다.

기업이 사회적으로 논의가 필요한 정보를 공시하여 사회와 함께 공유한다면 사회 전체의 지속가능성에 기여할 수 있을 것으로 기대한다. 이 부분은 향후 사회(S) 부문 공시기준 발표 시 더 구체화 되지 않을까 싶다. Scope 1(직접배출량), Scope 2(간접배출량), Scope 3(기타배출량)의 정의와 적용대상은 〈표 9-3〉과 같다.

〈표 9-3〉 Scope1(직접배출량), Scope2(간접배출량), Scope3(기타배출량)의 적용대상

구분	정의	적용 대상
Scope 1 직접 배출량	조직 경계 내에서 대기 중으로 직접 배출되는 온실가스	난방(보일러) 등의 고정연소 배출이나 업무용 차량(내연기관) 배출
Scope 2 간접 배출량	외부 전력과 열(스팀) 소비로 인해 발생하는 온실가스	사무실 전력 및 스팀 사용에 따른 배출
Scope 3 기타 배출량	**조직의 밸류체인에서 발생하는 간접적인 온실가스**	**종이, 출장, 협력업체, 판매된 제품의 사용, 투자자산 등에서 배출**

2024.05.05

KSSB의 노력에도 불구하고 여전히 공시기준에 대한 논란이 많다. 특히 밸류체인에서 발생하는 온실가스 배출량을 측정하고 공시하는 Scope 3 공시 의무화 여부 및 시행시기에 대해선 여전히 논란이다.

Scope 3는 기업의 제품 생산 과정을 비롯해 제품의 사용 및 폐기, 협력업체와 유통망 등을 기업 경영 전반에서 발생하는 온실가스 배출량을 산출하다 보니 범위가 너무 넓다. 문제는 미국 증권거래위원회(SEC)는 기후공시 최종안에 Scope 3 를 제외한데 반해 ISSB와 EU의 기업지속가능보고지침(CSRD)에는 Scope 3이 포함되어 있다는 점이다.

제10장 ESG 보고서 작성

ESG 보고서는 기업이 환경, 사회적 책임, 지배구조에 대한 성과와 목표 등 지속 가능한 경영을 실천하고 있음을 이해관계자들에게 투명하게 알리는 공식문서이다. 이를 통해 기업은 투자자, 고객, 직원, 지역사회 등 다양한 이해관계자들과의 신뢰를 강화하고, 기업의 사회적 책임을 명확히 제시할 수 있다.
ESG 성과를 투명하게 공개하고, 정확한 데이터를 제공하며, 실패를 포함한 문제점도 솔직하게 공개하는 것이 중요하다. ESG 보고서가 신뢰성을 갖출 때, 기업은 투자 유치, 브랜드 가치 증대, 이해관계자와의 신뢰 관계 강화 등 다양한 긍정적인 효과를 얻을 수 있다.

1 ESG 보고서의 정의와 역할

1) ESG 보고서의 정의

ESG 보고서는 기업이 환경, 사회적 책임, 지배구조에 대한 성과와 목표를 이해관계자들에게 알리는 공식적인 문서이다. 이 보고서는 기업이 재무적 성과 외에도 비재무적인 영역에서 얼마나 책임 있는 경영을 하고 있는지에 대한 정보를 제공한다. ESG 보고서는 투자자, 고객, 직원, 지역사회 등 다양한 이해관계자들에게 기업의 지속 가능성 전략과 성과를 명확하게 전달하는 데 중요한 역할을 한다.

보고서의 형태는 인쇄물, 홈페이지, 웹보고서 등이 있다. 회사 일반공시물(사업보고서, 회사소개서 등)과의 차이점은 다음의 4가지로 정리할 수 있다.

① GRI Standards, ISO 26000, SASB 등 글로벌 표준 기반
② 이해관계자의 참여를 통하여 조직의 핵심이슈 발굴
③ 중대성 평가를 통해 핵심이슈 우선순위 파악
④ 제3자 외부 검증을 통해 신뢰성 확보

2) ESG 보고서의 역할과 필요성

기업의 신용평가 및 등급평가에 지속가능경영 성과가 반영되고, 공시 의무화 및 규제가 강화되면서 지속가능경영보고서의 활용도가 지속적으로 높아지고 있다.

(1) 지속 가능성 성과의 보고

ESG 보고서는 기업이 달성한 지속 가능성 성과를 이해관계자들에게 보고하는 역할을 한다. 이는 환경 보호, 사회적 책임 실천, 지배구조 개선 등 기업이 실천한 다양한 활동과 그 결과를 명확히 제시한다.

(2) 이해관계자와의 소통 강화

ESG 보고서는 기업과 이해관계자 간의 소통을 강화하는 도구이다. 기업은 ESG 보고서를 통해 이해관계자들에게 투명하게 정보를 제공하고, 이해관계자들의 신뢰를 얻을 수 있다.

(3) 리스크 관리와 기회 창출

ESG 보고서는 기업이 직면한 환경적, 사회적, 지배구조적 리스크를 공개하고, 이를 관리하기 위한 전략을 설명한다. 또한, ESG를 통해 새로운 비즈니스 기회를 창출할 수 있는 방법을 제시한다.

(4) 투자 유치와 자본 조달

ESG 보고서는 지속 가능한 투자에 관심이 있는 투자자들에게 중요한 자료로 활용된다. 투자자들은 ESG 보고서를 통해 기업이 얼마나 책임 있는 경영을 하고 있는지 평가하고, 장기적인 투자 결정을 내리게 된다.

(5) 법적 규제 준수

ESG 보고서는 기업이 법적 규제와 글로벌 기준을 준수하고 있음을 입증하는 자료로 활용된다. 많은 국가에서 ESG 보고서 제출을 요구하는 법적 규제가 강화되고 있어, 이를 통해 법적 리스크를 줄일 수 있다.

3) 보고서 준비시 고려사항

보고서를 준비하고 있는 중소·중견기업들이라면 반드시 참고하고 주의해야할 3가지 사항은 다음과 같다.

① 모든 이해관계자, 중요 주제에 초점을 맞춘 경영활동 및 공시

고객, 협력사, 임직원 등 모든 이해관계자를 고려하며 우리 회사의 중요 주제에 초점을 맞춘 경영활동과 성과보고가 필요하다.

② Green Washing, ESG Washing은 **금물**

미사여구보다는 주제별 정확한 내용과 추진의지를 보여주는 보고서가 좋다. 또한 엄격한 검증을 받을 수 있는 검증기관을 선택하여 보고 품질과 신뢰성을 향상시켜야 한다.

③특정 평가기준에 집착하지 않는 보고서

특정 평가기준에 집착할 필요는 없다. 다만 GRI 10대 보고원칙, AA1000의 4대 검증원칙을 확인하고 환경·사회, 이해관계자·기업의 지속가능성에 초점을 맞추어야 한다.

2 지속가능경영 보고서 작성 방법

1) GRI 기준에 따른 보고서 작성

한국표준협회(KSA) 통계에 따르면 2022년 4월 기준, 보고서의 88%는 GRI 표준을 기반으로 하고 있다. 이와 함께 TCFD, SASB 표준의 활용도도 급증 추세이다.

가장 많이 사용되고 있는 GRI(Global Reporting Initiative) 기준에 따라 지속가능경영 보고서를 작성하는 과정은 비교적 체계적이며, 엄격한 절차를 요구한다. 아래에 GRI 기준에 따른 보고서를 다음 절차에 따라 작성하면 된다.

(1) 보고서 작성 계획 수립

먼저 지속가능경영보고서를 작성하기 위한 기본계획을 수립해야 한다. 이 단계에서는 보고서의 목적, 범위, 보고 주기, 작성할 내용의 틀을 설정한다. 보고서의 목적은 기업의 지속가능성을 이해관계자에게 효과적으로 전달하는 것이므로, 이에 맞춘 목표를 설정해야 한다.

(2) 이해관계자 파악 및 요구사항 수렴

ESG 보고서 작성을 위해서는 먼저 기업의 다양한 이해관계자를 파악하고 이들의 요구사항을 분석해야 한다. 이해관계자에는 고객, 주주, 직원, 지역사회, 정부 등이 포함된다. 다양한 이해관계자들의 의견을 수렴하여 각자의 관심사와 기대사항을 분석한 뒤, 중요성 평가를 실시해야 한다. 이해관계자와의 소통은 보고서 작성에서 매우 중요한 요소이다. 이해관계자들과의 대화를 통해 그들의 기대사항과 우려를 파악하고, 요구사항들을 보고서에 최대한 반영해야 한다.

(3) 중대성 평가 실시

중대성 평가는 기업이 직면하고 있는 주요 이슈들과 기업이해관계자들의 관심사와 기대사항을 면밀히 검토하고, 보고서에서 우선적으로 다뤄야 할 항목을 결정한다. 중대성 평가는 해당 기업에 가장 중대한 환경적, 사회적, 경제적 이슈를 식별하는 과정이다. 이를 위해 내부 팀 회의를 통해 주요 이슈를 논의하고, 광범위한 피드백 자료를 수집하여 우선순위를 결정해 최종 목록을 마련한다.

(4) 데이터 수집 및 관리

다음 단계는 필요한 데이터를 수집하고 관리하는 것이다. 이 단계에서는 정량적인 데이터는 지속가능성 성과를 입증하는 데 필수적이므로, 적절한 수집 방법과 관리 툴(Tool)을 마련하는 것이 중요하다. 이는 정량적 데이터와 정성적 데이터 모두 포함된다.

(5) 보고서 작성 범위결정과 경계설정

자료 수집 후 실제 보고서를 작성하는 단계로 넘어간다. 이때 GRI의 포맷과 요구사항을 준수해 내용이 일관되게 기재되도록 작성한다. 이때 보고의 범위와 경계를 명확히 설정해야 한다. 보고 범위에는 보고 대상이 되는 사업장이나 자회사 등이 포함된다. 경계는 물리적, 운영적, 재무적 측면에서 설정된다.

(6) 점검과 검증

작성된 ESG보고서는 반드시 점검과 검증이 필요하다. 내부 및 외부 전문가를 통해 보고서의 내용, 데이터의 정확성, GRI 기준에 대한 적합성을 검토받아야 보고서의 신뢰성과 투명성을 높일 수 있다.

(7) 소통 및 발표

보고서가 완성되거나 검증을 마친 후, 직원, 투자자, 고객 등 이해관계자와 효과적으로 소통하면서 보고서를 공개해야 한다. ESG 공시가 의무화됨에 따라 이 과정은 더욱 중요해지고 있다. 이는 기업의 투명성을 높이고 신뢰성을 강화하는 기회가 된다.

(8) 지속적 개선

최종적으로 보고서 공개 이후에는 이해관계자와의 소통을 통해 얻은 피드백을 바탕으로 지속 가능한 경영 활동을 개선해야 한다. 보고서를 통해 파악된 내부 문제나 개선 여지를 바탕으로 지속가능한 경영전략을 강화해야 한다. 또한, 기업은 매년 보고서를 발행하고, 이전 보고서의 피드백을 바탕으로 지속적으로 개선하는 노력을 기울여야 한다.

2) GRI 기준에 따른 보고서 작성 원칙

ESG 보고서 작성 시 GRI(Global Reporting Initiative) 기준을 활용하는 것이 일반적이다. GRI 기준은 국제적으로 인정받는 ESG 보고 표준으로 기업의 지속가능성 성과를 체계적으로 공개할 수 있다. GRI 기준에 따라 보고서를 작성하면 보고의 일관성과 비교 가능성을 높일 수 있다.

(1) 정확성과 일관성

ESG 보고서의 신뢰성을 확보하기 위한 기본적인 요소는 정확성이다. 보고서에 포함된 데이터와 정보는 정확하고 사실에 근거해야 하며, 이를 통해 기업의 ESG 성과가 명확하게 전달되어야 한다.

- 정확한 데이터 제공: 보고서 작성 시, 기업의 환경적, 사회적, 지배구조 성과를 입증할 수 있는 신뢰할 만한 데이터에 근거해야 한다. ESG 성과 측정에 필요한 데이터를 수집하고, 이를 검증하여 정확한 정보만을 보고서에 반영하는 것이 중요하다.
- 일관성 유지: ESG 보고서는 지속적인 성과 추적을 가능하게 해야 한다. 이를 위해 매년 같은 기준과 지표를 사용하여 보고서를 작성하는 것이 중요하다. 일관된 지표와 기준을 사용하면 이해관계자들이 기업의 성과 변화를 쉽게 비교하고 평가할 수 있다.

(2) 객관성

객관성은 ESG 보고서의 신뢰도를 높이는 중요한 원칙이다. 보고서에 포함된 내용은 기업 내부에서만 평가된 것이 아니라, 제3자의 독립적인 검증을 받은 정보여야 한다. 외부 감사 및 평가를 통해 객관성을 확보할 수 있다.

- 외부 검증 도입: 기업은 ESG 성과를 독립적인 제3자 기관에 의해 검증받아야 한다. 이는 보고서에 포함된 정보가 객관적이고 신뢰여부를 확인하는 과정이다.
- 자체 평가와 개선: 보고서 작성 과정에서 내부적으로 성과를 평가하고 개선하는 자체 평가시스템을 구축한다. 기업 ESG 성과를 객관적으로 측정하고, 전체적으로 개선하는 방안을 제시하는 것이 좋다.

(3) 투명성

투명성은 ESG 보고서의 기본 원칙 중 하나로, 기업이 모든 경영 활동을 이해관계자들에게 명확하게 전달하는 것이다. 보고서에 포함된 정보는 이해관계자들이 쉽게 접근할 수 있어야 한다. 이와 함께 중요한 데이터와 성과가 숨겨지지 않고 명확하게 공개되어야 한다.

- 중요 정보 공개: 기업이 직면한 주요 ESG 리스크와 성과, 개선 필요 사항 등을 보고서에서 솔직하게 공개해야 한다.
- 명확한 보고 구조: 보고서의 구성은 이해관계자들이 쉽게 이해할 수 있도록 명확해야 한다. 환경, 사회, 지배구조 각 부문에 대해 구체적인 성과와 활동을 체계적으로 나누어 설명하는 것이 좋다.

(4) 이해관계자 중심성

ESG 보고서는 투자자, 고객, 직원, 지역사회, 규제 당국 등 다양한 이해관계자들이 필요로 하는 정보를 충족시킬 수 있어야 한다. 이를 위해선 각 이해관계자의 요구와 기대를 반영하여 그들이 필요로 하는 정보를 명확하게 제공하는 것이 중요하다.

- 이해관계자 의견 반영: 보고서를 작성할 때, 주요 이해관계자들의 의견을 반영하고, 그들이 중요하게 여기는 ESG 요소를 강조해야 한다. 사례

로 투자자들은 재무적 성과와 연결된 ESG 성과에 관심이 많으며, 직원들은 근로 환경과 사회적 책임에 대한 정보를 필요로 할 수 있다.

- 이해관계자와의 소통 강화: ESG 보고서를 통해 기업은 이해관계자들과의 소통을 강화할 수 있다. 이를 위해 이해관계자들의 관심사와 우선순위를 파악하고, 이에 부합하는 성과와 활동을 보고서에 명확하게 반영해야 한다.
- 원칙: 조직의 이해관계자를 파악하고, 조직이 그들의 합리적인 기대와 관심사항에 대해 어떻게 대응해 왔는지 설명한다. 이해관계자들에는 조직에 투자한 사람(예를 들면, 근로자, 주주, 공급업체)뿐만 아니라, 조직과 어떤 방식으로든 관련되어 있는 사람이 포함된다. 이해관계자의 합리적인 기대와 관심사항은 보고서 작성에 관한 많은 의사결정의 주요 참고사항이 된다.

(5) 지속 가능성 강조

ESG 보고서는 단기 성과를 넘어 장기적인 지속 가능성을 강조해야 한다. 기업이 환경적, 사회적, 지배구조 측면에서 지속가능한 발전을 위해 어떤 노력을 기울이고 있는지, 향후 계획은 무엇인지를 명확하게 제시해야 한다.

- 지속 가능한 목표 설정: 기업이 추구하는 장기적인 ESG 목표를 설정하고, 그에 따른 전략을 보고서에 포함해야 한다. 예를 들어, 탄소 중립 목표, 사회적 책임 강화 전략, 윤리적 경영을 위한 지배구조 개선 계획 등을 구체적으로 제시해야 한다.
- 성과 추적과 보고: 지속가능성 목표달성을 위해 기업이 진행한 활동과 성과를 주기적으로 보고하고, 그 성과를 비교하여 향후 개선 방향을 제시하는 것이 중요하다.

3 ESG 보고서의 작성 기준

GRI에는 [그림 10-1] 과 같이 공통적으로 보고해야 할 3개의 공통표준과 선택적으로 보고할 수 있는 34개의 특정주제표준으로 구성된다.

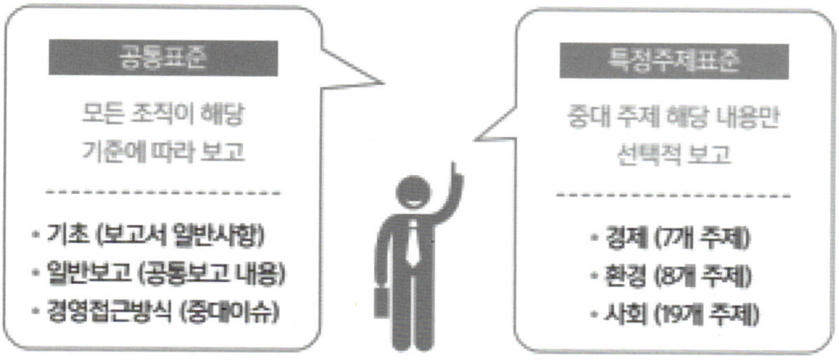

[그림 10-1] 공통표준과 특정주제표준

GRI 보고서 작성 프로세스의 주요 포인트는 [그림 10-2] 와 같이 보고서 작성계획수립과 이해관계자 참여, 중대성 평가 등 보고내용의 결정, 보고서 작성, 점검과 검증 및 공시 등이다. 보고서는 명확한 사용 목적 결정, 핵심 이해관계자 파악 및 소통방법 고려, 주요 이슈 파악 및 우선순위화, 모니터링할 내용 구축 및 시스템화, 외부검증을 통한 신뢰도 향상이 중요하다.

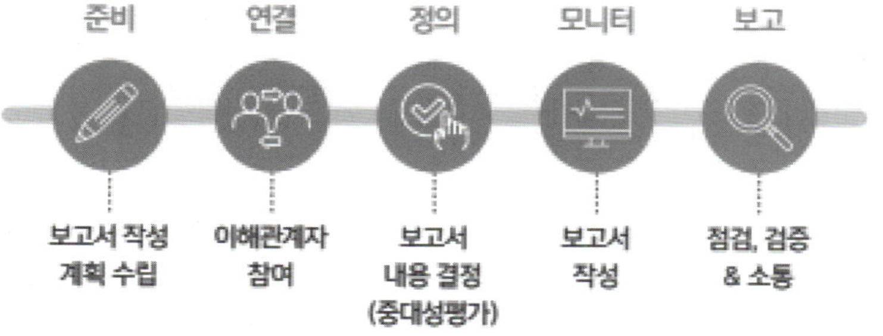

[그림 10-2] GRI보고서 작성의 프로세스

1) ESG 보고서 작성기준

GRI Standards는 글로벌 기업들이 지속 가능성을 보고하는 데 중요한 역할을 하는 국제 기준으로, 기업이 경제적, 사회적, 환경적 성과를 투명하게 보고하도록 돕는 글로벌 가이드라인을 제공한다. 1997년 미국 비정부기구 CERS와 UNFP가 공동설립된 GRI는 지속적으로 발전해왔다. 현재는 전 세계에서 가장 널리 채택되고 있는 지속가능성 보고기준으로 자리 잡고 있다.

(1) 지속가능성, ESG 정보공개방법

ESG 정보공개에는 지속가능성 보고서 작성과 홈페이지 공개, 공시, 투자사와 거래처 요구에 대응하는 방법 등이 있다.

가. 보고서 작성

보고서를 통한 ESG정보공개방법에는 연례사업보고서 통합보고와 지속가능성 단독보고서, 주제별 보고서 등이 있다.

① 연례사업보고서 통합 보고 : 회계연도애 맞춰 ESRS, IFRS, IIRC의 연례사업보고를 통합보고하도록 하고 있다. 특히 유럽에서 많이 채택하고 있다.

② 지속가능성 단독 보고서 : GRI

③ 주제별 보고서 : TCFD, CDP, UN인권보고서

나. 홈페이지/SNS

① 지속가능성, ESG 홈페이지 구성

② SNS 지속가능성, ESG 정보공개

다. 의무공시

① 상장사 의무공시 대응

② 2025년 코스닥 상장사 중 자산총액 2조 이상 기업 의무공시(2026년 이후로 연기)

③ 2030년 코스닥 모든 상장사

라. 투자사 및 거래처 요구 대응

① 투자사, 거래처 정보 요구
② 체크리스트 작성 요구
③ 계약서 ESG 증빙 요구
④ 현장 실사 요구

(2) GRI 지속가능성보고 가이드라인

GRI 지속가능성보고 가이드라인은 조직의 규모, 산업, 장소에 관계없이 조직이 지속가능성보고서를 작성하는데 참고 가능한 보고원칙, 표준공개, 그리고 이행매뉴얼을 제공한다. 또한, 가이드라인은 조직의 거버넌스에 대한 공개 및 환경적, 사회적, 경제적 성과와 영향에 대한 공개에 참고할 만한 국제 참고문헌을 제공한다. 따라서 공개를 위한 문서를 작성하는 경우, 가이드라인이 유용하게 사용될 수 있다.

GRI는 다음과 같은 기준을 포함한다. GRI 표준은 지속가능성 보고를 위한 국제표준이다. 이는 보고의 일관성, 투명성, 비교가능성을 보장한다. 섹터표준은 특정산업이나 부문에 맞춘 보고기준이다. 모듈방식은 각 조직의 필요에 맞게 GRI 기준을 유연하게 사용할 수 있도록 한다. GRI 보고서는 조직의 지속가능성전략, 목표 및 성과를 자세히 설명한다. 특히 이해관계자(투자자, 고객, 직원, 지역사회 등)와의 소통을 촉진하고 지속가능성 목표를 달성하는데 중요한 역할을 한다.

GRI 가이드라인은 기업체, 노동계, 시민단체 및 금융시장의 대표들과 다양한 분야의 감사원 및 전문가들이 참여한 국제적인 이해관계자 논의 과정 및 여러 국가의 규제기관과 정부기관과의 긴밀한 토론을 거쳐 개발되었다. GRI 가이드라인은 국제적으로 공인된 보고관련 문서와 보조를 맞추고 있다. GRI지속가능성보고 가이드라인의 범주 및 측면은 [그림 10-3] 과 같다.

범주	경제		환경	
측면 ■	• 경제성과 • 시장지위 • 간접 경제효과 • 조달 관행		• 원재료 • 에너지 • 용수 • 생물다양성 • 배출 • 폐수 및 폐기물 • 제품 및 서비스 • 컴플라이언스 • 운송 • 종합 • 공급업체 환경평가 • 환경고충처리제도	
범주	**사회**			
하위범주	**노동관행 및 양질의 일자리**	**인권**	**사회**	**제품책임**
측면 ■	• 고용 • 노사관계 • 산업안전보건 • 훈련 및 교육 • 다양성과 기회 균등 • 남녀 동등 보수 • 공급업체 노동관행 평가 • 노동관행 고충처리제도	• 투자 • 차별금지 • 결사 및 단체교섭의 자유 • 아동노동 • 강제노동 • 보안 관행 • 원주민 권리 • 평가 • 공급업체 인권 평가 • 인권 고충처리제도	• 지역사회 • 반부패 • 공공정책 • 경쟁저해행위 • 컴플라이언스 • 공급업체가 사회에 미치는 영향 평가 • 사회에 미치는 영향에 관한 고충처리제도	• 고객 안전보건 • 제품 및 서비스 라벨링 • 마케팅 커뮤니케이션 • 고객개인정보보호 • 컴플라이언스

[그림 10-3] GRI지속가능성보고 가이드라인의 범주 및 측면

(3) GRI 지속가능성보고 가이드라인의 발전과정

GRI 가이드라인에 '부합'하는 지속가능성보고서를 작성하기 위한 보고 원칙, 표준공개, 그리고 기준으로 구성되어 있다.

GRI는 2000년 G1 가이드라인을 시작으로 정보공개 지침 및 지표를 고도화해 2016년 지표를 모듈식으로 확장한 '스탠다드'를 제정했다. 지표는 각각의 번호가 부여된다. 보고서 기간에 해당하는 성과를 공시하며 GRI 지표번호를 통해 인덱스를 제시하여 공시정보의 비교가능성과 편의성을 높인다. 2024년 8월 현재 시점의 버전은 2021년 기준으로 기업들이 지속가능경영보고서를 작성하고 있다. GRI지속가능성보고 가이드라인의 발전과정은 [그림 10-4] 와 같다.

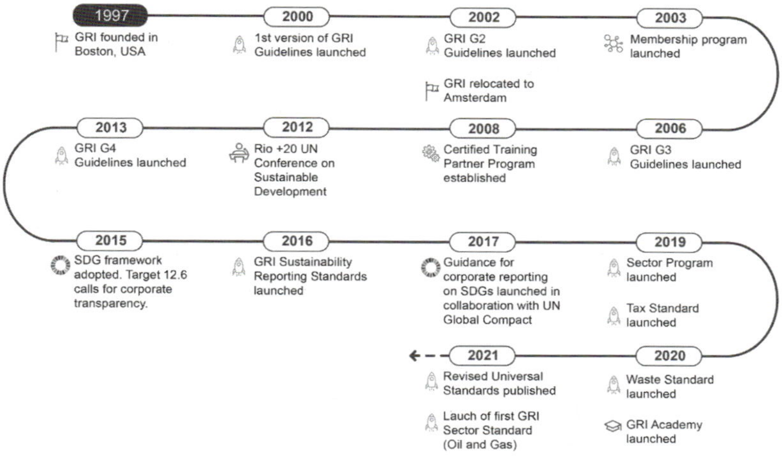

[그림 10-4] GRI지속가능성보고 가이드라인의 발전과정

(4) GRI 가이드라인의 특징

가. 기업의 지속가능성 관련 정보 공개

GRI 가이드라인은 기업의 경제, 환경, 사회적 성과를 종합적으로 공개하도록 요구한다. 재무정보 뿐만 아니라 기업의 지속가능성 관련 비재무정보도 공개하도록 하고 있다.

나. 이해관계자 참여

GRI는 기업의 이해관계자(고객, 주주 지역사회 등)의 의견을 수렴하여 보고 내용을 구성하도록 권장하고 있다. 이를 통해 기업의 지속가능성 활동이 이해관계자의 요구사항을 반영할 수 있도록 한다.

다. 보고의 원칙

GRI 가이드라인은 보고의 원칙으로 균형성 비교가능성 정확성, 적시성 신뢰성, 명확성 등을 제시하고 있다. 이를 통해 기업의 지속가능성 보고가 신뢰성 있게 이루어지도록 한다.

라. 보고 주제의 중요성 평가

GRI는 기업이 자사의 지속가능성 권한 주요 이슈를 파악하고 중요성을 평가하도록 권장하고 있다. 이를 통한 기업은 이관계자에게 가장 중요한 정보를 물어 보고할 수 있다.

(5) GRI 표준의 구성

기업의 지속가능성 공시기준으로 사용되는 GRI 표준은 일반 표준(Universal Standard), 섹터별 표준(Sector Standard), 주제별 표준(Topic Standard)으로 구성되어 있다. 일반 표준은 모든 기업에 공통적으로 적용되는 기준이며, 섹터별 표준과 주제별 표준은 산업 및 주제별로 세분화된 기준이다.

(6) 보고원칙

GRI 보고원칙은 최근 3년간의 데이터를 보고하도록 하고 있다. 그리고 공개할 수 없는 또는 누락한 공개항목을 명시하고 사유도 설명해야 한다.

(7) 중요주제(GRS 3)

중요주제 선정은 이해관계자, 전문가의 참여를 수반하여 지속가능성 보고 과정과는 독립적으로 수행된다. 중요 주제에 대해 실사를 권장하고 실사 과정과 내용 및 결과에 대한 정보를 공개해야 한다. 주요 실사 내용은 UN 기업과 인권 이행원칙, OCED 다국적기업 가이드라인, OECD 책임있는 기업행동을 위한 지침에 적용 등이다.

① 섹터별 표준 : 다양한 산업 중에서도 환경/사회적으로 악영향을 끼치는 산업들에게 제시하고 있음.(ex. 오일&가스, 석탄, 농업&양식업&어업 등)

② 주제별 표준 : 여러가지 주제들에 대해서 제시하고 있음.

- 경제분야 6개 주제의 13개 지표(GRI 200~)
- 환경분야 8개 주제의 30개 지표(GRI 300~)
- 사회분야 19개 주제의 34개 지표로 구성된다.(GRI 300~, 400~)

2) TCFD(기후변화 관련 재무정보 공개 테스크 포스)

TCFD는 2015년에 설립되었다. 2021년 G7회담에서 TCFD 권고에 따라 기후보고 의무화 합의에 동의하는 등 기후변화 관련된 공시의 표준으로 자리매김하고 있다. TCFD 권고안은 크게 [그림 10-5]와 같이 4가지로 구분된다.

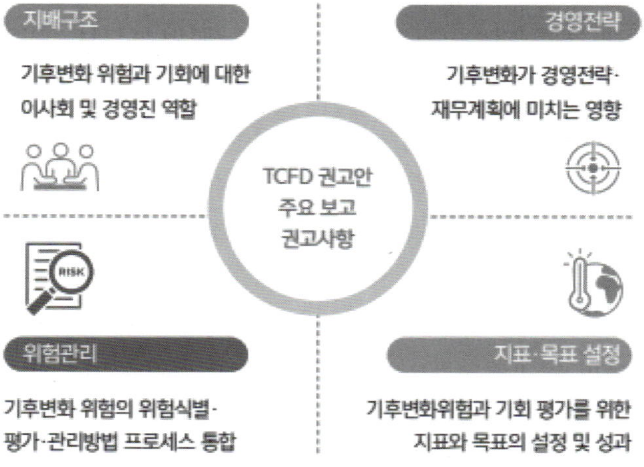

[그림 10-5] TCFD 권고안의 분류

(1) TCFD Cross-industry 측정지표와 재무영향

TCFD는 재무적 영향(Financial Impact)에 대해 크게 2가지 측면의 정보공시를 요구하고 있다. 먼저 기후관련 위험과 기회의 재무성과 영향, 즉 수익성과 현금흐름의 변화 등에 대한 사항이다. 또 하나는 재무상태에 대한 영향, 즉 물리적·전환 리스크에 노출된 자산의 장부가와 예상 포트폴리오 가치 등의 사항이다.

(2) TCFD권고안의 핵심지표

2017년 FSB(금융안정위원회)가 발표한 TCFD 권고안은 기후변화를 재무영역에 통합하는 활동을 주류화시킨 가장 강력한 표준이다. TCFD 권고안의 4가지 핵심요소는 [그림 10-6]과 같이 거버넌스, 전략, 리스크 관리, 매트릭스이다.

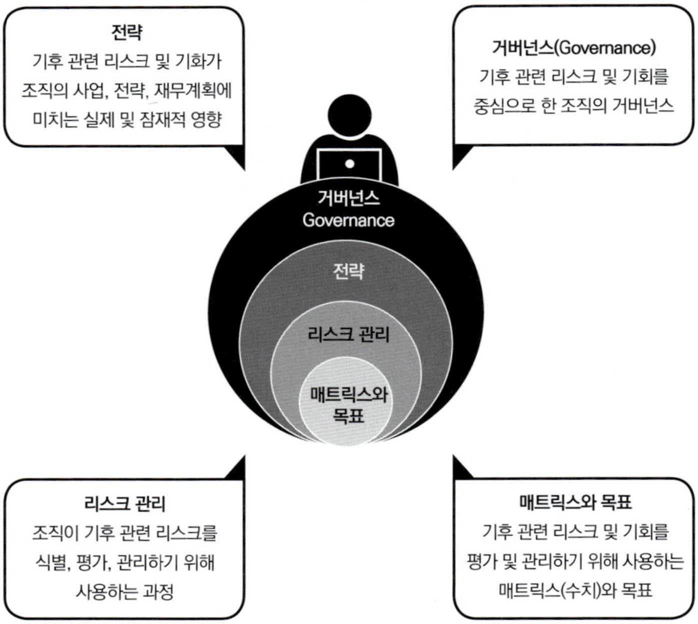

[그림 10-6] TCFD 권고안의 핵심지표

2017년부터 해외금융기관들은 유엔환경계획 금융이니셔티브와 함께 은행 여신 프로세스에 TCFD를 반영하기 시작했다. 또한 2018년에는 EU 금융안정국에서 지속가능금융과 관련한 액션플랜을 도입하였다. 이후 IMF, BIS, NGFS, BCBS로 이어지는 일련의 흐름을 거쳐 2021년에는 G7국가들이 TCFD 의무공시화를 합의하기에 이르렀다.

TCFD의 기후 시나리오에 기반한 Forward-looking 접근법을 기초로 한 전환리스크 분석 방법의 사례를 들어보자. 만약 어느 기업의 온실가스 배출량은 CO_2 기준 연간 1만톤인데, IMF가 제시하는 2030년 기준 CO_2 톤당 $75를 적용하면 CO_2 규제준수 비용은 $750,000이 된다. 환율 1,250원/달러를 적용해보면 이들의 탄소 관련 규제준수 비용은 2030년 한 해에 약 9.4억원에 달하게 된다.

3) TNFD(Taskforce on Nature-related Financial Disclosures)

미국 재무회계기준위원회(FASB)는 비재무공시 문제점을 보완하기 위하여 2011년 지속가능성 회계기준위원회(SASB)를 설립하였다. 11대 산업군, 77개 세부 산업별 중대성 이슈를 규명하고 관련 정보공시 매트릭스(Metrics)를 제시하고 있다. 한편, 2021년 6월 SASB와 IIRC(International Integrated Reporting Council)가 통합하여 VRF(Value Reporting Foundation)이 설립되었다.

4) 녹색분류 체계

녹색분류체계는 금융상품이 관심을 갖는 그린비지니스, 그린프로젝트의 모음집이다. 우리나라는 2021년 발표된 한국형 녹색채권가이드와 한국형 녹색분류체계(K텍소노미)를 통해 온실가스감축, 기후변화적응, 물, 순환경제, 생물다양성 등 지속가능한 경제활동의 범위를 제시하고 있다.

(1) 탄소정보공개, 감축목표 설정에 협력사 참여

글로벌 이니셔티브인 CDP(탄소정보공개프로젝트, Carbon Disclosure Project)의 참여기업은 2018년 115개사에서 2020년 200개사로 약 73% 증가하는 등 증가 추세이다. SBTi(Science based targets initiative)의 경우 목표설정기업의 73%인 480개사가 협력사와 함께 온실가스 배출량을 공개하고 감축목표를 선언하기에 이르렀다. 이제 기업의 탄소중립 달성 과정에 협력사가 포함될 수밖에 없는 것이 현실이므로 특히 온실가스 다량배출 업종의 경우에는 더욱 능동적인 대응이 필요하다.

(2) ESG 리스크 상위 업종

S&P신용평가사, SASB(지속가능회계기준위원회) 등은 보고서를 통해 ESG 리스크가 높은 산업을 선정하였다. 주요 산업분야는 석유화학, 광물, 석탄발전 등이며, 반도체, 자동차업종도 상위에 랭크되어 있다

5) 유엔 글로벌 콤팩트(UNGC) 10대 원칙과 SDGs

기업 지속가능성과 ESG 환경, 사회적 이슈 관련하여 기업의 영향력이 커지면서 2000년에는 UNGC(UN Global Global Compact)가 발족되어 UN 차원에서 기업의 사회적 책임을 추진하고 있다.

(1) UNGC의 10대 원칙

UN회원기업들은 [그림 10-7]과 같이 인권, 노동, 환경, 반부패 분야의 10대 원칙과 SDGs(Sustainable Development Goals, 지속가능발전목표)를 마련하고 이에 대한 이행보고서 작성을 통해 이해관계자들과 소통하고 있다.

[그림 10-7] UNGC 10대원칙과 SDGs

(2) SDGs

유엔총회에서 전세계 회원국의 만장일치로 채택된 SDGs는 2030년까지 이행해야할 국제사회의 공동 아젠다로서 17개 목표 및 169개 세부목표로 구성되어 있다. 특히 기업이 SDGs 달성을 위해선 경제적 수익성, 사회적 책임성, 환경적 건전성의 균형적 통합을 바탕으로 지속가능한 사회를 만들기 위해 노력할 것이 요구된다. SDGs는 ESG, UNGC 10대 원칙과 서로 긴밀하게 연계된다.

(3) SDGs 기업 대응 전략

SDGs는 기업의 핵심 전략 및 활동에 중요한 가이드라인을 제공한다. 기업은 SDGs 이행을 통해 미래 비즈니스의 기회를 파악하고, 지속가능성의 가치를 증진하며, 정책발전과의 속도를 유지할 수 있다. 또한 이해관계자와의 관계 강화, 사회와 시장의 안정화를 꾀할 수 있다. 사회적 부문의 주요 이슈에 주목해 ESG의 요소 중 노동관리, 안전보건, 제품안전 및 품질, 금융상품 안전, 임직원 관리, 인재육성, 공급망 관리, 개인정보 및 정보보안 등 다양한 사회적 이슈를 점검한다.

6) 지속가능한 공급망 실사

(1) 지속가능한 공급망 실사에 관한 지침안 발표

2022년 2월 23일, EU집행위원회는 공급망 실사를 의무화하는 '지속가능한 공급망 실사에 관한 지침안(Directive on corporate sustainability due diligence)'을 공식적으로 발표하였다. EU집행위원회의 지침안은 EU의회와 EU이사회의 승인을 거쳐 최종 발효되며, 각 EU회원국은 발효 후 2년 이내에 국내법으로 전환하여 적용해야 한다.

(2) EU 공급망 실사 의무화 추진 배경

기업실사(Due Diligence)란 기업운영 전반, 공급망 및 다른 기업과의 관계에서 발생할 수 있는 기업에 의한 침해를 식별·예방·완화하기 위한 기업의 활동을 의미한다. OECD가 발간한 '기업책임경영을 위한 기업실사지침'에서는 이 과정을 여섯 가지 단계로 구분하고 있다. UN, OECD, ILO 등의 국제기구가 수립·공표한 국제원칙과 실사지침은 기업에 구속력을 갖지 않아 기업의 자발적 참여에 의존해야 한다는 한계를 지닌다. 때문에 EU 회원국들은 기업실사를 의무화하고 강제하기 위한 국내법을 수립하였지만 국가별 기준이 매우 상이하다는 우려가 제기되었다. 이에 EU는 통합적인 기준을 갖춘 기업실사법 제정의 필요성에 공감하고 공급망 실사 의무화를 추진하게 된 것이다.

2022년 EU는 ESG 공급망 실사를 의무화하는 지침을 발표하였다. 적용대상은 공급망에 연결된 EU 역내외 모든 사업장과 협력사이다.

(3) 대응방안

가. 적용대상 여부 확인 및 실사범위 파악

법안의 적용 대상 기업이라면 실사범위에 대한 기본정보를 수집하여야 한다. 첫째로 산업 리스크를 파악한다. 산업별로 ESG 리스크가 다르므로 어떤 상품과 서비스를 판매하고 있는지 확인하고 연관된 ESG 리스크를 파악해야 한다. 다음으로 자사 사업장이나 공급업체가 속한 지역의 ESG 리스크를 파악한다. 예를 들어 인권 취약국가 또는 물 부족 국가에서 사업을 운영하거나 물품을 공급받는다면 인권·환경에 대한 실사를 강화해야 한다. 마지막으로 매출액과 임직원에 대한 사전 정보를 수집하여 적용 대상 기준에 해당하는지, 대응을 준비할 수 있는 기간 등을 미리 파악한다.

나. 자가점검

우리 기업의 인권·환경 경영 수준을 구체적으로 자가점검하기 위해선 몇 가지 기업실사지침 및 협력업체 이행지침을 활용하면 좋다. 대표적 자가점검 가이드라인에는 OECD의 기업책임경영을 위한 기업실사지침, UN의 기업과 인권이행지침이 있다. 그 외에도 국가인권위원회의 인권경영 가이드라인, UN글로벌콤팩트의 기업과 인권지침서 실사가이드라인도 참고하면 좋다.

다. 관련 정책 수립 및 모니터링

자가 점검을 통해 발견된 미흡한 부분이 있다면 이를 보완하기 위한 관련 정책을 수립한다. 이후 해당 정책이 잘 이행되고 있는지 모니터링하고, 이행 결과에 대한 데이터를 추가로 수집해야 한다. 이는 향후 ESG 관련 정보 제공을 요청 받을 경우 빠르게 대응하기 위한 준비과정이다. 인권분야의 안전관련 국제기준준수, 환경분야의 환경정책 및 국가별 환경규제준수, 지배구조분야의 반뇌물·반부패정책 및 책임자 선임 등에 대한 정책의 수립과 모니터링이 필요하다.

4 ESG 보고서의 구성요소

ESG 보고서는 기업의 환경, 사회, 지배구조 성과를 포괄적으로 다루어야 하며, 이를 통해 이해관계자들에게 신뢰할 수 있는 정보를 제공해야 한다. 일반적으로 ESG 보고서는 다음과 같은 구성 요소를 포함한다.

1) CEO 메시지 및 기업 비전

ESG 보고서의 서두에는 CEO나 경영진의 메시지를 포함하여, 기업이 추구하는 지속 가능성 비전과 ESG 경영에 대한 의지를 설명한다. 이는 기업이 ESG 목표를 얼마나 중요하게 생각하는지, 그리고 앞으로 어떤 방향으로 나아갈 것인지를 이해관계자들에게 전달하는 중요한 부분이다.

2) ESG 분야별 목표와 성과지표

(1) 환경 성과

환경 성과평가에는 기업이 탄소 배출 감소, 에너지 효율 개선, 자원 절약, 재생 가능 에너지 사용 확대, 폐기물 관리 등과 관련된 활동과 성과를 포함한다. 환경 성과는 기업이 환경 보호를 위해 실천한 구체적인 조치와 그 결과를 명확히 설명해야 한다.

(2) 사회적 성과

사회적 성과평가는 기업이 노동권 보호, 다양성 및 포용성 증진, 지역사회 기여, 고객과의 관계 강화 등 사회적 책임을 실천한 결과를 다룬다. 기업이 직원과 지역사회, 고객을 위해 어떤 노력을 기울였는지, 그리고 그 성과가 어떻게 나타났는지에 대한 정보를 포함해야 한다.

(3) 지배구조 성과

지배구조 성과는 기업의 투명한 의사결정 구조, 윤리적 경영, 리스크 관리, 이사회 운영, 내부 통제 시스템 등을 평가한다. 지배구조 성과는 기업의 지배구조가 얼마나 투명하고 책임 있게 운영되고 있는지를 설명해야 한다.

(4) ESG 성과 지표(KPI)

ESG 성과를 객관적으로 평가하기 위해서는 구체적인 성과 지표(KPI)를 설정해야 한다. 이는 ESG 목표 달성을 위한 진행 상황을 측정하고, 이해관계자들에게 명확한 데이터를 제공하는 역할을 한다. 예를 들어, 탄소 배출량, 직원 만족도, 다양성 비율, 이사회 독립성 비율 등이 성과 지표로 사용될 수 있다.

3) ESG 목표 및 향후 계획

ESG 보고서에는 기업이 달성한 성과뿐만 아니라, 앞으로 달성하고자 하는 ESG 목표와 계획도 포함되어야 한다. 이를 통해 이해관계자들은 기업이 미래에 어떤 지속 가능성 목표를 추구하고 있는지 알 수 있으며, 기업의 향후 계획 및 장기적인 전략에 대한 신뢰를 가질 수 있다.

5 ESG 보고서 작성에 고려 사항

1) 국제 기준 준수

ESG 보고서는 국제적으로 인정받는 ESG 보고 기준을 사용함으로써 보고서의 내용이 객관적이고 일관되며, 비교 가능한 데이터로 구성될 수 있다. GRI(Global Reporting Initiative), SASB(Sustainability Accounting Standards Board), TCFD(Task Force on Climate-related Financial Disclosures) 등의 국제 기준을 준수하면, 보고서의 신뢰성을 높일 수 있다. 이와 함께 글로벌 투자자들과의 소통도 원활하게 할 수 있다.

2) 지속 가능성 목표 설정의 현실성

ESG 보고서에서 기업이 설정한 목표는 실현 가능한 것이어야 한다. 지나치게 이상적인 목표를 설정하는 것은 이해관계자들에게 신뢰를 잃을 수 있다. 특히 현실적이고 도전적인 목표를 설정하고, 그 목표를 달성하기 위한 구체적인 계획을 제시하는 것이 중요하다.

3) 지속적 개선과 피드백 수렴

ESG 보고서는 단기적인 성과 보고에 그치는 것이 아니라, 지속적인 개선과 피드백 수렴을 포함해야 한다. 이해관계자들로부터 받은 피드백을 바탕으로 ESG 목표를 수정하거나 보완할 수 있으며, 이를 통해 기업의 ESG 경영을 지속적으로 개선할 수 있다.

4) 신뢰성 구축을 위한 투명한 정보 공개

ESG 보고서는 기업의 신뢰성을 강화하는 중요한 역할을 한다. 기업이 얼마나 투명하게 ESG 성과를 공개하고, 그 과정에서 문제를 숨기지 않고 해결책을 제시하는지가 기업의 신뢰성에 직결된다. 투명한 정보 공개는 이해관계자들에게 신뢰를 주고, 기업이 지속 가능한 경영을 실천하고 있음을 증명하는 중요한 요소이다.

6 ESG 보고서 작성 체크리스트

ESG 보고서는 기업의 신뢰성을 강화하고, 투자자와 고객, 직원 등 이해관계자들의 신뢰를 얻는 데 중요한 역할을 한다. 보고서는 정확성, 객관성, 투명성, 이해관계자 중심성, 지속 가능성등의 원칙을 준수해야 하며, 글로벌 기준 준수, 외부 검증 도입, 데이터 관리 시스템 구축등을 통해 신뢰성을 높여야 한다.

1) ESG 경영 전략 수립 체크리스트

ESG 경영 전략 수립 단계에서 기업은 다음의 항목들을 고려해야 한다.

(1) 목표 설정

가. 환경 목표

- 온실가스 배출 감축 목표 설정 여부
- 재생 에너지 사용 목표 설정 여부
- 자원 효율성 향상 목표 설정 여부
- 순환 경제로의 전환 전략 수립 여부

나. 사회적 목표

- 다양성, 형평성, 포용성(DEI) 정책 수립 여부
- 노동자 인권 및 안전보장 정책 설정 여부
- 사회 공헌 활동 목표 설정 여부
- 공급망에서의 인권 보호 및 윤리적 경영 실천 여부

다. 지배구조 목표

- 이사회 구성의 다양성 확보 여부
- 윤리 경영 및 반부패 정책 수립 여부
- 경영진 보상 체계의 ESG 연계 여부
- 이해관계자 참여 전략 수립 여부

(2) ESG 전략 통합

- ESG 목표가 기업의 전반적 경영 전략에 통합되어 있는지 확인
- 각 부서별 ESG 책임자 지정 여부
- ESG 목표 달성을 위한 예산 할당 여부
- ESG 경영 성과 측정 지표(Key Performance Indicators, KPIs) 설정 여부

(3) 이해관계자 참여

- 이해관계자(주주, 고객, 직원, 지역사회 등) 의견 수렴 여부
- ESG 관련 이슈에 대한 이해관계자와의 소통·계획 수립 여부
- 이해관계자와의 지속적인 협력 체계 마련 여부

2) ESG 실행 체크리스트

ESG 경영 전략을 실행할 때는 지속적인 관리와 점검이 필요하다. 다음 체크리스트는 실행 과정에서 주의해야 할 사항을 정리한 것이다.

(1) 환경(Environmental)

가. 에너지 사용 및 관리

- 에너지 소비량 감축 계획 실행 여부
- 재생 가능 에너지 사용 비율 증가 여부
- 에너지 효율성 향상 프로그램 시행 여부

나. 온실가스 배출 관리

- 탄소 배출량 감축 목표 달성 여부
- 탄소 배출권 구매 및 활용 여부
- 기후 변화 대응 계획 이행 여부

다. 자원 사용 및 폐기물 관리

- 자원 절약 및 재활용 프로그램 시행 여부
- 폐기물 감축 목표 달성 여부
- 순환 경제 실천 여부

(2) 사회(Social)

가. 노동 및 인권

- 공정한 노동 조건 보장 여부
- 인권 보호를 위한 체계 구축 여부

- 근로자 복지 향상 프로그램 실행 여부

나. 다양성, 형평성, 포용성(DEI: Diversity, Equity, imclusion)

- 다양성 목표 달성 여부(예: 여성 및 소수 집단 고용 비율)
- 포용적인 조직 문화 구축 여부
- DEI 교육 프로그램 실행 여부

다. 지역사회 기여

- 지역사회와의 상생 및 협력 프로그램 실행 여부
- 기업의 사회적 공헌 활동 참여 여부
- 사회적 가치를 창출하는 프로젝트 운영 여부

(3) 지배구조(Governance)

가. 이사회 및 경영진

- 이사회의 독립성 및 다양성 확보 여부
- 경영진의 ESG 목표 성과 평가 여부
- 윤리적 경영 실천 및 부패 방지 정책 이행 여부

나. 리스크 관리

- ESG 관련 리스크 식별 및 평가 여부
- 리스크 관리 체계 및 대응 계획 수립 여부
- ESG 규제 준수 여부

다. 투명한 보고

- ESG 성과의 투명한 보고 여부
- 이해관계자와의 정기적 소통 여부
- 외부 평가 및 인증을 통한 신뢰성 확보 여부

3) ESG 보고 체크리스트

ESG 보고는 기업의 성과를 이해관계자와 공유하고, 투명성을 보장하는 중요한 과정이다. 다음은 ESG 보고 시 확인해야 할 사항이다.

(1) 보고 범위 및 기준

가. 보고 범위

- ESG 보고서가 다루는 주제와 범위가 명확한지 확인
- 환경, 사회, 지배구조 전반에 대한 성과가 포함되었는지 여부
- 전사적 차원의 ESG 성과 데이터 포함 여부

나. 보고 기준

- GRI(Global Reporting Initiative), SASB(Sustainability Accounting Standards Board) 등의 글로벌 보고 기준 준수 여부
- 기업의 ESG 전략 및 목표와 일치하는 지표 사용 여부
- 과거 대비 ESG 성과의 비교 가능성 확보 여부

(2) 데이터 수집 및 신뢰성

가. 데이터 수집

- ESG 성과 데이터를 수집하는 체계적 시스템 구축 여부
- ESG 성과 측정을 위한 정량적, 정성적 데이터의 균형 확보 여부

나. 데이터 신뢰성

- 외부 감사나 평가를 통한 보고서 검증 여부
- ESG 성과 보고서의 투명성 및 신뢰성 확보 여부

(3) 이해관계자 소통

가. 이해관계자 맞춤형 보고

- 주요 이해관계자(투자자, 고객, 직원 등)에 맞춤형 ESG 보고서 제공 여부
- ESG 보고서 발행 시 이해관계자 의견 반영 여부

나. 보고서 공개

- 기업 웹사이트 등에서 ESG 보고서를 공개하고 있는지 여부
- 주요 성과와 도전 과제에 대한 정직하고 투명한 설명 여부

• ESG 성과에 대해 정기적인 업데이트와 공개 여부

7 ESG보고서 작성 사례

우리나라 S전자의 ESG 경영전략보고서의 작성사례를 통해 ESG 보거서의 구성과 작성방법 등에 대해 구체적으로 알아보과 한다.

1) 서론

(1) ESG 경영의 중요성

S전자는 ESG(Environmental, Social, Governance) 경영을 통해 지속 가능한 성장을 추구하고 있다. ESG 경영은 환경 보호, 사회적 책임 강화, 그리고 투명한 지배구조 확립을 핵심으로 하여 기업 가치와 사회적 신뢰를 동시에 제고하는 중요한 전략이다.

(2) 보고서의 목적

본 보고서는 S전자의 ESG 경영 전략 수립, 실행 계획 및 성과를 종합적으로 분석하여 글로벌 ESG 경영 선도 기업의 사례를 제시하는 데 목적이 있다.

2) 전략 수립

(1) 목표 설정

① 탄소중립 목표: 2050년까지 글로벌 사업장에서 탄소중립 달성.
② 지속 가능한 공급망 구축: 협력사와 함께 ESG 기반의 공급망 혁신.
③ 사회적 가치 창출: 지역사회 상생과 사회적 책임을 다하는 기업문화 조성.

(2) 주요 전략

① 환경(Environmental) 혁신: 재생에너지 전환과 에너지 효율 개선,제품 수명주기 전반의 친환경 혁신 적용.

② 사회(Social) 책임 강화: 직원, 고객, 협력사와 함께 지속 가능한 성장 추구.

③ 글로벌 인권 기준 준수와 사회공헌 활동 확대.

④ 지배구조(Governance) 투명성 제고: 이사회 독립성과 책임 경영 강화. 리스크 관리 시스템 고도화.

3) 실행 계획

(1) 프로젝트 도입

① 탄소중립 및 에너지 혁신: 글로벌 사업장 재생에너지 100% 도입 목표(RE100).

② 첨단 에너지 효율 기술 및 스마트팩토리 도입.

③ 친환경 제품 개발: 재활용 소재를 활용한 제품 생산 확대, 에너지 효율성을 극대화한 제품 라인업 개발.

④ 사회적 책임 프로젝트: 지역사회 교육 및 기술 혁신 프로그램 운영, 글로벌 협력사 ESG 평가 및 개선 지원.

(2) 조직 구성

① ESG 위원회 운영: 이사회 산하 ESG 위원회를 통해 주요 전략과 성과를 관리.

② 사업 부문별 ESG 목표 수립 및 성과 모니터링.

③ 지속 가능 경영팀: 전사 차원의 ESG 정책 실행 및 리스크 관리.

(3) 투자 및 자금 조달

① 녹색 채권 발행: ESG 프로젝트 추진을 위한 녹색 채권 1조 원 발행.

② 정부 및 글로벌 파트너십: 친환경 에너지와 기술 혁신에 대한 글로벌

협력 확대.

4) 성과 분석

(1) 환경적 성과

① 탄소 배출 감축: 2023년 기준 온실가스 배출량을 전년 대비 15% 감축.
② 재생에너지 전환: 글로벌 사업장 재생에너지 비율을 40%까지 확대.
③ 순환경제 실현: 재활용 소재 사용 비율을 30% 이상 증가.

(2) 사회적 성과

① 직원과 협력사 성장 지원: 협력사 ESG 평가 도입으로 95% 이상의 협력사가 지속 가능한 기준 충족, 직원 교육 프로그램을 통해 연간 1만 명의 기술 인재 양성.
② 글로벌 사회공헌 활동: 교육, 환경 개선, 지역사회 지원 프로그램으로 10만 명 이상 수혜.

(3) 지배구조 성과

① 투명한 경영 강화: 이사회 독립성 강화 및 외부 감사 기능 개선.
② 리스크 관리 체계 구축: ESG 리스크 통합 관리 시스템을 도입하여 선제적 대응 강화.
③ ESG 성과 공개: 지속 가능 경영 보고서를 글로벌 기준(GRI, SASB)에 맞춰 투명하게 공개.

5) 결론 및 시사점

(1) ESG 경영의 중요성 재확인

삼성전자의 ESG 경영 전략은 글로벌 기업으로서 환경 보호, 사회적 책임 강화, 투명한 지배구조를 통해 지속 가능한 성장을 실현하는 대표 사례이다.

(2) 타 기업에 주는 시사점

① 재생에너지 전환 리더십: 글로벌 사업장의 RE100 달성 목표.

② 지속 가능한 공급망 구축: 협력사와 함께 ESG 평가 및 개선을 통해 공급망 혁신.

③ 투명한 경영 체계: 글로벌 표준에 부합하는 리스크 관리와 정보 공개 강화.

(3) 지속 가능한 미래를 위한 도전

삼성전자는 ESG 경영을 통해 혁신과 책임을 기반으로 환경과 사회의 지속 가능한 미래를 만들어가고 있다. 앞으로도 기술 혁신과 사회적 가치를 바탕으로 글로벌 ESG 선도기업으로서의 입지를 더욱 강화할 것으로 기대된다.

제11장 ESG 경영의 법적 규제와 조직운영 방안

ESG(환경, 사회, 지배구조) 경영은 기업이 환경보호, 사회적 책임, 투명한 지배구조를 통해 지속 가능성을 추구하는 경영 전략이다. 이러한 ESG 경영의 요구수준은 점점 더 높아지고 있으며, 국내외에서 ESG 관련 법률 및 규제가 강화되고 있다.
ESG 경영은 이제 선택이 아닌 필수적인 요소로 자리 잡고 있으며, 국내외 법적 규제를 준수하지 않을 경우 심각한 법적, 재정적 결과를 초래할 수 있다. 기업은 이를 위해 ESG 경영 체계를 구축하고, 환경, 사회, 지배구조와 관련된 법적 요구 사항을 철저히 준수하는 것이 중요하다.
기업들은 ESG 관련 법률과 규제를 이해하고 이를 경영에 통합함으로써 지속 가능한 성장을 도모할 수 있으며, 장기적인 경쟁 우위를 확보할 수 있다.

1 ESG 경영의 주요 이슈

ESG가 대세로 자리잡으면서 소비자의 요구는 정책과 규제를 변화시키고 이와 함께 투자의 기준도 바뀌고 있다. 결국 소비자, 정부, 투자자의 압력이 기업의 변화를 이끌어내고 있는 것이다. 여기에 중소·중견기업의 경우는 거래 상대방이 되는 대기업의 ESG요구까지 수용해야 하는 위치에 놓이게 되어 이제 전방위적인 ESG 압력에 대처할 준비를 하여야 한다.

1) ESG와 기후변화 이슈

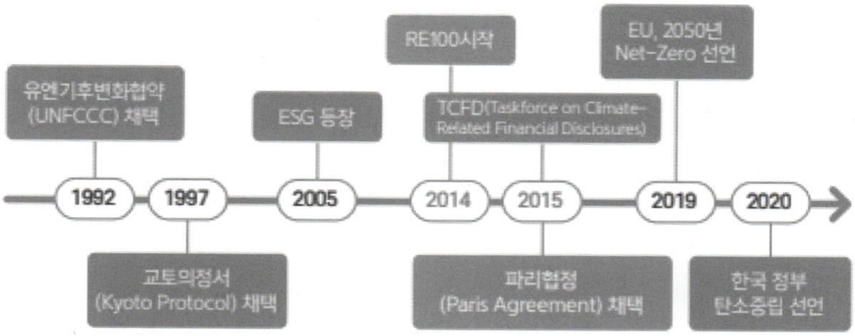

[그림 11-1] ESG와 기후변화 이슈 제기

기후변화에 대응하기 위한 다양한 규제가 만들어지기 시작한 것은 유엔기후변화협약(UNFCCC, United Nations Framework Convention on Climate Change) 이후부터이다. 그 이후 [그림 11-1]과 같이 2015년 파리 협정을 중심으로 RE100, Net-Zero 선언, TCFD 등 기후변화를 둘러싼 이니셔티브와 가이드라인 등 ESG와 기후변화와 관련 각종 이슈들이 등장하게 된다. 특히 2020년 세계 최대 자산운용사인 BlackRock이 '기후 위기에 따른 투자 위험성'을 경고하면서 기후변화 이슈는 본격적으로 글로벌 기업들의 ESG 활동에 영향을 미치기 시작했다.

2) 이해관계자 자본주의 이슈

비즈니스라운드테이블(BRT, Business Round Table)은 미국 시가총액의 약 30%를 차지하는 기업들의 연합체이다. 이 단체는 기업의 목표를 주주 최우선에서 이해관계자에게 가치를 제공하는 것으로 재정의 하는 선언을 했다. [그림 11-2]와 같이 주주 중심주의로 돌아가던 기업의 경영을 주주, 소비자, 임직원, 정부, 협력사 등 기업과 관계된 모든 이해관계자의 이익을 고려하겠다고 선언한 것이다. 이러한 선언 등이 잇따라 나오면서 ESG 중요성은 더욱 증대되고 있다.

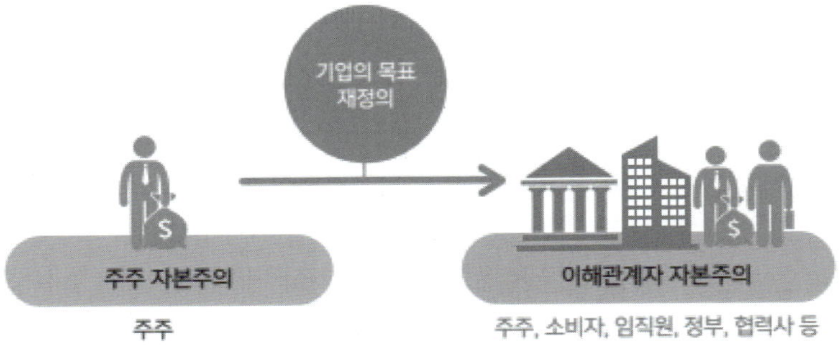

[그림 11-2] 주주자본주의와 이해관계자 자본주의 변화

(3) ESG 이슈

ESG는 2004~2006년 사이 국제금융공사(IFC, International Finance Corporation) 보고서에서 자본시장의 지속가능성을 높이기 위한 투자자 가이드로 처음 등장하면서 투자 자산관리에 활용할 수 있는 새로운 가치 창출요소가 되었다. ESG는 투자자에게 기업의 비재무성과(지속가능보고서, 이사회보고서)를 커뮤니케이션하는 프레임이자 툴이다. 환경, 사회, 거버넌스는 사회적 가치와 관련되는 이슈들이지만 ESG는 이를 자본시장과 투자자의 관점에서 들여다보는 것을 의미한다.

2 ESG 경영의 요구수준과 이해관계자들의 요구사항

ESG와 관련한 이슈에 대한 해결방안이 요구되면서 각 국가와 기업체의 요구수준에 맞춰 준수해야할 다양한 표준이 도출되고 있다. 이는 기업 경영에 있어 매출, 이익과 같은 재무적 요소 외에 환경(E), 사회(S), 지배구조(G) 등의 비 재무요소고려가 선택이 아닌 필수 생존전략으로 대두되고 있다.

1) ESG 경영의 요구수준

ESG 경영을 제대로 하지 못하면 다음과 같은 문제가 제기된다. 첫째 원청업체의 공급망 실사 시 ESG 반영으로 협력업체 선정에서 탈락할 위험이 증가한다. 둘째 소비자의 의식수준이 높아지고 기업의 사회적 책임의 실천 과정도 중요하게 생각하고 있는 추세이어서 기업이 제대로 대응하지 못하면 소비자불매운동이 발생할 우려가 높아진다. 셋째 정부의 ESG 규제로 공공입찰참여시 불이익 발생이 우려된다. 넷째 투자자 및 금융기관도 ESG가 미흡한 기업에 투자와 자금 공급 축소가 발생할 가능성이 높아진다.

2) ESG 경영에 대한 이해관계자들의 요구사항

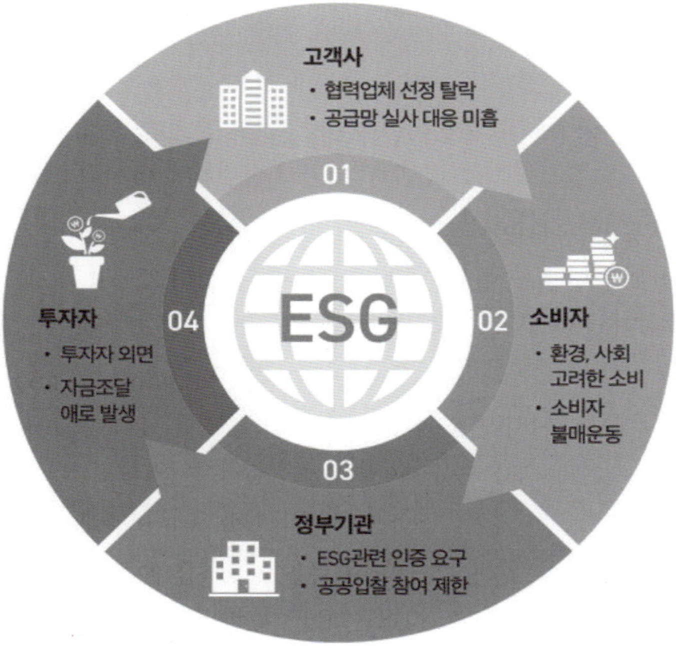

[그림 11-3] ESG경영에 대한 이해관계자들의 요구사항

한국, EU, 미국 등을 중심으로 한 각국에서는 2050년까지 탄소중립 달성을 위한 관련 정책과 규제가 이루어지고 있다. [그림 11-3] 과 같이 ESG경영에 대한 이해관계자들의 요구사항, 특히 탄소와 폐기물 등의 환경영향을 비롯하여 기업의 환경 및 사회적 책임에 대한 요구가 강화되고 있다.

ESG 경영은 단순한 사회적 책임을 넘어 법적 요구 사항으로 자리 잡고 있다. 많은 국가들이 기후 변화, 인권 보호, 기업 지배구조 개선 등을 목표로 하는 법안을 도입하고 있다. 이에 따라 환경정책기본법과 탄소중립법, 자원순환기본법 등 환경관련 규제와 근로기준법과 중대재해처벌법, 남녀고용평등법 등 사회관련 규제, 상법과 기업지배구조보고서의무화, 내부회계관리제도 등 지배구조 관련 규제 등이 강화되고 있는 추세이다. 경영 투명성이 강조되면서 ESG 정보공시가 단계적으로 의무화되고 있다.

(1) 고객사의 ESG 요구

EU의회는 인권 및 환경 이슈에 대한 기업 실사를 의무화하는 결의안을 2021년 채택했다. 따라서 적절한 인권과 환경 전략을 갖추지 못한 기업은 소비자불매운동이나 도덕적 지탄을 넘어 법적 규제로 인해 글로벌 공급망에서 생존하기 힘든 시대가 되었다. 고객사 요구수준 이상의 환경과 사회적 책임, 지배구조의 실천 요구사항을 이행해야 한다.

(2) 소비자의 ESG 요구

미래세대 소비문화의 중심에는 기업 및 제품의 친환경·사회적 책임을 고려하는 가치소비가 자리잡아가면서 ESG가 기업 생존을 위한 필수 키워드가 되었다. 특히 자신의 신념을 드러내는 미닝아웃(Meaning+Commingout) 소비를 지향하는 MZ세대(밀레니얼+Z세대)에게는 ESG가 제품선택과 기업 선호도결정의 주요 요인으로 작용하고 있다.

(3) 정부기관의 ESG 요구

국제적으로 친환경·포용·공정경제로의 대전환을 위한 ESG 인프라 확충이 이뤄지고 있다. 우리 정부도 ESG 경영확산 및 ESG 투자활성화를 통해 포스트 코로나 시대 지속가능한 성장기반을 확충하고 있어 이의 수준에 맞는 ESG실천을 요구하고 있다.

(4) 투자자의 ESG요구

투자자들이 기업의 수익성뿐만 아니라 지속 가능성과 윤리적인 경영 방식을 중요하게 여기기 시작하면서, ESG 투자는 새로운 주류 투자 전략으로 자리 잡아가고 있다.

ESG 투자는 단기적인 성과보다는 장기적인 수익성을 목표로 한다. 따라서 지속 가능한 경영을 추구하는 기업들이 장기적으로 더 나은 성과를 보일 가능성이 높다고 보고 투자자들은 이를 장기적인 자산 증식 전략으로 활용하고 있다.

(5) ESG경영의 법적 요구 증대

ESG경영의 추진은 환경과 사회, 지배구조 분야의 세부항목별 관련법에는 〈표 11-1〉과 같이 각족 규제 관련 법이 있다. 가령 기후변화의 원인이 되는 탄소배출에 대해선 대기환경보전법과 탄소중립기본법, 배출권거래법, 환경오염과 폐기물배출에 대해선 물환경보전법과 토양환경보전법, 폐기물관리법 등이 있다. 사회분야로는 노동관행과 근무환경 등에 대해선 하도급법, 근로기준법, 남녀고용평등법 등이 있다. 지배구조에 대해선 이사회구성과 정보공시 등을 강제하는 상법과 자본시장법, 쥬가증권시장공시규정 등 국내 관련법 등이 있다.

〈표 11-1〉 ESG의 주요내용과 관련법

구분	세부항목	주요내용	국내관련법
환경 (E)	기후변화(Climate Change)	탄소발자국(Carbon footprint)	• 대기환경보전법 • 탄소중립기본법 • 배출권거래법 • 물환경보전법 • 토양환경보전법 • 해양환경관리법 • 생물다양성법 • 화학물질관리법 • 폐기물관리법 • 자원순환기본법 • 환경분쟁조정법 • 환경영향평가법 • 악취방지법 • 소음진동관리법 등
	천연자원(Natural Resources)	에너지효율(Energy Efficiency)	
		토지사용(Usage of land)	
	환경오염·폐기물(Pollution and Waste)	폐기물관리(Hazardous materials management)	
	기회와정책(Opportunities & Policy)	재생에너지(Renewable energy)	
		청정에너지(Clean energy)	
사회 (S)	인적자본(Human Capital)	노동관행(Labor practices)	• 산업안전보건법 • 화학제품안전법 • 화학물질관리법 • 식품안전기본법 • 소비자기본법 • 중대재해처벌법 • 하도급법 • 근로기준법 • 남녀고용평등법 • 전자상거래법 • 외국인근로자의고용 등에관한법률 • 독점규제및공정거래에관한법률 등
		근무환경·안전(Workplace safety)	
	생산책임(Product Responsibility)	생산품안전(Product safety)	
		고객정보보호(Customer privacy)	
	관계(Relations)	사회적투자(Social investment)	
지배구조 (G)	기업지배구조(Corporate Governance)	이사회구성(Board structure)	• 상법 • 자본시장법 • 청탁금지법 • 외부감사법 • 독점규제및공정거래에관한법률 • 유가증권시장공시규정 • 기관투자자의수탁자책임에관한원칙 등
		정보공시(Disclosure)	
	기업행위(Corporate behavior)	경쟁행위(Competitive behavior)	

3 ESG 경영의 법적 규제와 준수방안

1) ESG 관련 법률 및 규제

(1) 국내 ESG 관련 법률 및 규제

가. 환경 관련 규제

한국에서는 환경보호와 관련된 법적 규제가 ESG 경영의 중요한 부분이다. 대표적인 법률로는 다음과 같은 것들이 있다.

- 환경정책기본법: 환경 정책의 기본 방향을 제시하며, 기후 변화와 관련된 온실가스 감축 목표를 설정한다.
- 기후위기 대응을 위한 탄소중립·녹색성장 기본법(탄소중립법): 2050년까지 탄소중립을 목표로 하고 있으며, 기업들은 온실가스 배출량을 감축하기 위한 구체적인 계획을 수립하고 실행해야 한다.
- 자원순환기본법: 폐기물의 재활용과 자원 효율성을 극대화하기 위한 규제이다.

나. 사회 관련 규제

사회적 책임과 관련된 국내 법률은 인권 보호와 노동권을 중시한다.

- 근로기준법: 노동자의 근로 조건을 보호하고 기업이 공정하게 노동을 대우할 수 있도록 규제한다.
- 중대재해처벌법: 중대한 산업재해 발생 시 기업의 책임자를 처벌하는 법률로, 기업은 안전 관리 시스템을 갖추고, 이를 통해 재해를 예방해야 한다.
- 남녀고용평등법: 성별에 따른 차별을 금지하고, 평등한 고용 기회를 보장한다.

다. 지배구조 관련 규제

지배구조와 관련된 법률은 투명한 경영과 윤리적인 의사결정을 촉진하는 데 중점을 둔다.

- 상법: 주주 권리 보호와 경영 투명성을 강화하는 규정이 포함되어 있다.
- 기업지배구조보고서 의무화: 코스피 상장사에게 지배구조 보고서 제

출을 의무화하여 경영의 투명성을 제고한다.

- 내부회계관리제도: 기업의 재무 상태와 경영 활동을 투명하게 보고하고, 내부 감사 기능을 강화한다.

(2) 해외 ESG 관련 법률 및 규제

가. 유럽연합(EU)

유럽은 ESG 관련 법적 규제가 가장 엄격한 지역 중 하나이다.

- EU 지속가능 금융공시규제(SFDR): 금융기관이 ESG 관련 정보를 공시하도록 요구하는 규제이다. 기업은 ESG 위험을 어떻게 관리하는지 공개해야 한다.
- EU 기업 지속가능성 보고 지침(CSRD): 상장기업들은 ESG 관련 정보를 포함한 지속가능성 보고서를 제출해야 하며, 환경적, 사회적 영향을 포함한 비재무적 성과를 보고해야 한다.
- EU 탄소국경조정제도(CBAM): 탄소 배출에 따른 추가 비용을 부과하는 규제로, 기업은 온실가스 배출량에 따라 비용을 부담해야 한다.

나. 미국

미국은 환경과 사회적 책임을 강조하는 법안을 적극적으로 도입하고 있다.

- 증권거래위원회(SEC)의 ESG 정보 공시 규제: 기업의 환경 및 사회적 영향을 공시할 것을 요구하며, ESG 정보의 투명성을 제고하고자 한다.
- 미국 환경보호청(EPA) 규제: 온실가스 배출을 규제하며, 기업들이 환경적 영향을 줄이기 위한 노력을 기울이도록 법적 요구를 강화하고 있다.

2) 기업이 ESG 관련 법률을 준수하는 방법

기업이 ESG 관련 법률과 규제를 준수하기 위해서는 다음과 같은 절차와 전략이 필요하다.

(1) 환경 관리 시스템 강화

기업은 탄소 배출, 에너지 사용, 자원 소비 등을 관리할 수 있는 시스템을 구축해야 한다. 이를 위해 환경 관리 시스템(EMS)을 도입하고, 온실가스 감축 목표를 설정해야 한다.

- 온실가스 배출량 측정 및 보고: 탄소중립법에 따라 온실가스 배출량을 정확히 측정하고, 이를 공시하는 절차를 마련해야 한다.
- 에너지 효율성 개선: 에너지 사용량을 줄이고, 재생 가능 에너지로의 전환을 촉진해야 한다.

(2) 사회적 책임 실천

기업은 인권 보호와 공정한 노동 관행을 준수해야 하며, 이를 위해 인권 실사 및 감시 시스템을 구축할 필요가 있다.

- 인권 영향 평가: 기업 활동이 인권에 미치는 영향을 평가하고, 이를 해결하기 위한 조치를 마련해야 한다.
- 다양성 및 포용성: 고용의 다양성을 증진하고, 차별 없는 조직 문화를 조성해야 한다.

(3) 투명한 지배구조 확립

지배구조와 관련된 법적 요구 사항을 준수하기 위해 기업은 이사회의 독립성을 강화하고, 내부 통제 시스템을 개선해야 한다.

- 기업지배구조보고서 작성: 상법과 관련 규제에 따라 투명한 기업지배구조보고서를 작성하고 공시해야 한다.
- 내부 감사 기능 강화: 재무적 부정과 비리를 방지하기 위한 내부 감사 체계를 강화하고, 경영의 투명성을 확보해야 한다.

(4) ESG 정보 공시

국내외 규제에 따라 기업은 ESG 성과를 보고하고, 이에 대한 정보를 투명하게 공시해야 한다. 특히 글로벌 기업들은 국제 표준에 맞춘 보고서를 작성하여 신뢰성을 확보해야 한다.

- GRI(Global Reporting Initiative) 기준 활용: 글로벌 보고 기준을 따라 ESG 보고서를 작성하고, 이를 통해 이해관계자들과의 신뢰를 구축할 수 있다.
- 공시 내용의 정확성 보장: ESG 공시 내용이 사실에 기반하고 있으며, 투명하게 제공되고 있는지 검증 절차를 마련해야 한다.

4 ESG 법적 리스크 관리

ESG 경영에서의 법적 리스크 관리는 환경, 사회적 책임, 지배구조 측면에서 발생할 수 있는 법적 문제와 규제 위험을 예방하고 대응하는 프로세스를 포함한다. 이를 위해 기업은 준법 경영 체계를 구축하고, 법적 리스크를 관리하기 위한 시스템을 마련해야 한다.

1) ESG 법적 리스크관리 필요성

(1) ESG 법적 리스크관리의 필요성

리스크 관리란 기업에 영향을 줄 수 있는 환경, 사회, 지배구조와 관련된 리스크 또는 기회라고 정의할 수 있다. 최근 글로벌 리스크와 투자자의 관심, 정보공개 및 규제가 빠르게 증가하고 있어 기업의 리스크 관리는 매우 중요해지는 추세이다.

ESG 경영에서 기업이 직면할 수 있는 법적 리스크는 환경 관련 규제 위반, 노동 및 인권 문제, 지배구조상의 부패 및 투명성 문제 등 매우 다양하다. 각종 법률과 규제를 준수하지 않으면 법적 제재를 받을 수 있으며, 이는 기업의 재정적 손실 뿐만 아니라 평판에도 악영향을 미칠 수 있다.

(2) 법적 리스크 관리 체계의 주요 단계

가. 리스크 식별

첫 번째 단계는 기업 활동과 관련된 법적 리스크를 식별하는 것이다. 기업은 환경 규제 위반, 인권 침해, 노동법 위반 등과 같은 법적 리스크를 철저히 분석해야 한다.

나. 리스크 평가

리스크를 식별한 후에는 각 리스크의 심각성, 발생 가능성, 그리고 기업에 미치는 영향을 평가해야 한다. 이를 통해 리스크의 우선순위를 정하고, 어떤 리스크에 더 많은 자원을 투자할 것인지 결정할 수 있다.

다. 리스크 대응

리스크 평가 이후에는 각 리스크에 대한 대응 전략을 수립해야 한다. 대응 전략에는 리스크 회피(Avoidance), 리스크 완화(Mitigation), 리스크 이전(Transfer), 리스크 수용(Acceptance) 등이 포함된다. 기업은 규제 위반을 예방하기 위해 정책을 강화하거나, 보험을 통해 재정적 손실을 줄일 수 있다.

라. 리스크 모니터링 및 보고

법적 리스크는 지속적으로 변화할 수 있기 때문에 이를 모니터링하고 주기적으로 리스크 관리 보고서를 작성하여 이사회 및 관련 이해관계자에게 보고해야 한다. 이를 통해 리스크 대응 방안을 수정하거나, 새로운 리스크에 대응할 수 있다.

2) ESG 경영에서의 법적 리스크 관리방안

법적 리스크 관리(Legal Risk Management)는 ESG 경영에서 발생할 수 있는 법적 문제를 체계적으로 관리하는 과정이다. 이를 위해 기업은 리스크 관리 정책을 수립하고, 법적 리스크를 평가, 모니터링, 대응하는 절차를 마련해야 한다.

(1) 환경 관련 리스크 관리

환경 관련 법적 리스크는 ESG 경영에서 가장 중요한 요소 중 하나이다. 기업은 온실가스 배출, 자원 사용, 폐기물 관리 등과 관련된 규제를 철저히 준수해야 한다.

① 온실가스 배출 관리

기업은 탄소중립법과 같은 규제를 준수하기 위해 온실가스 배출량을 줄이기 위한 전략을 수립하고, 이를 지속적으로 모니터링해야 한다. 또한, 국제적인 탄소 배출 거래제도와 관련된 리스크도 관리해야 한다.

② 자원 및 에너지 효율성 개선

자원순환기본법과 같은 자원 관리 규제를 준수하기 위해 에너지 사용을 최소화하고, 재생 가능한 에너지를 사용하기 위한 시스템을 도입해야 한다. 이를 통해 규제 위반을 예방할 뿐만 아니라 비용 효율성도 높일 수 있다.

(2) 사회적 책임 관련 리스크 관리

사회적 책임은 인권 보호, 노동권 보장, 안전한 작업 환경 조성 등과 관련된 법적 리스크를 포함한다.

① 인권 실사 및 보호

기업은 국제 인권 기준에 따라 인권 실사를 수행하고, 공급망 전체에서 인권 침해가 발생하지 않도록 관리해야 한다. 이를 위해 관련 법률과 규제를 준수하는 것은 필수적이다.

② 중대재해 예방

중대재해처벌법과 같은 안전 관련 규제를 준수하기 위해 기업은 철저한 안전 관리 시스템을 구축하고, 직원들에게 안전 교육을 제공해야 한다. 이는 기업의 법적 책임을 줄이는 동시에, 사고를 예방하는 중요한 방법이다.

(3) 지배구조 관련 리스크 관리

투명한 지배구조를 유지하는 것은 법적 리스크를 줄이는 중요한 방법이다. 기업은 경영 투명성을 높이고, 이사회 및 경영진의 책임을 강화해야 한다.

① 이사회 독립성 강화

이사회의 독립성을 유지하고, 경영진의 이해상충을 방지하기 위해 상법과 관련된 규제를 준수해야 한다. 이를 통해 기업은 공정한 의사결정을 보장하고, 지배구조 관련 법적 리스크를 줄일 수 있다.

② 내부 감사 시스템 구축

기업은 내부 회계 관리 제도를 강화하고, 재무적 부정과 비리를 예방하기 위한 내부 감사 시스템을 구축해야 한다. 이를 통해 경영 투명성을 높이고, 법적 문제를 사전에 예방할 수 있다.

5 ESG 경영에서 준법 경영 체계 구축

1) 준법 경영 체계의 개요

준법 경영(Compliance Management System)은 기업이 법률 및 규제를 준수하도록 지원하는 내부 통제 시스템이다. ESG와 관련된 규제를 포함한 모든 법적 요구사항을 준수하기 위한 정책, 절차, 통제 메커니즘을 포함한다. 이를 통해 기업은 내부적으로 리스크를 줄이고, 법적 문제를 예방할 수 있다.

2) 준법 경영 체계의 주요 요소

(1) 법률 준수 정책 수립

기업은 ESG 관련 법률과 규제를 철저히 분석하고, 이를 준수하기 위한 내부 정책을 수립해야 한다. 특히 환경 규제, 노동 및 인권 보호 규제, 그리고 지배구조와 관련된 규제를 반영한 명확한 준법 정책이 필요하다.

(2) 준법 경영 팀 구성

기업은 준법 경영을 담당하는 전담 부서를 운영해야 한다. 이 부서는 법적 리스크를 분석하고, 관련 법률을 이해하며, 내부 직원들이 이를 준수할 수 있도록 교육과 훈련을 제공하는 역할을 한다.

(3) 법적 리스크 평가 및 모니터링

기업은 지속적으로 법적 리스크를 평가하고, 변화하는 규제 환경에 신속하게 대응할 수 있어야 한다. 이를 위해 법적 리스크를 사전에 식별하고, 이를 모니터링하는 시스템을 구축하는 것이 필요하다.

6 ESG 경영 활성화를 위한 조직운영방안

현재 ESG경영을 모범적으로 진행하고 있는 기업들을 분석해보면 ESG경영을 위한 조직으로는 크게 세가지로 나눠지고 있다.

첫 번째는 별도의 이사회 내 ESG위원회를 설치하는 방안이다. 두 번째는 ESG경영을 위한 별도의 경영진협의체를 구성하는 방안이다. 세번째는 ESG 전담부서를 두되 기업 상황에 따라 개별기업의 전담부서, 그룹차원의 전담부서로 운영하는 방안이다.

ESG경영을 위한 조직유형은 무엇보다 경영진의 의지, 조직의 규모와 현재 거버넌스의 구조, 조직의 비즈니스모델이나 활동의 복잡성 등 내부적 요인과 국내·외 규제와 같은 외부적 요인을 종합적으로 고려하여 결정하여야 할 것이다. 아래 [그림 11-4]와 같이 모두 8가지의 예시유형으로 분류할 수 있다.

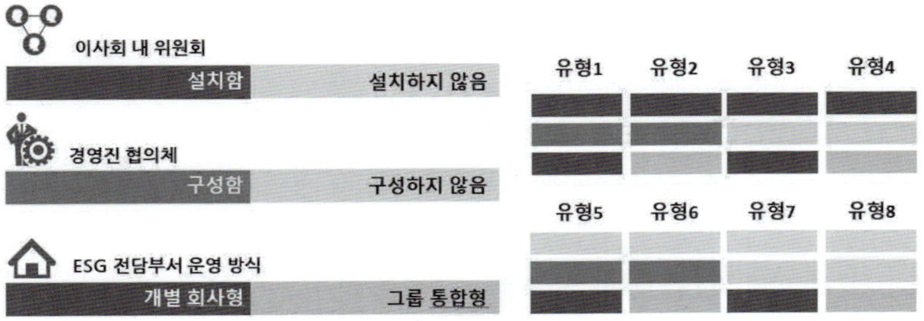

[그림 11-4] ESG경영을 위한 조직의 유형

1) 이사회 내 소위원회 설치

상법상 이사회 내 소위원회 제도는 위원회가 이사회 기능의 일부를 대신하도록 함으로써 전문성과 신속성을 기할 수 있도록 하고 있다. 그러나 이사회 내 소위원회(예: ESG위원회)는 이사회의 역할을 '대신'하는 역할이라기 보다는 이사회를 '지원'하는 역할이다. 이사회가 ESG 경영 추진을 위하여 새로운 위원회를 구성하거나 기존 위원회 역할을 확장하기로 결정한 경우 정관개정 필요성(위원회의 명칭), 구성 및 역할을 어떻게 정할 것인지 세부적인 검토가 필요하다.

ESG와 관련된 중요 의사결정은 이사회에서 이루어지지만 ESG 경영전략 수립 등의 역할을 수행하는 이사회 내 위원회를 새로 설치하거나 기존 위원회의 역할을 확대하여 이사회의 ESG 경영의사결정을 지원할 수 있다. 해당 위원회의 구성에는 사업에 대한 이해, ESG 관련 전문성 등을 고려하되 필요하다면 자문그룹과 같은 외부전문가의 도움을 받을 수도 있다.

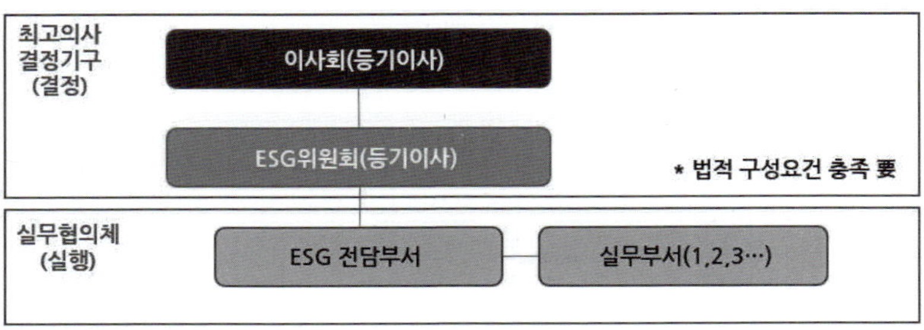

[그림 11-5] 이사회 내 소위원회 설치

국내에서는 이사회 내 소위원회로 'ESG', '지속가능' 등의 명칭을 사용하는 ESG 관련 위원회 설치회사가 늘어나고 있는 추세다. 2021년 6월말 기준으로 코스피 상장회사 797개사 중 100개사(12.5%)가 관련 위원회를 설치하고 있으며, 위원회에 참여하는 총 위원수는 4명인 경우(35개사)가 가장 많았다.

이 조직의 장점은 ESG 경영의 대외적 선언효과로 IR차원에서 긍정적이며 ESG와 관련한 전문성 확보, ESG 전략수립 등에 대한 충분한 숙의과정 확보 등이 가능하다는 점을 꼽을 수 있다. 단점으로는 이사회 결정사항의 심의과정이 추가됨으로 인해 신속한 경영의사결정이 지연될 수 있는 점이다.

2) 경영진 협의체 구성

ESG와 관련하여 별도의 위원회를 설치하고(설치하지 않았더라도) 대표이사 산하에 경영진 수준의 협의체를 구성하여 이사회(또는 이사회 내 소위원회)를 지원하고 경영자의 경영철학을 반영하는 역할을 담당할 수 있다.

ESG 경영전략 실행 등의 역할을 수행하는 경영진협의체를 구성하여 이사회의 ESG 경영의사결정을 지원할 수 있다. 경영진 협의체에는 ESG 관련 사업부문의 임원들로 구성할 수 있다.

경영진협의체의 장점은 경영자의 경영철학을 보다 투명하고 도전적으로 반영할 수 있고, 조직과 사업운영의 이해도가 높은 경영진이 이사회의 주요 의사결정을 지원함으로써 원활하고 신속한 경영의사결정 및 과제 실행력을 제고할 수 있다. 또 ESG과제추진 등과 관련하여 부서간 원활한 협업을 도모하고 중재하는 역할을 수행할 수 있다는 점이다. 단점으로는 내부 중심적 시각을 탈피하지 못할 수 있다는 것이다.

이사회가 검토하여야할 사항은 ESG 문제를 평가하고 관리할 권한과 최고 지속가능경영책임자(CSO·Chief Sustainability Officer) 지정 등 전문성을 갖춘 경영진 수준의 ESG 협의체가 필요한지 여부결정이 선행돼야 한다.

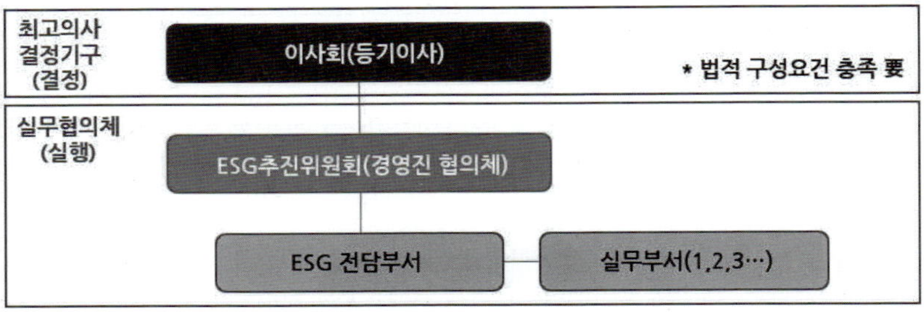

[그림 11-6] 경영진협의체 설치

3) ESG 전담부서 운영 방식(개별 회사형/그룹 통합형)

(1) 개별 회사형

ESG 경영을 위해서는 최고의사결정기구의 의사결정을 지원하는 실무조직이 필수적이다. 일반적으로 기존의 부서에 ESG 담당업무를 추가하거나 ESG 과제를 전담하는 부서를 신설하기도 한다. 어떤 방식이든 ESG 대응에 있어 중요한 점은 ESG 담당부서가 단독으로 ESG과제를 대응하는 것이 아니라 전사적인 대응이 필요하다는 것이다. 이의 장점은 개별기업 특성에 맞게 ESG 경영체계를 구축하는데 용이하다는 점이다. 단점은 그룹 차원에서의 통합적인 전략 추진이나 다른 계열사와의 의사소통 및 업무협조가 어려울 수 있는 점이다.

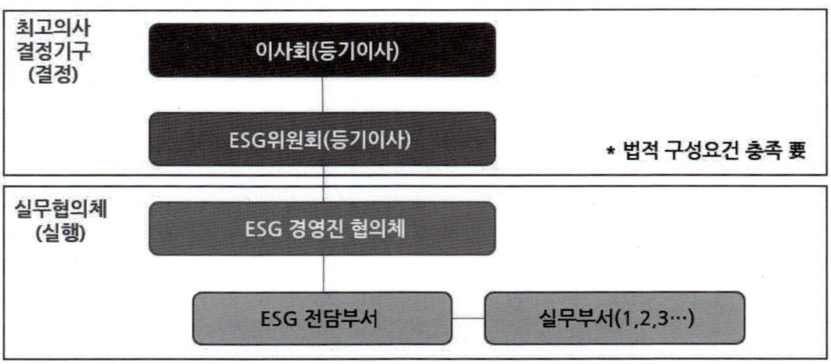

[그림 11-7] 개별회사형

(2) 그룹 통합형

이 조직의 장점은 그룹에 적합한 기본 체계 및 목표를 설정하여 그룹사들에 동시 적용이 가능하는 것이다. 그리고 계열사간 ESG경영에 대한 인식을 공유할 수 있으며 업무협조 및 조율이 원활해진다. 반면 단점은 사업 단위(business units), 사업운영의 위치, 관할구역이 다양한 경우 개별기업 고유의 상황을 고려하기 어려운 점이다.

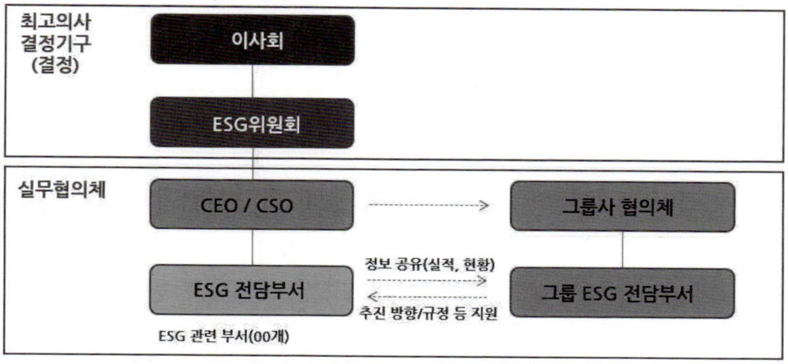

[그림 11-8] 그룹통합형

4) 기타 - 외부 전문가집단 조력의 장·단점

(1) 외부 컨설팅을 통한 조력

이의 장점은 ESG경영의 진단과 중요성 평가, 정보공개까지 방대한 정보수집, 심층적인 진단과 평가가 가능하다. 또한, 컨설팅을 통해 추가적인 인증이나 제3자 검증 등의 과정이 원활하게 이루어지는데 체계적인 도움을 받을 수 있다. 단점은 컨설팅 등에 소요되는 비용 부담이다.

최초 ESG 경영체계 구축을 위한 컨설팅 이후 조직내에서 자체적으로 관리, 개선할 수 있는 역량을 갖추지 못하는 경우 지속적으로 컨설팅업체에게 유지관리를 받아야 하므로 지속적인 비용부담이 발생될 수 있다. 이사회는 최소한의 내부인력을 배치하고 컨설팅업체를 활용할 것인지 아니면 전담부서를 통해 내부적으로 ESG 경영을 추진할 것인지 여부를 검토해야 한다. 이와 함께 외부컨설팅 도움없이 전담부서를 운영하는 경우 보고기준, 보고서 수준 등을 고려할 때 적정한 전문성과 인력이 확보되었는지 여부, 그밖에 충분한 자원이 공급되는지 여부의 검토가 필요하다.

(2) 자문그룹을 통한 조력

이의 장점은 ESG와 관련하여 외부 전문가들로 구성된 자문그룹을 설치하는 경우 글로벌 ESG 동향 등 전문적인 도움을 받을 수 있다는 점이다. 자문그룹은 이사회 또는 ESG위원회를 직접 지원하거나 경영진협의체, 전담부서를 지원할 수도 있다. 반면 단점은 관리 및 비용부담이 있으며 책임 소재가 불분명하다는 점이다.

제 IV 부

ESG 경영컨설팅과 ESG 경영 실무

제12장 ESG 경영컨설팅과 조직문화 구축방안

ESG(환경, 사회, 지배구조) 경영은 지속 가능한 비즈니스 성장을 추구하고, 다양한 이해관계자에게 긍정적인 영향을 미치기 위한 전략적 접근 방식이다. ESG 경영을 활성화시키기 위해선 ESG 경영전문 컨설팅 회사로부터 경영컨설팅을 받아 ESG 경영체계를 구축하는 방안도 있다. 컨설팅 회사는 해당 기업의 ESG 진단항목과 평가지표를 개발해 진단을 하고 문제점을 분석해 실천방안을 수립해준다. ESG 경영을 성공적으로 추진하기 위해서는 리더십이 핵심적인 역할을 한다. ESG 경영을 위한 리더십 스킬과 리더의 역할, 조직문화 구축방안에 대해 구체적으로 알아보도록 하겠다.

1 ESG 수준진단과 ESG 경영컨설팅

대신경제연구소와 삼송그룹 등 ESG 경영컨설팅 회사나 기관마다 자체적인 프로그램을 개발해 ESG 수준진단을 바탕으로 ESG 경영과 관련된 컨설팅을 수행하고 있다. 대개 ESG 진단항목과 평가지표를 바탕으로 수준진단과 평가점수의 문제점 등을 분석해 그에 대응한 컨설팅전략제시 및 실천방안을 수립해주고 있다.

1) ESG 수준진단

ESG 수준진단은 기업 및 기관이 공통적으로 대응해야 하는 ESG 이슈에 기반하여 대응한 ESG 수준진단 모델을 통해 평가하고 있다. 특히 해당 기업이나 조직이 대응해야 하는 ESG 이슈를 식별하고 이를 기반으로 기관의 대응 노력 및 성과를 객관적으로 진단하기 위한 진단항목으로 구성, 진단

항목의 타당성 및 범용성을 고려하여 K-ESG 가이드라인을 핵심적으로 활용한다. ESG 수준진단은 기초자료 수집, ESG수준진단 지표 선정과 평가, ESG 진단결과 확정 등 3단계로 진행하며, 진단결과는 S, A, B, C 4단계로 진단 등급을 부여하고 있다.

(1) 기초자료 수집

객관적인 진단을 위해 대외적으로 공개된 자료를 활용하는 것을 원칙으로 하며 기관에서 제공하는 내부 자료 활용 최소화하여 진단을 위한 데이터를 수집한다.

- 경영공시, 환경정보 공시, 경영실적 보고서 등 검토

(2) ESG 수준진단 및 검증

외부 공개 데이터를 기반으로 1차 진단을 실시하고 관련 실무자 인터뷰를 통해 사실관계를 검증하고 평가 결과를 도출한다.

- 업종 특성을 반영한 진단 항목 가중치 설정, 수준진단 및 결과 검증

(3) ESG 수준진단 결과 확정

진단 결과를 바탕으로 유사규모 기관, 우수기관 등과 비교분석을 진행하고 개선권고 사항 및 진단 등급을 최종 확정한다.

- K-ESG 모델을 활용하여 환경영역과 사회영역, 지배구조영역의 진단항목을 선정해 수준진단 점수 산출, 진단 등급산출 및 조정, 경쟁업체와의 비교, 진단보고서 발간

2) ESG 경영컨설팅 프로세스

기업이 ESG 경영을 체계적으로 구축하기 위해서는 전문적인 컨설팅 프로세스를 거치는 것이 중요하다. 일반적으로 컨설팅 추진 기본 프레임워크는 [그림 12-1]과 같이 4가지 모듈(Module)로 나눌 수 있다.

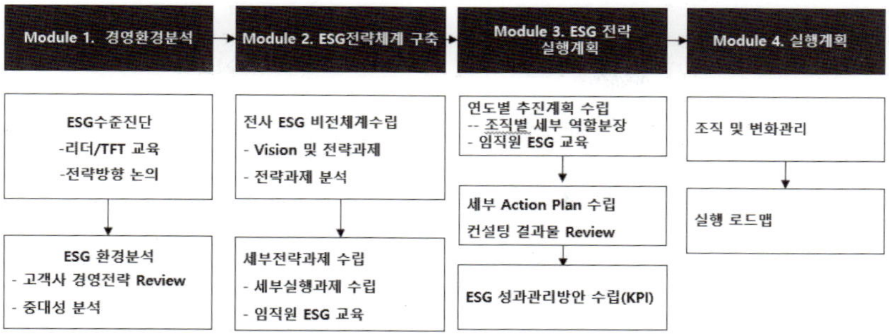

[그림 12-1] 컨설팅 추진 기본 프레임워크(Framework)

컨설팅프로세스는 컨설팅 수행기관마다 다르다. 여기서는 진단 및 분석, 전략수립, 실행계획수립, 실행 및 관리, 성과보고 및 지속개선 등 5단계의 컨설팅 프로세스로 나눠 설명한다.

(1) 진단 및 분석

기업의 현재 ESG 성과, 공시현황, 지속가능성 목표 등을 종합적으로 진단한다. 산업군, 규모, 운영방식에 따른 탄소배출량 분석(Scope 1, 2, 3), 공급망리스크 및 사회적 책임 등 ESG 영영별 관련 데이터 등을 수집하고 평가한다.

① ESG 수준 평가: 기업의 현재 ESG 경영 수준을 분석.

② ESG 핵심 영역(환경, 사회, 지배구조)에서 기업이 직면한 리스크와 기회 평가.

③ 이해관계자 분석: 고객, 투자자, 정부, 지역사회 등의 요구사항 파악.

④ 벤치마킹: 동종 업계 및 선진 기업 사례와의 비교.

(2) 전략 수립

단기적인 규제대응을 넘어서 장기적인 탄소중립목표와 지속가능성 개선을 위한 목표를 설정한다. 목표설정 시 기업의 비즈니스 전략과 시장경쟁력을 고려해 실현가능한 계획을 수립해야한다. 전략수립을 위해선 먼저 [그림 12-2]와 같이 데이터분석과 방향성 평가를 통한 관리지표선정과 관리방향 설정이 필요하다.

① 핵심 ESG 이슈 선정: 기업의 산업적 특성과 연계된 ESG 중점 이슈를 결정.

예: 제조업의 경우 탄소중립, 재생에너지, 순환경제

② 목표 및 KPI 설정: 단기, 중기, 장기 목표 설정과 성과 지표 개발.

예: 2030년까지 탄소배출 50% 감소, 2025년까지 여성 관리자 비율 30% 확대

구분	관리지표	관리 방향
(1) 단기 내 우선 추진 (시급성 高, 관리 용이성 高)	[사회] **고용 관행**	정규직 고용 비중 확대, 공정한 처우와 임금제공, 법규상 근로시간 준수 및 휴식시간 보장, 고용상의 차별 금지, 결사의 자유 보장
	[지배구조] **투명경영**	주요 의사결정사항에 대한 구성원 정보공유 확대, 투자자 소통 및 재무/비재무 정보 공개 강화를 통한 경영상의 정보 비대칭 해소
	[지배구조] **반부패·준법 경영**	기업 운영 과정에서 요구되는 법규와 산업 표준을 준수하고 임직원 및 경영진의 청렴성 및 투명성을 확보를 위한 윤리경영 정책 수립, 윤리경영 이행 현황 점검 및 내·외부 감사체계 확립
	[환경] **환경경영 체계**	환경경영을 위한 시스템 구축, 내부 관리인력, 데이터 관리 등 체계 정비, 목표 수립 및 환경성과 개선 이행, 대외 환경경영인증시스템 (ISO 14001 등) 획득
(2) 중·장기 대응 계획 수립 (시급성 高, 관리 용이성 低)	[환경] **유해물질 배출/폐기**	생산공정에서 발생하는 휘발성 유기화합물(VOC), NOx, SOx, 미세먼지 등 주요 유해물질 및 유해폐기물 최소화, 배출 및 폐기 관리 상의 환경 규제 준수
	[사회] **지적재산 및 고객정보보호**	자사 중요 정보 및 고객정보에 대한 관리체계 수립, 사내 정보보안 시스템 점검, 정보보호 책임자 지정
	[환경] **온실가스 배출**	사업장 운영 및 생산단계 에너지 사용 효율화, 온실가스 배출량 저감 추진으로 기후변화 관련 규제 강화에 대응 역량 확보
	[사회] **산업 안전·보건**	근로자 재해율 관리 및 경감을 위한 노력, 중대재해·직업성 질환 발생 방지를 위한 근로환경 개선활동 이행 (위험작업 식별/평가 등), 사업장 안전문화 구축 및 근로자 안전교육 실시
	[환경] **자원 사용·폐기 및 재활용**	원자재, 용수 등 자원 사용량 저감 활동 및 적법한 폐기절차 확립, 폐기물 매립량 최소화 및 재사용·재활용 증대 추진
(3) ESG 역량 고도화 (시급성 低, 관리 용이성 高)	[사회] **차별 및 직장 내 괴롭힘 금지**	직장 내 차별 및 부당한 대우 근절, 강압적 연장/주말근로 및 불공정한 성과평가 지양, 근로상의 인권 리스크 예방
	[사회] **제품안전 및 품질**	제품 안전사고 발생 최소화 관점의 품질검사 실시, 대외 품질인증 획득 등
	[사회] **공급망 포함 아동노동/강제노동**	자사 및 공급망 내 미성년 근로자의 부적법 채용이나 취약계층 강제노동 이슈 발생 방지 및 관련 상품/원재료 구매 근절
	[환경]	신·재생에너지, 탄소포집 및 에너지 저장장치, 폐수처리/폐기물 재활용 등 친환

[그림 12-2] 컨설팅의 관리지표와 관리방향설정

(3) 실행 계획 수립

글로벌 ESG규제는 정확하고 투명한 공시를 요구한다. 컨설턴트는 기업이 데이터를 체계적으로 수집하고 관리할 수 있도록 ESG데이터 관리 시스

템을 구축하도록 돕는 것이 필수적이다. 특히 IFRS S1, S2, EU의 CSRD, 미국의 SEC의 기후공시 등 각국의 규제에 대응하기 위한 정확한 ESG 데이터를 수집하고 이를 공개할 수 있는 시스템을 구축한다.

① 조직 내 교육 및 체계 구축: ESG 교육 프로그램 도입 및 전담 부서 구성.

② 데이터 수집 프로세스 개선: 탄소배출, 에너지 사용, 사회적 책임 등에 관한 데이터를 실시간으로 수집할 수 있는 시스템을 제안

③ 보고서 작성 지원: 기업이 투자자 및 이해관계자들에게 공시해야하는 데이터를 분석하고 보고서 작성 지원

④ 실행 로드맵 개발

가령: 에너지 전환(RE 100), 탄소 중립프로젝트, 에너지 효율화 프로젝트, 지속 가능한 공급망 구축 등에 대한 실행 목표와 전략, 세부과제 도출, 일정 등을 제시해 준다.

(4) 실행 및 관리

많은 규제는 기업의 자체 운영 뿐만 아니라 공급망 내에서 발생하는 ESG 리스크(Scopr 3)에도 중점을 둔다. 컨설턴트는 기업의 공급망 관리전략을 개선하고 투명성을 강화할 수 있도록 지원한다. 공급망 내에서 발생할 수 있는 탄소배출과 사회적 책임문제 등의 규제준수와 동시에 기업의 지속가능성을 높이는 전략이 중요하다.

① 공급망 리스크 평가: 공급망 내에서 발생하는 탄소배출량, 노동조건, 환경적 책임 등의 이슈를 체계적으로 관리할 수 있도록 평가모델을 개발, 기업의 규모와 고객사의 요구사항을 고려하여 EU의 CSDDD공급망 실사 보고서의 사전준비

② 모니터링 및 관리 시스템: ESG 데이터 관리 체계 구축(예: ESG 대시보드).

③ 협력사 지원 프로그램: 공급망 내의 협력사들이 ESG기준을 충족하도록 교육하고 지원하는 프로그램 제안

④ 프로젝트 실행: 전략에 따른 구체적인 ESG 활동 이행.

예: 탄소중립 프로젝트, 지역사회 공헌 프로그램 운영, 사회적 책임문제 등

⑤ 근로자 및 협력사 참여: 이해관계자 및 협력사와의 협력 강화.

(5) 성과 보고 및 지속 개선

ESG 규제가 단순히 환경적 사회적 책임을 요구하는데 그치지 않고 기업의 비즈니스 모델 전반에 걸친 변화를 요구하고 있다. ESG 규제에 대응함으로써 기업은 장기적인 리스크관리체계를 구축할 수 있으며, 이를 통해 지속가능한 성장을 도모할 수 있다. 컨설턴트는 조직의 성과보고와 함께 지속가능 경영을 위한 장기적으로 2030년, 2050년 등 단기와 중장기 목표를 달성할 수 있는 지속적인 개선방안을 제시해줘야한다.

① ESG 성과 측정 및 보고: ESG 보고서 발간(GRI, SASB 기준).

② 외부 평가 및 인증: ESG 평가기관 평가 점수 관리 및 국제 인증 취득 (ISO 14001, ISO 45001 등).

③ 지속 개선 활동: 피드백을 반영해 목표와 전략 수정.

3) ESG 경영전략 수립을 위한 컨설팅

ESG 규제가 강화됨에 따라 기업들은 복잡한 규제환경을 이해하고 ESG 수준진단결과를 바탕으로 이에 대응하기 위한 중요 이슈별로 환경과 사회적 책임, 지배구조 관련한 ESG 경영전략 수립이 중요하다. 이 때 조직 뿐만 아니라 이해관계자를 포괄하는 ESG 중대 이슈를 고려한 전략적 접근이 필요하다. ESG 중대이슈를 고려한 경영전략 수립을 위해 ESG 이슈 POOL 정의, 중요 이슈 선정, ESG 경영체계 구축 3단계 과정의 컨설팅을 수행한다. 또한, ESG 이슈 및 POOL 정의 과정에서 ESG 경영 수준진단을 병행하여 ESG 리스크 대응을 위한 현실적인 개선과제를 발굴하고 ESG 경영전략을 제시해야 한다.

(1) ESG 이슈 정의

ESG 경영전략 수립을 위해선 기관이 핵심적으로 대응해야 하는 ESG 이슈 POOL을 정의하고 ESG 수준진단을 통해 기관의 ESG 역량 수준을 진단해야 한다. ESG 이슈POOL의 사례는 〈표 12-1〉 과 같다.

- ESG 글로벌 이니셔티브 분석, ESG 수준진단 실시, ESG 이슈 POOL 정의

〈표 12-1〉 ESG 이슈POOL

NO	구분	이슈
1	E	제품 친환경성 강화 및 인식개선
2	E	탄소네거티브 전략 추진
3	E	유해물질 감축 및 관리
4	E	용수 사용 및 폐수 배출 관리
5	E	폐기물 감축 및 배출 관리
6	E	자원순환 기술 개발 및 재활용 원자재 확보
7	E	생물다양성 관리
8	S	공급망 ESG 경영
9	S	동반성장/ 상생협력 프로그램 운영
10	S	일하기 좋은 기업문화 확립
11	S	디지털 보안 및 고객정보 보호 강화
12	S	고객Pain Point개선 및 만족도 증진
13	S	제품 안전 및 품질 관리 강화
14	S	임직원 역량 개발 및 배터리산업 전문가 양성
15	S	합리적인 인사평가 및 보상제도 운영
16	S	사업장 및 임직원 안전보건 관리 강화
17	S	다양성, 공정성, 포용성을 고려한 조직문화 관리
18	S	국내외 사회공헌 프로그램 운영
19	G	이사회 및 ESG 위원회 운영 성과관리
20	G	리스크 관리 체계 고도화
21	G	준법/윤리경영 강화
22	G	정부 정책 및 규제 대응 관리
23	G	ESG 성과공시
24	G	이해관계자 소통 강화

(2) ESG 중요 이슈 선정

중대성 평가를 통해 대응 우선순위가 높은 중요 이슈를 선정하고 이를 기반으로 전략적 시사점을 도출하고 대응 전략을 수립한다.

- 이중 중대성 평가 실시, 중요 이슈 식별, 전략적 시사점 및 전략 수립

(3) ESG 경영체계 구축

중요 이슈 대응을 위한 전략과제 및 실행과제를 도출하고 기관의 역할을 고려한 ESG 목표 설정, ESG 목표 및 전략 추진을 위한 추진조직 및 관리체

계를 구축한다.

- ESG 목표 설정, 전략과제 및 실행과제 설정, ESG 실행체계 구축

4) 중대 이슈 기반 전략적 시사점 도출 및 실현 방안 제시

기업마다 산업군, 규모, 운영방식에 따라 요구되는 ESG전략이 다를 수 있다. 따라서 기업에 맞춤형 ESG 전략을 수립하는 것이 중요하다. 컨설턴트는 기업의 현재 ESG성과분석을 통해 주요 개선점을 파악하고 규제준수뿐 만 아니라 비즈니스 성과를 극대화할 수 있는 ESG 전략을 제시해야 한다. 이해관계자 관점의 ESG 이슈 식별 및 대응 전략을 수립하기 위해 중대성 평가를 통해 중요 이슈 및 전략적 시사점을 도출한다. 특히, 중대성 평가는 GRI Standards 2021, ESRS 등 국제표준에서 제시하는 권고사항을 부합하도록 진행하여 전략 수립 과정의 체계성과 합리성을 확보해야 한다.

추진 기관의 특성을 고려한 ESG전략수립과 함께 운영체계를 마련해 글로벌 트렌드에 부응하는 선제적인 ESG전략체계 수립 및 효과적인 ESG커뮤니케이션 기반 마련이 중요하다. 주요 추진과업과 컨설팅 목적을 위한 ESG전략 및 운영체계구축은 [그림 12-3]과 같이 전략수립과 관리체계구축, 커뮤니케이션을 통한 추진과업의 실행이 필요하다.

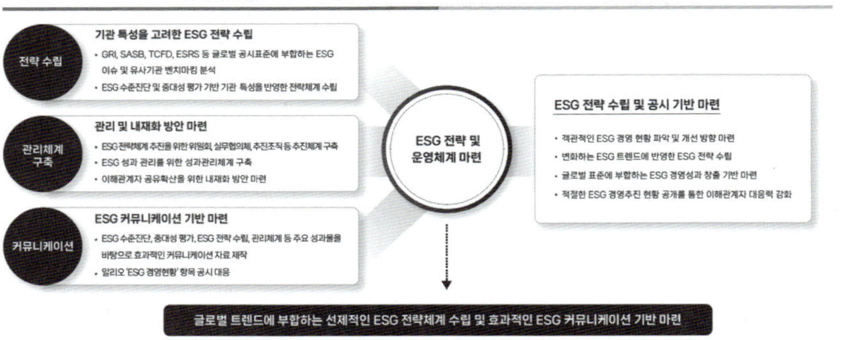

[그림 12-3] 주요 추진과업과 컨설팅 목적

5) 지속가능 경영보고서 발간 및 검증

ESG 관련 경영공시 의무화 등 기업과 공공기관에 있어서도 ESG 정보 공시에 대한 이해관계자의 요구가 확대되고 있는 상황이므로 이를 적극적으로 대응하기 위한 ESG 정보공시 및 지속가능경영보고서 발간이 필요하다. 이를 위해 지속가능경영보고서 발간에 있어서 신뢰할 수 있는 정보를 수집하고 이를 효과적으로 전달하기 위한 컨텐츠 및 디자인 개발 등을 포함한 지속가능경영보고서 발간 컨설팅을 받고 외부기관의 검증이나 컨설팅도 필요하다.

(1) 보고서 기획

지속가능성 보고서는 대내외 환경분석과 중대성 평가에 기반한 중요 이슈를 식별하고 중대성 평가결과를 토대로 보고서 컨텐츠 및 목차를 기획해야 한다. 이와 함께 차별화된 보고서 디자인을 위한 시안을 개발한다.

(2) 보고서 작성

기획 단계에서 도출된 중요 이슈 및 보고 이슈에 기반하여 공시를 위한 정보 수집하고 이를 기반으로 보고서 원고 작성 및 디자인 작업을 진행한다.

ESG 정보공시를 위한 준비를 위해선 ESG 관련 공시현황 및 관련사항의 업데이트와 신설규제 및 트렌드를 반영한 리스크 진단프로세스 등 연구방법론 고도화, 성공적 지속가능보고서 발간을 위한 전문가 POOL 조정이 필요하다. 그리고 임직원 ESG 공시역량 내재화를 위해 ESG공시 워크숍을 개최한다. 지속가능성보고서 발간을 위해선 현황진단과 보고서 기획 – 이중 중대성 평가 – 보고서 작성 등의 과정을 거친다.

(3) 보고서 검증 및 발간

공시 내용에 대해 TFT의 최종 검토 및 보완, 제3자 검증(서면, 현장), 최종 인쇄전 검토 등을 통해 공시 정보에 대한 신뢰성을 검증하고 최종보고서 인쇄 및 공시지원의 과정을 거쳐 보고서를 발간하고 외부에 공시한다.

2 ESG 가치를 반영한 조직 문화 구축 방법

ESG 경영은 기업의 지속 가능성을 높이기 위한 핵심적인 경영 방식으로 자리 잡고 있다. 이러한 ESG 경영을 성공적으로 실천하기 위해서는 기업의 조직 문화와 ESG 가치를 통합하는 것이 매우 중요하다. 조직 문화는 기업의 가치, 신념, 행동 방식을 반영해야 한다. ESG 가치를 반영한 조직 문화 구축은 기업의 모든 구성원이 ESG 목표를 이해하고 실천하도록 도와준다.

1) ESG 조직 문화 구축의 필요성

ESG 경영은 단순한 경영 전략의 변화가 아니라, 기업의 핵심 문화와 신념을 ESG 가치에 맞추어 변화시키는 것이다. 따라서 ESG 조직 문화를 구축하는 것은 ESG 목표를 달성하기 위한 첫 번째 단계이다.

조직 문화는 기업의 행동 양식을 정의하고, 구성원들이 의사결정을 내리는 기준을 제공한다. ESG 가치를 반영한 조직 문화는 구성원들이 환경적 책임, 사회적 기여, 투명한 지배구조를 일상적으로 실천할 수 있도록 만들어 나가야 한다.

ESG 가치를 내재화한 조직 문화는 기업의 지속 가능성을 높이고, 이해관계자들과의 신뢰를 강화할 수 있다. 또한, 직원들이 ESG 목표에 동참하도록 동기를 부여하고, ESG와 관련된 혁신을 촉진한다.

2) ESG 가치를 반영한 조직 문화 구축의 주요 요소

조직 문화에 ESG 가치를 통합하려면 기업의 여러 측면에서 변화가 필요하다. 주요 요소는 비전, 가치, 행동 지침, 평가 시스템, 리더십, 커뮤니케이션, 교육 등이 있다.

(1) ESG 비전과 가치 선언

ESG 조직 문화를 구축하기 위해서는 기업의 비전과 가치를 명확히 정의하고, 이를 ESG 목표와 일치시켜 조직 문화에 내재화해야 한다. ESG 목표는 환경적, 사회적, 지배구조적 측면에서의 구체적인 성과 지표를 포함해야 한다. 리더는 ESG 비전과 목표를 수립하고, 이를 통해 조직이 나아갈 방향을 제시해야 한다.

- 명확한 ESG 비전: 기업의 비전 속에 ESG 가치를 명확히 포함시켜야 한다. 이는 기업이 환경적 책임을 다하고, 사회에 기여하며, 투명한 지배구조를 갖춘 기업으로서의 이미지를 형성하는 데 기여한다.
- 가치 선언: ESG 가치를 반영한 핵심 가치를 선언하고, 이를 조직 내에서 반복적으로 강조함으로써 구성원들이 이를 내재화할 수 있도록 해야 한다.

(2) ESG 행동 지침과 정책 수립

ESG 가치를 실천하기 위해서는 구체적인 행동 지침과 정책이 필요하다. 이러한 지침과 정책은 조직 구성원들이 일상적으로 ESG 가치를 실천할 수 있도록 도와준다.

- ESG 행동 지침: 환경 보호, 사회적 책임, 지배구조 개선과 관련된 구체적인 행동 지침을 마련하여 모든 직원들이 이를 준수하도록 해야 한다. 예를 들어, 에너지 절약, 자원 재활용, 사회적 기여 활동에 참여하는 방법을 제시할 수 있다.
- ESG 정책: ESG 정책을 수립하고 이를 기업 전반에 적용해야 한다. 예를 들어, 친환경 제품 개발 정책, 다양성 존중 및 인권 보호 정책, 윤리적 경영 방침 등을 수립하여 조직의 운영 방식에 ESG 가치를 반영해야 한다.

(3) 성과 평가 및 보상 시스템 구축

ESG 가치를 조직 문화에 통합하려면 구성원들이 ESG 목표를 실천할 동기를 부여받을 수 있도록 성과 평가 및 보상 시스템을 구축해야 한다. 이를 통해 ESG 목표 달성 여부를 지속적으로 모니터링하고, 필요한 개선 조치를 취할 수 있다. 기존의 재무적 성과뿐만 아니라 ESG 관련 성과도 평가의 기준이 되어야 한다.

• ESG 성과 평가: 직원들의 성과 평가 항목에 ESG 목표 달성 여부를 포함시켜야 한다. 예를 들어, 부서별로 환경적 성과, 사회적 기여도, 지배구조 투명성 등을 평가하는 지표를 설정할 수 있다.
• 보상 시스템: ESG 목표를 성공적으로 달성한 직원이나 팀에게 인센티브를 제공하는 보상 시스템을 도입해야 한다. 이를 통해 ESG 가치를 실천하는 문화를 장려할 수 있다.

(4) 리더십의 역할 강화

ESG 조직 문화를 성공적으로 구축하기 위해서는 리더십의 역할이 매우 중요하다. 리더 스스로 뿐만 아니라 차세대 리더를 ESG 경영의 중요한 주체로 육성해야 한다. 리더는 ESG 가치를 실천하는 모범을 보이고, 구성원들이 이를 따를 수 있도록 이끌어야 한다.

• ESG 리더십 모델링: 리더는 ESG 가치를 실천하는 데 있어 모범을 보여야 한다. 예를 들어, 리더는 친환경 활동에 적극적으로 참여하고, 투명한 의사결정을 통해 조직 내에서 ESG 가치를 실천하는 모습을 보여야 한다.
• 변화 관리: ESG 가치를 반영한 조직 문화를 구축하는 과정에서 발생할 수 있는 저항을 극복하고, 변화 관리를 효과적으로 수행할 수 있는 리더십이 필요하다. 리더는 구성원들이 ESG 변화에 적응하고 이를 수용할 수 있도록 지원해야 한다.

(5) 커뮤니케이션과 투명성 강화

조직 내에서 ESG 가치를 내재화하기 위해서는 투명한 커뮤니케이션이 필수적이다. 구성원들이 ESG 목표와 정책을 이해하고, 이와 관련된 정보를 투명하게 공유받을 수 있어야 한다.

• 내부 커뮤니케이션: ESG 관련 정보와 목표를 구성원들과 지속적으로 공유하고, 이를 통해 조직 전체가 ESG 목표를 공유하도록 해야 한다. ESG 관련 성과, 진행 상황 등을 주기적으로 보고하는 시스템을 구축하는 것이 중요하다.

- 외부 커뮤니케이션: 외부 이해관계자들과의 투명한 소통도 필요하다. ESG 성과를 투명하게 공개하고, 이를 통해 기업의 신뢰도를 높일 수 있다.

(6) ESG 교육과 인식 제고

조직 구성원들이 ESG 가치를 실천하기 위해서는 이를 위한 교육과 인식 제고가 필요하다. ESG 교육 프로그램은 ESG 목표를 달성하기 위한 실질적인 방법을 제공할 수 있다.

- ESG 교육 프로그램: ESG 경영과 관련된 교육 프로그램을 개발하고, 직원들에게 이를 주기적으로 제공해야 한다. 이를 통해 직원들이 ESG의 중요성을 인식하고, 실질적인 실천 방안을 학습할 수 있다.
- 인식 제고 캠페인: ESG 가치를 알리고, 직원들이 ESG 목표에 동참하도록 하는 캠페인을 진행할 수 있다. 이를 통해 ESG 경영에 대한 인식을 높이고, 구성원들이 적극적으로 참여하도록 유도할 수 있다.

제13장 ESG 고도화 전략

ESG 경영은 단순한 트렌드가 아니라, 기업이 지속 가능한 경영을 통해 장기적인 성장을 달성하기 위한 전략이다. 이 보고서는 ESG 경영 고도화 전략을 위해 필요한 환경 분석 중, ESG 경영 동향, 동종 업계 분석, 그리고 법제도 동향 분석을 구체적으로 다룬다. ESG 경영은 앞으로도 지속적으로 강화될 것이며, 기업들은 변화하는 환경에 맞춰 ESG 경영 전략을 고도화해야 한다. 이를 통해 기업은 더 많은 투자를 유치하고, 사회적 신뢰를 높이며, 법적 리스크를 최소화할 수 있을 것이다. ESG 경영은 지속 가능한 성장을 위한 필수적인 전략 요소로, 이를 성공적으로 이행하기 위해서는 전략과제와 성과지표를 명확히 하고, 체계적인 로드맵을 정립해야 한다.

1 ESG 고도화전략 수립을 위한 환경분석

ESG 전략을 고도화하기 위해선 무엇보다 환경분석을 통한 ESG전략 수립이 중요하다. 대신경제연구소(한국ESG연구소)의 경우 글로벌 및 국내 ESG 동향(Trend), 동종 업계 분석(Benchmark), 글로벌기준분석(Standard) 그리고 법규제 동향분석(Law and Regulatory) 등 [그림 13-1] 와 같은 환경분석절차를 제시하고 있다. 이러한 환경 분석을 통해 기업은 지속 가능한 성장과 장기적인 경쟁력을 확보할 수 있다.

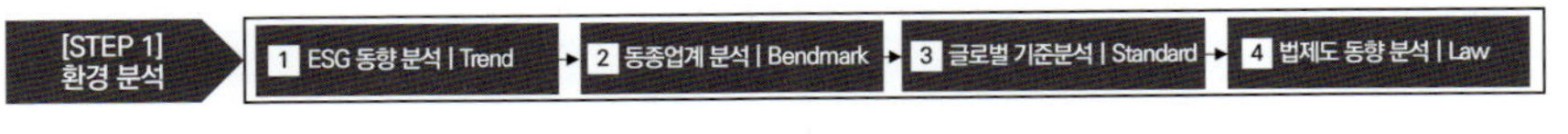

[그림 13-1] 환경분석의 절차

1) ESG동향분석

(1) 글로벌 ESG 경영 동향

가. ESG의 글로벌 성장

세계적으로 ESG에 대한 관심과 투자가 증가하고 있으며, 많은 글로벌 기업들이 ESG 경영을 채택하고 있다. 특히, 투자자들은 ESG 요소를 반영한 투자를 선호하고 있으며, 지속 가능성에 대한 요구가 강해지고 있다.

나. 글로벌 ESG 기준 및 지표

GRI(Global Reporting Initiative), SASB(Sustainability Accounting Standards Board), TCFD(Task Force on Climate-related Financial Disclosures)와 같은 국제 ESG 프레임워크는 ESG 경영의 글로벌 표준으로 자리 잡았다. 이 기준들을 통해 기업들은 투명한 보고를 해야 글로벌 시장에서 신뢰성을 확보할 수 있다.

다. 글로벌 ESG 투자 트렌드

ESG 경영을 잘 실천하는 기업들은 더 많은 투자를 유치하고 있으며, ESG 펀드 및 지속 가능한 금융 상품이 급격히 증가하고 있다. 투자자들은 장기적인 안정성과 지속 가능성을 보장하는 기업에 더 많은 자금을 투입하고 있다.

- 사례: 블랙록(BlackRock)과 같은 글로벌 자산 운용사는 ESG 경영을 실천하는 기업에 대한 투자를 확대하고 있으며, 이와 관련된 펀드 규모도 매년 증가하고 있다.

  기술 발전과 ESG 경영의 연계가 강화되고 있다. AI, IoT, 블록체인 등 4차 산업혁명 기술들이 ESG 경영에 활용되고 있다. 이러한 기술들은 기업이 더 효율적으로 ESG 성과를 관리하고 투명하게 보고할 수 있도록 도와준다.

  이와 함께 디지털 전환은 ESG 경영의 필수적인 요소로 자리 잡고 있으며, 기업들은 디지털 기술을 활용하여 ESG 목표를 달성하고 있다.
- 사례: IBM은 블록체인 기술을 활용하여 자원 관리의 투명성을 높이고 있으며, 공급망 전반에서 친환경적이고 사회적 책임을 다하는 방식으

로 혁신을 실현하고 있다.

(2) 국내 ESG 경영 동향

가. 국내 ESG 경영 확산

한국에서도 대기업뿐만 아니라 중소기업까지 ESG 경영의 중요성이 강조되고 있다. 금융기관들도 ESG 경영 성과에 따라 기업에 대한 평가와 투자 여부를 결정하는 데 있어 ESG 요소를 반영하기 시작했다.

나. 국내 주요 기업들의 ESG 경영 실천

삼성, LG, SK, 현대 등 주요 대기업들은 ESG 경영을 핵심 전략으로 삼고 있다. 이러한 대기업들은 탄소 중립 목표 설정, 사회적 책임 강화, 투명한 지배구조 확립 등의 다양한 ESG 경영 활동을 실행하고 있다.

- 사례: SK이노베이션은 탄소 중립 목표를 설정하고, 지속 가능한 경영을 위해 ESG 경영을 강화하고 있으며, 신재생에너지 투자와 혁신적인 친환경 기술 개발에 집중하고 있다.

2) 동종업계 분석

(1) 주요 업종별 ESG 경영 현황

① 제조업: 제조업은 특히 환경적 영향이 크기 때문에, ESG 경영에서 환경 요소가 중요한 역할을 한다. 제조 공정에서의 에너지 효율성 개선, 자원 절약, 탄소 배출 감축이 핵심 전략이다.

- 사례: 도요타는 전 세계적으로 하이브리드 및 전기차 생산을 확대하여, 제조업에서의 탄소 배출 감축을 목표로 하고 있다.

② 서비스업: 서비스업에서는 주로 사회적 책임과 지배구조 측면에서의 ESG 경영이 강조되고 있다. 특히 고객과의 신뢰 관계 구축, 투명한 경영, 인권보호 등이 주요 실행 방안으로 나타난다.

- 사례: 스타벅스는 직원들에게 공정한 노동 환경을 제공하고, 다양한 배경의 인재를 채용하여 사회적 책임을 다하고 있다.

③ 금융업: 금융업은 ESG 경영에서 지배구조와 사회적 책임이 중요한 비

중을 차지한다. 금융기관들은 ESG 평가를 통해 투자 결정을 내리고 있으며, 지속 가능한 금융 상품을 개발하여 사회적 가치를 창출하고 있다.

- 사례: 한국의 KB국민은행은 지속 가능한 금융 상품을 개발하고, 친환경 투자 확대를 통해 ESG 경영을 실천하고 있다.

(2) 경쟁사 ESG 전략 분석

① 경쟁사의 ESG 전략 벤치마킹: 경쟁사의 ESG 전략을 분석하여, 자사의 ESG 경영을 고도화하는 전략을 마련할 수 있다. 경쟁사들이 ESG 경영을 어떻게 실천하고 있는지, 어떤 성과를 내고 있는지에 대한 분석을 통해 자사의 경쟁력을 강화할 수 있다.

② 경쟁사 ESG 성과와 비교: ESG 성과 측면에서 경쟁사와의 비교를 통해 자사의 강점과 약점을 파악할 수 있다. 이를 바탕으로 ESG 경영 고도화를 위한 구체적인 전략 수립이 가능하다.

- 사례: 글로벌 자동차 제조사인 테슬라와 도요타의 ESG 전략을 비교하여, 자사의 전기차 시장 진출 전략을 강화할 수 있다.

(3) 업종별 ESG 규제 분석

① 제조업 규제: 제조업은 탄소 배출 및 에너지 사용에 대한 규제가 강하게 적용된다. 이에 따라 제조업체들은 탄소 중립 목표 설정과 환경 규제 준수를 위한 구체적인 실행 방안을 마련해야 한다.

② 서비스업 규제: 서비스업에서는 주로 사회적 책임과 관련된 규제가 중요하다. 노동자의 권리 보호, 고객 정보 보호, 공정 거래 관련 규제가 강화되고 있으며, 이를 준수하기 위한 전략이 필요하다.

③ 금융업 규제: 금융업은 특히 지속 가능한 금융과 관련된 규제가 강화되고 있다. 금융기관들은 ESG 성과를 반영한 금융 상품을 개발하고, 투자 결정 과정에서 ESG 요소를 고려해야 한다.

- 사례: 유럽연합(EU)은 금융업에서 지속 가능한 금융을 촉진하기 위한 'EU 택소노미'를 도입하여 금융기관들이 ESG 성과를 기준으로 투자 결정을 내리도록 유도하고 있다.

3) 법제도 동향분석

(1) 국내 법제도 동향

① 한국 정부의 ESG 규제 강화: 한국 정부는 ESG 경영을 촉진하기 위한 다양한 법적 제도를 도입하고 있다. 특히 기업들이 환경 보호, 사회적 책임, 지배구조 개선을 실천하도록 규제를 강화하고 있다.

② 한국의 탄소 중립 법안: 한국은 2050년까지 탄소 중립을 달성하기 위한 법적 목표를 설정했으며, 이에 따라 기업들은 탄소 배출을 감축하기 위한 구체적인 계획을 수립해야 한다.

- 사례: 한국의 '기후변화 대응 기본법'은 기업들이 탄소 중립 목표를 달성하기 위해 자원 사용을 줄이고 재생에너지를 확대하도록 규정하고 있다.

③ 사회적 책임과 관련된 법규: 노동자 권리 보호, 공정 거래, 윤리적 경영과 관련된 법규가 강화되고 있으며, 기업들은 이에 대한 대응 전략을 마련해야 한다.

- 사례: 한국의 '공정거래법'은 기업들이 공정한 경쟁을 촉진하고, 시장의 투명성을 유지하기 위한 규제를 포함하고 있다.

(2) 글로벌 법제도 동향

① 글로벌 ESG 법제도 트렌드: 전 세계적으로 ESG 관련 법제도가 강화되고 있으며, 특히 유럽연합(EU), 미국, 중국 등 주요 경제권에서 ESG와 관련된 규제를 강화하고 있다. 기업들은 글로벌 규제에 맞춰 ESG 경영을 고도화해야 한다.

② 유럽연합의 ESG 규제: 유럽연합은 ESG 경영을 강화하기 위해 'EU 녹색 딜(Green Deal)'과 'EU 택소노미'를 도입하여 기업들이 환경 목표를 달성하도록 유도하고 있다. 또한, 기업들은 ESG 성과를 보고하도록 의무화하고 있으며, 이를 통해 투자자들에게 투명한 정보를 제공해야 한다.

- 사례: 유럽연합은 '비재무보고 지침(NFRD)'을 통해 대기업들이 ESG 관련 비재무 정보를 보고하도록 규정하고 있으며, 이를 통해 기업의

ESG 성과를 평가한다.

③ 미국의 ESG 관련 법규: 미국 증권거래위원회(SEC)는 ESG 관련 공시 규정을 강화하고 있으며, 기업들이 ESG 성과를 보고하도록 요구하고 있다.

- 사례: 미국의 'Dodd-Frank Act'는 기업의 지배구조와 사회적 책임에 대한 보고 의무를 강화하고, 주주들과의 소통을 촉진하고 있다.

(3) 법제도 변화에 따른 기업의 대응 전략

ESG영역별 우리 회사가 지켜야할 관련 법규를 미리 파악해야한다. ESG 담당자는 환경분야의 경우 기후위기 대응을 위한 탄소중립과 녹생성장기본법, 사회분야에는 고용정책기본법, 노동조합 및 노동관계조정법, 산업안전보건법, 지배구조분야에는 대,중소기업 상생협력촉진에 관한 법률, 부정청탁 및 금품수수의 금지에 관한 법률 등 각종 법규를 정확하게 확인하고 실행방안을 찾아야 한다. 회사측은 이와 관련된 법규 위반 및 제재건수와 처벌내용, 회사의 개선노력 등을 정리하여 외부에 투명하게 공개하고 재발방지에 힘써야 한다. 우리 회사가 취약한 ESG관련 법규에 대해선 철저하게 모니터링 등을 통해 관리·감독하고 추가로 위반하지 않도록 주의해야 한다.

① 법적 규제 준수 전략: ESG 관련 법제도가 강화됨에 따라 기업들은 각국의 규제를 준수하기 위한 구체적인 전략을 마련해야 한다. 이를 위해 법적 리스크를 평가하고, ESG 경영 성과를 관리하는 체계를 구축해야 한다.

② 글로벌 규제 대응 전략: 다국적 기업들은 각국의 법제도 차이를 고려하여 글로벌 규제에 대응하는 ESG 전략을 수립해야 한다. 이를 통해 각국에서 요구하는 ESG 규제를 준수하고, 글로벌 시장에서 경쟁력을 유지할 수 있다.

- 사례: 다국적 기업인 유니레버는 각국의 ESG 법제도에 맞춰 지속 가능한 제품 생산과 윤리적 경영을 실천하고 있다.

2 ESG 경영 전략수립

기업들이 ESG 경영 전략을 수립하는 것은 단순한 규제 준수를 넘어서 글로벌 시장에서의 경쟁력 확보와 이해관계자들과의 신뢰 구축을 위해 필수적이다.

대신경제연구소(한국ESG연구소)는 ESG경영전략 수립의 단계는 현황 진단 및 인식조사, 미디어 이슈분석, 중요 이슈도출, 전략방향 및 체계수립의 단계로 진행한다.

[그림 13-3] ESG전략 수립

1) 현황진단 및 인식조사

ESG 경영은 지속 가능한 발전과 기업 가치 증대의 핵심 전략으로 자리잡고 있다. 기업들은 기후 변화, 사회적 책임, 지배구조 개선 등을 통해 장기적인 성장을 추구하는 것이 이제는 중요한 경영 방식이 되고 있다.

(1) ESG 경영의 현황 분석

① ESG 도입 현황: 글로벌 및 국내 기업들의 ESG 경영 도입 현황을 분석하고, 각 기업이 어느 정도로 ESG 전략을 수립하고 실행하고 있는지 진단한다.

- 구체적 사례: 대기업들의 ESG 경영 도입 비율과 중소기업의 ESG 도입 상황 비교.

② 산업별 ESG 경영 차이: 산업에 따라 ESG 경영의 주요 관심사와 우선순위가 다름을 고려하여 현황을 진단한다.

- 구체적 사례: 제조업, 서비스업, 에너지 산업 등에서의 ESG 도입 현황 차이를 분석하여, 각 산업별로 어떤 요소가 중요한지 파악한다.

(2) 내부 및 외부 이해관계자 인식 조사

① 경영진의 ESG 인식 조사: 경영진이 ESG 경영을 어떻게 인식하고 있으며, 이를 경영 전략의 중심으로 두고 있는지 조사한다.

- 구체적 방법: 설문조사나 인터뷰를 통해 ESG의 중요성에 대한 경영진의 인식을 평가하고, 이를 실행으로 옮기는 과정에서의 어려움을 파악한다.

② 직원들의 ESG 인식 조사: 직원들이 ESG 경영의 필요성을 얼마나 이해하고 있으며, 기업 내에서 ESG 목표 달성을 위해 어떻게 기여하고 있는지 조사한다.

- 구체적 방법: 사내 설문조사나 워크숍을 통해 직원들의 ESG 경영에 대한 이해도를 평가하고, 내부 교육 필요성을 도출한다.

③ 외부 이해관계자 조사: 투자자, 소비자, NGO 등 외부 이해관계자들이 기업의 ESG 경영을 어떻게 평가하고 있는지 조사한다.

- 구체적 사례: 투자자들이 ESG 경영을 투자 결정에서 중요한 요소로 고려하는 비율을 파악하고, 소비자들이 ESG 친화적인 제품을 얼마나 선호하는지 조사한다.

(3) ESG 관련 벤치마킹

글로벌 및 국내에서 ESG 경영을 선도하는 기업들의 우수 사례를 분석하고, 이를 벤치마킹한다.

- 구체적 사례: 구글, 유니레버, 삼성전자 등의 ESG 경영 사례를 분석하여 자사의 전략에 반영할 수 있는 요소를 도출한다.

2) 미디어이슈 분석

(1) ESG 관련 미디어 보도 동향

① 주요 미디어의 ESG 보도 분석: ESG 관련 이슈들이 언론에서 어떻게 다뤄지고 있는지 분석하고, 그 트렌드를 파악한다.

- 구체적 방법: ESG 경영 관련 키워드를 중심으로 주요 미디어의 보도량을 분석하고, 가장 많이 다뤄진 이슈와 주요 언론사의 관심사를 파악한다.

② 긍정적 보도와 부정적 보도의 비율: ESG 경영의 긍정적 측면과 부정적 측면이 언론에서 어떻게 다뤄지고 있는지 비교 분석한다.

- 구체적 사례: ESG 경영이 기업 평판에 미친 긍정적 영향에 대한 보도와 ESG 미흡으로 인해 발생한 논란이나 문제를 다룬 부정적 보도를 비교 분석한다.

(2) 소셜 미디어와 ESG 경영

① 소셜 미디어에서의 ESG 이슈 트렌드: 소셜 미디어에서 사람들이 ESG 경영에 대해 어떻게 반응하고 있으며, 어떤 이슈들이 주목받고 있는지 분석한다.

- 구체적 방법: 트위터, 인스타그램, 페이스북 등의 소셜 미디어 플랫폼에서 ESG 관련 키워드를 분석하고, ESG 경영에 대한 사용자 반응을 조사한다.

② 소비자와의 소통 창구로서의 소셜 미디어 활용: ESG 경영과 관련된 기업의 소셜 미디어 전략을 분석하고, 기업이 소비자들과 어떻게 소통하고 있는지 파악한다.

- 구체적 사례: 파타고니아는 소셜 미디어를 통해 환경 보호와 지속 가능성에 대한 메시지를 강하게 전달하며 소비자들의 긍정적 반응을 얻고 있다.

(3) 중요 이슈 분석

① 환경적 이슈: ESG 경영에서 환경적 이슈가 어떻게 다뤄지고 있으며, 기후 변화, 탄소 배출 감축, 재생에너지 전환 등의 이슈가 얼마나 중요한지 파악한다.

- 구체적 사례: 탄소 배출 감축 목표를 달성하지 못한 기업들이 미디어에서 부정적으로 다뤄지는 사례 분석.

② 사회적 이슈: 인권 보호, 노동자 권리, 사회적 평등과 같은 사회적 이슈들이 미디어에서 어떻게 다뤄지고 있는지 분석한다.

- 구체적 사례: 사회적 책임을 다하지 못한 기업이 미디어에서 비판을

받는 사례와, 반대로 사회적 책임을 다하는 기업의 긍정적 보도 분석.

③ 지배구조 이슈: 기업 지배구조와 관련된 투명성, 이사회 구성, 주주 권리 보호 등의 이슈가 어떻게 보도되고 있는지 분석한다.

- 구체적 사례: 경영 투명성을 강화한 기업이 미디어에서 긍정적으로 평가되는 사례 분석.

3) 중대 이슈 도출

(1) 중대 이슈 정의

중대 이슈는 ESG 경영의 과도기적 또는 모호한 문제를 뜻하며, 경영진이 명확한 결정을 내리지 못하는 이슈이다. 이는 ESG 경영에서 기업이 당장 해결하지 못하거나 해결의 우선순위를 두지 못한 이슈로, 향후 리스크로 발전할 수 있는 문제들이다.

(2) 중대 이슈 분석

① 환경적 중대 이슈: 기후 변화 대응을 위한 목표 설정은 있지만, 실질적인 실행 방안이 미흡한 상황에서 발생할 수 있는 리스크를 파악한다.

- 구체적 사례: 탄소 배출 감축 목표를 설정했으나, 실질적인 실행력이 부족해 기업이 직면할 수 있는 리스크를 분석한다.

② 사회적 중대 이슈: 사회적 책임에 대한 규제 강화는 있지만, 기업의 대응 전략이 명확하지 않은 상황에서 발생할 수 있는 문제들을 파악한다.

- 구체적 사례: 중대재해처벌법과 같은 법적 규제가 강화되었지만, 실제 현장에서의 실행이 미비한 경우를 분석한다.

③ 지배구조 중대 이슈: 이사회 운영의 투명성을 높이기 위한 법적 요구는 있지만, 기업 내부에서 이를 실행할 명확한 기준이 없는 상황을 분석한다.

- 구체적 사례: 이사회의 독립성을 확보하지 못해 발생하는 잠재적 리스크를 파악하고, 개선 방안을 도출한다.

(3) 중대 이슈의 해결 방안

중대 이슈 관리 전략은 중대 이슈를 사전에 파악하고, 이를 해결하기 위한 구체적인 방안을 제시한다.

- 구체적 방법: 내부 리스크 관리 체계를 구축하고, 외부 이해관계자들과의 소통을 통해 중대 이슈를 해결하기 위한 계획 수립.

4) 정책방향 및 계획

(1) ESG 경영 정책 방향

① 단기 및 장기 정책 목표 설정: 단기적으로 달성 가능한 목표와 장기적으로 추구해야 할 ESG 경영 목표를 설정하고, 이를 실행하기 위한 구체적인 계획을 수립한다.

- 구체적 사례: 단기적으로는 온실가스 배출량을 줄이고, 장기적으로는 탄소 중립을 달성하기 위한 정책 목표 설정.

② 전사적 ESG 경영 체계 구축: ESG 경영이 전사적으로 실행될 수 있도록 조직 체계를 정비하고, 이를 실행할 수 있는 전담 부서를 신설한다.

- 구체적 실행 방안: ESG 전담 부서와 경영진 간의 협력 체계 구축, 모든 부서에서 ESG 목표 달성을 위한 실행 계획 수립.

(2) 법적 규제 대응 정책

① ESG 법제도 변화에 대한 대응 전략: 국내외 법적 규제가 강화되고 있는 상황에서, 이를 신속히 반영하여 기업 내부에서 정책을 수립하고 실행할 수 있는 체계를 마련한다.

- 구체적 실행 방안: ESG 관련 법제도를 모니터링하고, 규제 대응을 위한 전담팀을 구성하여 법적 요구 사항을 충족할 수 있도록 한다.

② 국제적 규제와의 연계성 강화: 글로벌 시장에서 통용되는 ESG 관련 규제를 준수하기 위한 전략을 수립한다.

- 구체적 사례: 유럽연합(EU)의 ESG 공시 요구 사항에 맞춰 ESG 보고서를 발행하고, 글로벌 투자자들의 요구에 부합하는 ESG 경영 방침을 수립한다.

(3) 지속 가능성을 위한 투자 계획

① 지속 가능한 성장 전략: 지속 가능한 성장 기반을 마련하기 위해 ESG 경영에 필요한 투자 계획을 수립하고, 이를 통해 기업의 장기적인 성장을 도모한다.

- 구체적 실행 방안: 재생에너지, 친환경 기술, 사회적 책임 활동 등에 대한 투자를 확대하고, 이에 따른 재무적 성과를 평가한다.

② ESG 경영의 성과 평가 체계: ESG 경영의 성과를 체계적으로 평가할 수 있는 기준을 마련하고, 이를 주기적으로 점검한다.

- 구체적 실행 방안: 정량적, 정성적 지표를 활용한 ESG 성과 평가 시스템 도입, 성과 평가 결과를 바탕으로 전략적 개선을 도모한다.

5) 중장기 경영전략 수립

중장기 경영전략 수립은 경영환경 분석, 중장기 경영전략 고도화, 전략 실행체계 구축 과정으로 진행된다. 내부현황 분석 과정에서 ESG 수준진단 모델을 활용하여 ESG 관점의 차별적인 내부현황 진단과 외부환경 분석을 수행한다.

(1) 경영환경 분석

외부환경과 내부현황을 체계적으로 분석하여 고객사의 현황을 객관적으로 파악한다. 또한, 대내외 이해관계자 요구사항을 파악하고 우수기업 벤치마킹 분석을 통해 현실적인 방안을 검토한다.

외부환경 분석, 내부현황 분석(ESG 진단 포함), 이해관계자 분석, 벤치마킹 분석

(2) 중장기 경영전략 고도화

경영전략의 가치체계 진단을 통해 개편 방향성을 제시하고 이를 고려한 경영목표 및 전략목표를 설정한다. 또한, 목표 달성을 위한 전략 및 실행계획을 재수립한다.

가치체계 진단, 경영전략 재수립, 경영목표 및 전략목표 설정, Action

(3) 전략 실행체계 구축

가치체계 내재화 및 체계적인 관리를 위한 교육 등 내재화 방안을 수립하고 성과관리위원회 등 성과관리체계를 구축한다.

3 ESG 고도화 전략

ESG 경영은 기업이 지속 가능성을 추구하며, 장기적으로 경쟁력을 확보하는 데 필수적인 요소이다. 현황 진단, 인식 조사, 미디어 이슈 분석, 중도 이슈 도출을 통해 정책 방향을 설정하는 과정은 ESG 경영 전략 수립의 핵심이다.

ESG고도화 전략은 [그림 13-4] 전략고도화 실행절차와 같이 기업보유 KPI검토 및 단계별 KPI제안, 타기업 벤치마킹 등을 통해 전략과제를 선정하고 전략목표별 KPI 성과지표 도출을 통해 최종적으로 ESG로드맵을 정립한다.

[그림 13-4] 전략고도화 실행절차

1) 전략과제 선정 및 성과지표 도출

(1) ESG 전략과제 선정

가. 환경(E) 전략과제

① 탄소 중립 실현: 온실가스 배출 감축을 위한 중장기 목표 설정 및 이행 과제를 도출해 탄소 배출을 줄이고 탄소 중립을 달성하기 위한 구체적인 전략이 필요하다.

환경 전략과제에는 에너지 효율화, 재생에너지 사용 확대, 탄소 포집 기술 도입 등이 있다.

- 구체적 실행방안: 생산 공정에서 에너지 효율 개선, 전 사업장에서의 재생에너지 사용 전환, 탄소 배출량 모니터링 시스템 도입.

② 자원 순환 및 폐기물 관리: 자원 사용을 최적화하고 폐기물 발생을 최소화하는 자원 순환 전략을 수립한다.

전략과제에는 제품의 생애주기(Lifecycle) 관리, 재활용 가능한 제품 설계, 폐기물 감축 목표 설정 등이 있다.

- 구체적 실행방안: 지속 가능한 제품 개발, 생산 공정에서의 자원 사용 최적화, 폐기물 최소화 정책 시행.

나. 사회(S) 전략과제

① 사회적 책임 강화: 기업의 사회적 책임을 다하기 위한 구체적 전략 수립한다. 특히 인권 보호, 노동 환경 개선, 지역 사회 발전을 위한 활동에 중점을 둔다.

사회 전략과제로는 인권 보호 정책 수립, 안전한 근무 환경 조성, 지역사회 공헌 프로그램 확대 등이 있다.

- 구체적 실행방안: 공급망 인권 보호 강화, 중대재해 예방을 위한 안전 관리 체계 구축, 지역사회 발전 프로젝트 추진.

② 다양성 및 포용성: 조직 내에서의 다양성과 포용성을 강화하여 모든 직원이 공평하게 대우받는 환경을 조성한다.

이와 관련한 전략과제에는 다양성 증진을 위한 인재 채용, 성별 및 인종 간 임금 격차 해소, 포용적 기업문화 형성 등이 있다.

- 구체적 실행방안: 성별, 인종, 연령에 상관없는 공정한 채용 프로세스 구축, 포용성 강화를 위한 교육 프로그램 도입.

다. 지배구조(G) 전략과제

① 지배구조 투명성 강화: 이사회와 경영진의 투명한 의사결정과 윤리적 경영을 위한 구체적 전략을 수립한다. 지배구조 관련 전략과제에는 이사회 독립성 강화, 윤리적 경영 방침 수립, 이해관계자와의 소통

체계 구축 등이 있다.

- 구체적 실행방안: 독립 이사 비율 증가, 내부 고발자 보호 시스템 강화, 정기적인 주주 총회 개최.

② 리스크 관리 체계 강화: 기업이 직면한 다양한 ESG 관련 리스크(환경적, 사회적, 지배구조적 리스크)를 사전에 관리하고 예방하기 위한 체계를 구축한다. 이와 관련한 전략과제: ESG 리스크 평가 체계 구축, 리스크 대응 계획 수립, 주기적인 리스크 모니터링 등이 있다.

- 구체적 실행방안: ESG 리스크 평가 시스템 도입, 리스크 관리 교육 프로그램 운영, 리스크 모니터링 보고 체계 강화.

(2) ESG 성과지표 도출

가. 환경 성과지표(E)

① 탄소 배출량 감소: 연간 온실가스 배출량(직접 배출 및 간접 배출)을 모니터링하고, 목표 달성 여부를 평가하는 지표를 도출한다.

- 구체적 성과지표: 연간 탄소 배출량 감소 비율, 재생에너지 사용 비율, 에너지 효율 향상률.

② 자원 사용 효율성: 자원 사용량(물, 전기, 원자재) 대비 생산 효율성을 평가하는 지표를 도출한다.

- 구체적 성과지표: 제품 단위당 자원 사용량 감소, 재활용률, 폐기물 발생량 감소 비율.

나. 사회 성과지표(S)

① 근로자 만족도: 직원 만족도 조사 및 직원 이직률 분석을 통해 근로자 만족도를 평가하는 지표를 도출한다.

- 구체적 성과지표: 직원 만족도, 이직률, 근로자 안전 사고 발생률.

② 다양성 및 포용성 지표: 조직 내 다양한 인재 채용과 포용적인 기업문화를 평가하는 지표를 도출한다.

- 구체적 성과지표: 여성 임원 비율, 소수자 채용 비율, 성별 및 인종 간 임금 격차.

다. 지배구조 성과지표(G)

① 지배구조 투명성:이사회 독립성, 이해관계자 소통 등 평가하는 지표를 도출한다.

- 구체적 성과지표: 독립 이사 비율, 내부 감사 시행률, 주주 참여율.

② 리스크 관리 성과: ESG 리스크 관리 체계의 효과성 평가하는 지표를 도출한다.

- 구체적 성과지표: 리스크 대응 시간, 리스크로 인한 재정적 손실 감소율, 리스크 예방 활동 참여율.

2) ESG로드맵 정립

(1) ESG 로드맵의 필요성

ESG 로드맵은 장기적인 ESG 목표 달성을 위해 구체적인 실행 계획과 일정표를 제시하는 중요한 도구이다. 이를 통해 기업은 단기, 중기, 장기 등의 목표를 구체화하고 ESG 전략을 체계적으로 실행한다.

(2) 단기, 중기, 장기 목표 설정

가. 단기 목표(1~3년)

① 환경(E): 탄소 배출량의 모니터링 시스템 구축 및 초기 감축 계획 수립.

- 구체적 목표: 연간 5% 이상의 탄소 배출 감축, 사업장 내 재생에너지 사용 비율 20% 달성.

② 사회(S): 직원 교육 강화 및 다양성 목표 수립.

- 구체적 목표: 전 직원 ESG 교육 참여율 90%, 여성 임원 비율 20% 달성.

③ 지배구조(G): 이사회 투명성 강화 및 윤리적 경영 방침 수립.

- 구체적 목표: 독립 이사 비율 30% 이상, 내부 감사 시행률 100%.

나. 중기 목표(3~5년)

① 환경(E): 탄소 중립을 위한 중간 단계 목표 달성.

- 구체적 목표: 온실가스 배출량 30% 감축, 재생에너지 사용 비율 50% 달성.

② 사회(S): 포용적 기업문화 정착 및 사회적 책임 이행.

- 구체적 목표: 직원 만족도 85% 이상, 지역사회 공헌 프로그램 연 2회 이상 시행.

③ 지배구조(G): 리스크 관리 체계 강화 및 이해관계자 소통 확대.

- 구체적 목표: ESG 리스크 관리 시스템 도입, 정기적 주주 소통 프로그램 시행.

다. 장기 목표(5~10년)

① 환경(E): 탄소 중립 및 자원 순환 체계 구축.

- 구체적 목표: 탄소 중립 달성, 자원 순환률 100% 달성.

③ 사회(S): 지속 가능한 사회적 가치 창출.

- 구체적 목표: 모든 직원에게 동등한 기회 제공, 지역사회 기여 활동 확대.

③ 지배구조(G): 최고 수준의 지배구조 투명성 달성.

- 구체적 목표: 최고 수준의 지배구조 평가 등급 획득, 주주 참여율 100%.

(3) ESG 로드맵 실행 전략

전사적 실행 체계 구축해 ESG 로드맵을 전사적으로 실행할 수 있도록 모든 부서가 ESG 목표에 기여할 수 있도록 체계적으로 관리한다.

- 구체적 실행방안: ESG 전담 조직 운영, 경영진과 각 부서의 협업 체계 강화.

이와 함께 ESG 로드맵 실행을 위해 ESG 성과를 주기적으로 모니터링하고, 성과가 미흡한 부분에 대해 피드백을 제공하여 개선할 수 있도록 한다.

- 구체적 실행방안: 매년 ESG 성과 보고서 발간, 성과 지표에 따른 피드백 제공 및 전략적 조정.

3) ESG 성공의 전제조건

ESG의 성공을 위한 주요 조건으로는 최고 경영진의 의지와 리더십, 전사적 협력, 투명한 성과 측정, 이해관계자와의 지속적 소통 등이 있다. ESG

경영 성공은 이들 전제조건을 바탕으로 기업은 장기적인 성과를 창출할 수 있다.

(1) 최고 경영진의 의지와 리더십

ESG 성공의 핵심 전제조건은 최고 경영진의 확고한 의지와 리더십이다. 경영진의 적극적인 참여와 ESG에 대한 명확하고 일관된 커뮤니케이션이 중요하다. 경영진은 ESG 목표를 전략적으로 설정하고, 이를 기업의 모든 부서에서 실행할 수 있도록 이끌어야 한다.

- 구체적 실행방안: 경영진이 직접 ESG 목표를 설정하고, 전사적으로 이를 추진하기 위한 리더십을 발휘.

(2) 전략적 접근과 지속가능한 혁신

기업이 ESG를 비즈니스 전략에 통합하여 조직의 핵심 가치와 목표에 부합시키는 것이 중요하다. 그리고 지속 가능한 제품, 서비스, 프로세스 등을 개발하고 혁신하는 데 중점을 두어야 한다.

- 구체적 실행방안: 기업의 비즈니스목표를 설정하고 목표에 부합하는 조직의 핵심가치를 지속적으로 창출할 수 있는 제품과 서비스 개발

(3) 전사적 참여 및 협력

ESG 성공을 위해서는 경영진뿐만 아니라 모든 부서와 직원들이 협력해야 한다. ESG 목표는 전사적 목표로 설정되고, 모든 직원들이 ESG 전략에 기여해야 한다.

- 구체적 실행방안: 각 부서별로 ESG 목표를 설정하고, 성과에 대한 책임을 부여.

(4) ESG 성과 측정 및 보고

ESG 성과와 결과를 측정하고 보고하는 성과측정체계구축과 측정 및 보고과정에서 투명성이 필요하다. ESG 성과를 체계적으로 측정하고, 이를 외부에 투명하게 보고하는 것은 ESG 성공의 중요한 요소이다. 투명한 보고를 통해 이해관계자들과 신뢰를 구축할 수 있다.

- 구체적 실행방안: ESG 성과 지표에 따른 연간 보고서 발간, 성과 공개 및 피드백 반영.

(5) 이해관계자와의 지속적 소통

이해관계자들과의 적극적인 상호작용과 협력이 필요하다. 주주, 직원, 고객, 투자자, 지역사회 등 다양한 이해관계자들과 지속적으로 소통하여 ESG 경영의 신뢰성을 높여야 한다.

- 구체적 실행방안: 정기적인 주주총회 개최, 이해관계자 의견 수렴 시스템 운영.

(6) 법적 규제와의 일치성

ESG 경영은 국내외 법적 규제와 일치해야 한다. 기업은 관련 법규를 준수하면서도 이를 넘어서는 자발적 목표를 설정할 필요가 있다.

- 구체적 실행방안: 법률 자문팀과의 협력 강화, 글로벌 규제 준수 시스템 도입.

제14장 사례 연구와 베스트 프랙티스

ESG 경영은 기업이 지속 가능한 성장을 도모하기 위해 환경 보호, 사회적 책임, 투명한 지배구조를 중요하게 고려하는 경영 방식을 의미한다. 전 세계적으로 많은 기업들이 ESG 경영을 도입하고 성공적인 결과를 거두고 있으며, 그들의 사례는 다른 기업들이 ESG 경영을 통해 더 나은 성과를 달성할 수 있도록 중요한 교훈을 제공한다.
ESG 경영은 최근 기업 경영의 핵심 요소로 떠오르고 있지만, 모든 기업이 ESG 경영을 성공적으로 이행하는 것은 아니다. 다양한 이유로 인해 ESG 경영에 실패한 사례들도 많으며, 이러한 실패 사례는 기업이 ESG 경영을 어떻게 접근해야 하고, 어떤 도전과 어려움이 있는지 이해하는 데 중요한 교훈을 제공한다. 글로벌 기업과 국내기업들의 ESG 경영 실패 사례를 분석하고, 이로부터 얻을 수 있는 교훈과 개선 방안을 찾는 것이 좋은 방법이다.

1 ESG 실무자의 핵심 역할과 책임

ESG 실무자는 기업 내에서 환경(Environment), 사회(Social), 지배구조(Governance) 측면에서 지속 가능한 경영을 도입하고 실천하는 주체적 역할을 담당한다. 그들의 역할은 지속 가능 경영을 위한 전략을 수립하고, 관련 데이터를 수집, 분석하여 개선점을 도출하며, 이해관계자와의 소통을 통해 지속 가능한 비즈니스 모델을 구축하는 데 필수적이다.

지속 가능한 경영의 궁극적인 목표는 기업의 경제적 수익성을 유지하면서 환경적 책임을 다하고, 사회적 가치 창출을 극대화하는 것이다. ESG 실무자는 이러한 목적을 실현하기 위해 다음과 같은 역할을 수행한다:

- 전략 수립: 기업의 ESG 비전과 목표에 맞춘 전략을 개발한다.
- 리스크 관리: 기후 변화, 인권 문제 등 ESG 리스크를 평가하고 관리한다.
- 성과 평가 및 보고: ESG 성과를 모니터링하고, 투명한 정보 공개를 위해 보고서를 작성한다.

2 ESG 경영의 해외 성공사례 연구

각 기업들의 ESG 영역별 해외성공사례는 다른 기업들이 ESG 경영을 도입하고 실천하는 데 있어 중요한 참고 자료가 될 수 있으며, 궁극적으로 지속 가능한 미래를 위한 경영 전략을 구축하는 데 큰 도움이 될 것이다. 이를 참고해 업종별 ESG경영의 실천방안을 수립하는 것이 좋겠다.

1) 유니레버(Unilever) - 지속 가능한 생활 계획

(1) 사례 개요

유니레버는 2010년 '지속 가능한 생활 계획(Sustainable Living Plan)'을 도입하여 ESG 경영을 본격적으로 시작했다. 이 계획의 목표는 자원 사용을 줄이고, 지속 가능한 원료 사용을 확대하며, 소비자의 건강과 웰빙을 증진하는 것이었다. 이 프로그램을 통해 유니레버는 제품의 환경적 영향을 줄이고, 노동 조건을 개선하며, 지역 사회의 지속 가능한 발전을 지원했다.

(2) 교훈

- 장기적인 목표 설정의 중요성: 유니레버는 단기적인 이익보다는 장기적인 지속 가능성을 목표로 삼았다. 이는 기업이 ESG 경영을 도입할 때 장기적인 비전과 전략이 필요하다는 것을 보여준다.
- 공급망 관리의 투명성: 유니레버는 자사의 공급망 전반에서 지속 가능한 원료 사용을 확대하였으며, 이를 통해 환경적, 사회적 책임을 강화했다.
- 소비자 교육과 참여 유도: 유니레버는 소비자들에게 지속 가능한 소비의 중요성을 알리며, 기업과 소비자가 함께 ESG 경영을 실천할 수 있도록 유도했다.

2) 파타고니아(Patagonia) - 환경 보호와 사회적 책임

(1) 사례 개요

파타고니아는 환경 보호와 사회적 책임을 핵심 가치로 삼고 있는 기업으로, 의류 및 아웃도어 용품을 제조하는 과정에서 지속 가능한 자재를 사용하고, 재활용 가능한 제품을 개발하여 환경 보호에 앞장섰다. 또한, 파타고니아는 매출의 1%를 환경 단체에 기부하고 있으며, 소비자들에게 제품 수리 서비스를 제공하여 제품의 수명을 연장하는 등의 활동을 하고 있다.

(2) 교훈

- 진정성 있는 ESG 경영: 파타고니아는 ESG 경영을 단순한 마케팅 도구로 사용하지 않고, 기업의 핵심 철학으로 삼아 일관된 경영을 펼치고 있다. 진정성 있는 ESG 경영이 소비자에게 신뢰를 주고 장기적인 성공을 보장할 수 있다.
- 환경 보호를 통한 경쟁력 강화: 파타고니아는 환경 보호를 위한 노력을 통해 브랜드 충성도를 높이고, 고객과의 관계를 강화하며, 차별화된 경쟁력을 확보했다.
- 사회적 책임과의 연계: 기업이 환경 보호뿐만 아니라 사회적 책임도 함께 고려해야 함을 보여주며, 이를 통해 지역 사회와의 관계를 개선하고 기업의 긍정적인 이미지를 구축할 수 있다.

3) 애플(Apple) - 재생 에너지와 탄소 중립

(1) 사례 개요

애플은 2018년 자사 전 세계 시설에서 사용하는 전력을 100% 재생 에너지로 전환하였으며, 2030년까지 전체 공급망 및 제품 사용 과정에서 탄소 중립을 달성하겠다는 목표를 발표했다. 애플은 공급업체와 협력하여 재생 에너지 사용을 확대하고, 제품의 에너지 효율성을 높이며, 재활용 프로그램을 통해 자원 순환을 촉진하고 있다.

(2) 교훈

- 재생 에너지 전환의 선도적 역할: 애플은 재생 에너지 전환을 선도하며, 다른 글로벌 기업들이 환경 보호를 위해 나아가야 할 방향을 제시하고 있다. 기업이 자발적으로 환경 보호 목표를 설정하고 실천할 때 큰 성과

를 얻을 수 있음을 보여준다.

- 공급망 협력의 중요성: 애플은 자사의 ESG 목표를 달성하기 위해 공급업체와 긴밀하게 협력하고 있으며, 이를 통해 전 세계적인 변화를 촉진하고 있다. ESG 경영은 기업 내부뿐만 아니라 외부 파트너와의 협력이 필요하다는 것을 시사한다.
- 기술 혁신을 통한 지속 가능성: 애플은 기술 혁신을 통해 제품의 에너지 효율성을 높이고, 자원 순환을 촉진함으로써 환경적 영향을 최소화하고 있다. ESG 경영이 혁신과 결합될 때 더 큰 효과를 발휘할 수 있음을 보여준다.

4) 이케아(IKEA) - 지속 가능한 자재 사용과 재생 에너지

(1) 사례 개요

이케아는 2030년까지 자사 제품의 모든 자재를 지속 가능한 방식으로 생산하고, 100% 재생 에너지를 사용하는 목표를 세웠다. 이를 위해 이케아는 지속 가능한 목재와 재활용 플라스틱을 사용하여 제품을 제조하고 있으며, 소비자들에게 지속 가능한 생활 방식을 장려하는 캠페인을 전개하고 있다.

(2) 교훈

- 지속 가능한 자재 사용의 확대: 이케아는 자사 제품에 사용되는 자재를 지속 가능한 방식으로 생산함으로써 ESG 경영의 실질적인 변화를 이끌어내고 있다. 이는 기업이 자재 선택에서부터 환경 보호를 고려해야 한다는 것을 시사한다.
- 에너지 전환의 필요성: 이케아는 재생 에너지 사용을 확대함으로써 에너지 전환의 필요성을 강조하고 있다. 기업이 친환경 에너지를 적극적으로 도입할 때, 환경적 책임을 다할 수 있다.
- 소비자와의 협력 강화: 이케아는 소비자들이 지속 가능한 생활 방식을 선택할 수 있도록 다양한 솔루션을 제공하고 있으며, 소비자와의 협력을 통해 ESG 경영의 효과를 극대화하고 있다.

5) 마이크로소프트(Microsoft) - 탄소 제거 및 에너지 효율화

(1) 사례 개요

마이크로소프트는 2030년까지 탄소 중립을 넘어 탄소 네거티브(더 많은 탄소를 제거하는 상태)를 달성하겠다는 목표를 발표했다. 이를 위해 회사는 클라우드 데이터 센터의 에너지 효율성을 높이고, 인공지능(AI) 기술을 활용하여 환경 문제를 해결하는 데 기여하고 있다.

(2) 교훈

마이크로소프트는 탄소 중립을 넘어 탄소 네거티브를 목표로 설정함으로써 환경 보호에 대한 책임을 강화하고 있다. 이는 기업이 더 적극적 목표를 설정하고 실천할 필요가 있음을 보여준다.

- 기술을 통한 ESG 경영 강화: 마이크로소프트는 AI 기술을 활용하여 ESG 경영을 강화하고 있으며, 이를 통해 기업의 핵심 역량과 ESG 경영을 결합하는 것이 중요함을 강조하고 있다.
- 투명한 보고와 소통: 마이크로소프트는 ESG 성과를 투명하게 보고하고 있으며, 이해관계자들과의 소통을 통해 신뢰를 구축하고 있다. ESG 경영의 투명성과 소통은 기업의 신뢰도를 높이는 중요한 요소이다.

이상에서 글로벌 기업들의 ESG 경영 사례는 기업이 환경, 사회, 지배구조 측면에서 어떤 노력을 해야 하는지를 명확하게 보여준다. 글로벌 기업들의 성공적인 ESG 경영 사례들은 현대 경영에서 ESG가 선택이 아닌 필수적인 전략이라는 사실을 보여준다. 유니레버, 파타고니아, 마이크로소프트, 스타벅스, 테슬라와 같은 기업들은 환경적, 사회적 책임을 다하면서도 지속가능한 성장을 이뤄내고 있다. 이들은 장기적인 비전, 기술 혁신, 투명한 지배구조, 그리고 사회적 책임을 바탕으로 ESG 경영을 실천해 오고 있다.

그러나 여기에 그치지 말고 이해관계자들과 끊임없는 소통을 통해 장기적인 ESG 경영 목표를 설정하고 ESG 경영 성과를 달성하기 위한 노력과 대응전략이 필요하다.

3 ESG 경영의 실패사례와 교훈

1) BP(British Petroleum): 2010년 멕시코만 기름 유출 사고

(1) 배경

영국의 다국적 석유 회사인 BP는 환경 보호보다는 이윤을 우선시하는 경영 방침으로 인해 2010년 멕시코만에서 발생한 대규모 기름 유출 사고로 큰 비난을 받았다. 이 사고는 역사상 가장 큰 해양 오염 사고 중 하나로 기록되었으며, 약 4.9백만 배럴의 원유가 멕시코만으로 유출되었다. 이는 지역 생태계와 어업, 관광 산업에 심각한 영향을 미쳤다.

(2) 실패 원인

- 안전 프로토콜 부실: BP는 비용 절감을 위해 안전 검사를 생략하거나, 필수 장비를 사용하지 않았다.
- 환경적 책임 소홀: BP는 환경 보호에 대한 책임을 다하지 않았으며, 재난 발생 후 대응이 늦고 비효율적이었다.
- 단기적 이익 중시: BP는 장기적인 환경적 영향을 고려하지 않고, 단기적인 이익 극대화에 집중했다.

(3) 교훈 및 개선점

- 안전 프로세스 개선: 기업은 안전 기준을 강화하고, 비용을 절감하기 위해 안전성을 희생해서는 안된다. 장기적으로 안전과 환경 보호가 비용 절감보다 중요한 요소임을 인식해야 한다.
- 위기 대응 시스템 구축: 기업은 환경 재난이 발생할 경우 신속하고 효율적으로 대응할 수 있는 시스템을 구축해야 합니다. 사고 발생 후 대처하는 것보다 예방적 조치가 더 중요하다.
- 장기적 관점의 경영: 단기적인 이익에 치중하지 않고, 환경적 리스크를 장기적으로 고려한 전략을 수립해야 한다.

2) 폭스바겐(Volkswagen): 디젤 게이트 스캔들

(1) 배경

폭스바겐은 2015년 디젤 차량의 배출가스를 조작하여 배출 테스트에서 허위로 통과하는 소프트웨어를 사용한 사실이 드러났다. 이는 미국 환경보호국(EPA)에 의해 밝혀졌으며, 이 사건으로 폭스바겐은 막대한 벌금과 신뢰도 하락을 겪게 되었다.

(2) 실패 원인

- 투명성 부족: 폭스바겐은 규제 기관과 소비자에게 차량의 실제 배출량을 속였으며, 윤리적인 경영을 무시했다.
- 기업 문화의 문제: 폭스바겐의 내부 경영 구조와 기업 문화는 지나치게 성과를 압박하며, 결과적으로 비윤리적인 결정을 유도하는 환경을 조성했다.
- 환경 보호 의식 결여: 폭스바겐은 친환경적 이미지를 내세웠지만, 실제로는 환경 보호에 대한 진정성 없이 단기적 판매 실적에 집중했다.

(3) 교훈 및 개선점

- 투명한 지배구조 강화: 기업은 투명한 경영 방식을 채택하고, 윤리적인 결정을 내리는 문화를 조성해야 한다. 투명성은 ESG 경영에서 핵심적인 요소이다.
- 성과 중심의 기업 문화 개선: 과도한 성과 압박은 비윤리적인 행위를 촉발할 수 있으며, 이를 방지하기 위해 보다 균형 잡힌 성과 평가 체계가 필요하다.
- 실제 환경적 영향을 고려한 경영: 기업은 친환경 기술을 개발할 때, 실제 환경에 미치는 영향을 충분히 고려하고, 규제 기관과 소비자들에게 이를 명확히 전달해야 한다.

3) H&M: 그린워싱(Greenwashing) 논란

(1) 배경

H&M은 패스트 패션 브랜드로서, 저렴하고 빠르게 생산된 의류를 소비자들에게 제공하면서 환경적 지속 가능성을 강조해왔다. 그러나 H&M의 'Conscious' 라인과 관련된 그린워싱 논란이 발생했다. 'Conscious' 라인은 지속 가능한 소재로 제작되었다고 홍보되었지만, 실제로는 그 주장에 비해 환경적 이점이 크지 않다는 비판을 받았다.

(2) 실패 원인

- 환경적 성과의 과장: H&M은 자사의 지속 가능성 주장을 과장하여 홍보함으로써 소비자들을 오도했다.
- 투명성 부족: H&M은 지속 가능한 패션 라인의 실제 효과와 그 근거를 명확히 제공하지 않았다.
- 실질적 ESG 성과 부족: H&M의 지속 가능성 노력은 표면적이었으며, 지속 가능한 의류 생산에 대한 실질적인 노력이 부족했다.

(3) 교훈 및 개선점

- 정확한 정보 제공: 기업은 지속 가능성과 관련된 정보를 정확하고 투명하게 제공해야 하며, 이를 과장하여 소비자를 오도해서는 안된다.
- 실질적인 ESG 목표 설정: 단순히 마케팅을 위한 ESG 활동이 아닌, 실질적인 환경 보호와 지속 가능성 달성을 위한 목표를 설정하고 이행해야 한다.
- 소비자와의 신뢰 구축: ESG 경영에서 중요한 것은 소비자와의 신뢰 구축이다. 그린워싱과 같은 행위는 장기적으로 소비자의 신뢰를 잃게 만들고, 브랜드 이미지에 큰 타격을 줄 수 있다.

4) 나이키(Nike): 노동 착취 스캔들

(1) 배경

1990년대 나이키는 해외 공장에서 노동자 착취 및 열악한 노동 조건 문제로 큰 비판을 받았다. 나이키는 저임금 국가의 공장에서 아동 노동을 포함한 비윤리적인 노동 관행을 묵인하면서 비용 절감을 추구했으며, 이는 전 세계적인 반발을 일으켰다.

(2) 실패 원인

- 공급망 관리 부실: 나이키는 하청업체에서 벌어지는 비윤리적인 노동 관행을 제대로 관리하지 않았다.
- 사회적 책임 부족: 나이키는 비용절감에 집중하며, 노동자의 권리와 복지에 대한 책임을 다하지 않았다.
- 글로벌 기업의 책임 회피: 나이키는 하청업체의 행위에 대해 직접적인 책임을 회피하려 했으나, 글로벌 기업으로서 더 높은 책임이 요구되었다.

(3) 교훈 및 개선점

- 공급망 관리 강화: 기업은 글로벌 공급망에서 발생하는 모든 노동 문제에 대해 책임을 지고, 이를 철저히 관리할 시스템을 구축해야 한다.
- 사회적 책임 의식 강화: 기업은 비용 절감만을 목표로 하는 것이 아니라, 윤리적인 고용 관행을 유지하며 노동자의 권리를 보호해야 한다.
- 공급업체와의 관계 강화: 하청업체와의 협력을 통해 지속 가능한 공급망을 구축하고, 이를 통한 사회적 책임을 다하는 것이 중요하다.

5) ESG 경영 실패의 공통 원인과 해결 방안

ESG 경영은 단순한 트렌드가 아닌, 기업의 지속 가능성을 확보하고, 장기적인 성장을 위한 필수적인 경영 전략이다. 그러나 ESG 경영의 실패 사례를 통해 볼 때, ESG를 표면적으로만 실천하는 것에는 한계가 있으며, 투명성과 윤리적 경영, 장기적인 비전, 그리고 이해관계자들과의 소통이 성공적인 ESG 경영의 핵심 요소임을 알 수 있다.

ESG 경영 실패 사례들을 종합해보면, 다음과 같은 공통된 원인들이 발견된다.

(1) 실패의 공통원인

- 투명성과 윤리적 경영의 부족: 많은 기업들이 ESG 경영을 표면적으로 도입했지만, 실제로는 투명성 부족과 비윤리적인 결정이 문제였다.
- 장기적인 비전 결여: ESG 경영은 장기적인 관점에서 접근해야 하지만, 단기적인 이익을 우선시하다 보니 지속 가능성에 대한 고려가 부족했다.
- 이해관계자와의 소통 부족: 기업들은 종종 소비자, 규제 기관, 지역 사회 등 이해관계자들과의 소통을 소홀히 했으며, 신뢰를 잃는 결과를 낳았다.

(2) 개선 방안:

가. 투명한 경영 강화

기업은 ESG 경영을 투명하게 공개하고, 모든 이해관계자들과 명확하게 소통해야 한다.

나. 장기적 비전 수립

ESG 경영은 장기적인 전략으로 접근해야 하며, 단기적인 재무적 이익에만 집중해서는 안된다.

다. 이해관계자 참여 유도

ESG 경영을 효과적으로 실천하기 위해서는 다양한 이해관계자들의 의견을 반영하고, 이들과의 협력을 강화해야 한다.

라. 실질적인 성과 달성

ESG 경영은 단순한 마케팅 수단이 아닌, 실질적인 환경적, 사회적, 지배구조적 성과를 달성하는 것이 목표여야 한다.

참고 문헌

Bowen, H. R. (1953). Social Responsibilities of the Businessman. Harper & Row.

Brown, H. S., de Jong, M., & Levy, D. L. (2009). Building Institutions Based on Information Disclosure: Lessons from GRI's Sustainability Reporting. Journal of Cleaner Production.

Cadbury, A. (1992). The Financial Aspects of Corporate Governance. H.M.S.O.

Carroll, A. B. (1999). Corporate Social Responsibility: Evolution of a Definitional Construct. Business & Society, 38(3), 268-295.

Chatterji, A. K., Levine, D. I., & Toffel, M. W. (2009). How Well Do Social Ratings Actually Measure Corporate Social Responsibility?. Journal of Economics & Management Strategy, 18(1), 125-169.

Eccles, R. G., & Serafeim, G. (2013). The Performance Frontier: Innovating for a Sustainable Strategy. Harvard Business Review, 91(5), 50-60.

Elkington, J. (1997). Cannibals with Forks: The Triple Bottom Line of 21st Century Business. Oxford: Capstone Publishing.

Flammer, C. (2015). Does Corporate Social Responsibility Lead to Superior Financial Performance? A Regression Discontinuity Approach. Management Science.

Freeman, R. E. (1984). Strategic Management: A Stakeholder Approach. Boston: Pitman.

Freeman, R. E., Harrison, J. S., Wicks, A. C., Parmar, B. L., & De Colle, S. (2010). Stakeholder Theory: The State of the Art. Cambridge University Press.

Friede, G., Busch, T., & Bassen, A. (2015). ESG and Financial Performance: Aggregated Evidence from More than 2000 Empirical Studies. Journal of Sustainable Finance & Investment.

GRI (2020). GRI Standards: Reporting Principles. Global Reporting Initiative.

Kwon, S., & Chung, J. (2020). The Role of Corporate Governance in Enhancing ESG Disclosure: Evidence from South Korea. Journal of Business Ethics.

IFRS Foundation(2023), "IFRS S1 General Requirements for Disclosure of Sustainability-related Financial Information"; 한국회계기준원(2023), "IFRS 지속가능성 공시기준 S1, '지속가능성 관련 재무정보 공시를 위한 일반 요구사항' 번역본".

IFRS Foundation(2023), "IFRS S2 Climate-related Disclosures"; 한국회계기준원(2023), "IFRS 지속가능성 공시기준 S2, '기후 관련 공시' 번역본". ↩ KPMG, 2023. 3. 21, High-quality ESG reporting depends on high-quality assurance. IFAC, 2024, The State of Play: Sustainability Disclosure and Assurance.

KICPA, 2023. 5, 2022년 지속가능성보고서 현황 및 시사점, 『월간공인회계사』360.

Lovins, A. B., Lovins, L. H., & Hawken, P. (1999). Natural Capitalism: Creating the Next Industrial Revolution. Little, Brown and Company.

Matten, D., & Moon, J. (2008). "Implicit" and "Explicit" CSR: A Conceptual Framework for a Comparative Understanding of Corporate Social Responsibility. Academy of Management Review.

Ministry for the Environment, 2023. 1. 18, Mandatory climate-related disclosuresMitchell, R. K., Agle, B. R., & Wood, D. J. (1997). Toward a Theory of Stakeholder Identification and Salience: Defining the Principle of Who and What Really Counts. Academy of Management Review, 22(4), 853-886.

MSCI (2021). ESG Ratings Methodology. MSCI Research.

Porter, M. E., & Kramer, M. R. (2006). Strategy and Society: The Link Between Competitive Advantage and Corporate Social Responsibility. Harvard Business Review.

Porter, M. E., & Kramer, M. R. (2011). Creating Shared Value. Harvard Business Review, 89(1/2), 62-77.

PWC (2020). ESG Strategy and Management: A Path to Sustainable Growth. PricewaterhouseCoopers.

SEC, 2024. 3, SEC adopts rules to enhance and standardize climate-related disclosures for investors.

Scherer, A. G., & Palazzo, G. (2011). The New Political Role of Business in a Globalized World: A Review of a New Perspective on CSR and its Implications for the Firm, Governance, and Democracy. Journal of Management Studies.Sen, A., & Drèze, J. (1999). The Amartya Sen and Jean Drèze Omnibus: Poverty and Famines; Hunger and Public Action; India: Economic Development and Social Opportunity. Oxford University Press.

Shleifer, A., & Vishny, R. W. (1997). A Survey of Corporate Governance. Journal of Finance, 52(2), 737-783.

SLR, 2023. 11. 23, Australian Sustainability Reporting Standards (ASRS) – Assurance readiness: how to ensure your disclosures are ready for assurance and verification.

Stern, N. (2006). The Economics of Climate Change: The Stern Review. Cambridge University Press.

TCFD (2017). Recommendations of the Task Force on Climate-related Financial Disclosures. Financial Stability Board.

Unilever (2020). Unilever Sustainable Living Plan: Progress Report.

삼성전자 (2021). Sustainability Report.

전규안 · 권세원 · 선우희연 · 하원석, 2024, 글로벌 ESG 인증제도 현황과 시사점, 『회계저널』, 33(1), 89-133.

현대자동차 (2021). Hyundai Motor Company Sustainability Report.

대신경제연구소 용역보고서

https://www.iaasb.org/publications/international-standard-sustainability-assurance-5000-general-requirements-sustainability-assurance

[KICPA] 한국공인회계사회, IAASB의 국제지속가능성인증기준(ISSA 5000) 최종 공표. hwp파일 다운로드

[KICPA] 한국공인회계사회, IAASB의 국제지속가능성인증기준(ISSA 5000) 최종 공표. pdf파일 다운로드

https://www.cdp.net/en

https://www.cdsb.net/what-we-do/reporting-frameworks

https://www.esgbook.com/

https://www.esgeconomy.com

https://www.fsb-tcfd.org/

https://www.fsc.go.kr/no010101/76848

https://www.globalreporting.org/sector-guidance.

http://integratedreporting.org/wp-content/uploads/2015/04/THE-INTERNATIONAL-IR-FRAMEWORK-KOR-EY-1.pdf

http://www.impacton.net/

https://kind.krx.co.kr/disclosureinfo/searchmaterials.do?method=searchMaterialsMain

http://www.klca.or.kr/sub/data/ebook.asp?rWork=TblRead&rNo=1200&rBType=6&rGotoPage=1&rSchKey=&rSchText

=&rSchYearFrom=2010&rSchMonthFrom=&rSchYearTo=&rSchMonthTo=12&rType=0

https://www.knrec.or.kr/business/policy_re100.aspx

https://www.konetic.or.kr/insight/sumreport_view.asp?unique_num=2359&tblNm=DBSV_GREEN_REPORT

http://www.motie.go.kr/motie/ne/presse/press2/bbs/bbsView.do?bbs_cd_n=81&cate_n=1&bbs_seq_n=164932

https://www.msci.com/our-solutions/esg-investing/esg-ratings

https://sdgs.un.org/goals

https://www.nasdaq.com/solutions/nasdaq-esg-hub

https://www.sasb.org/

https://www.spglobal.com/esg/

https://www.sustainalytics.com/

https://www.there100.org/

https://www.unglobalcompact.org/

https://www.weforum.org/reports/measuring-stakeholder-capitalism-towards-common-metrics-and-consistent-rep orting-of-sustainable-value-creation

[저자약력]

심준섭

영남대학교 상경대학 경영학과(경영학 학사)
경북대학교 대학원 경영학과(경영학 석사)
경남대학교 대학원 경영학과 (경영학박사)
경영지도사(재무관리)/ ESG컨설턴트/ (전)GM경영컨설팅 감사
현 경운대학교 의료서비스경영학과 학과장

[저서 및 주요 논문]
쉽게 배우는 재무관리(단독, 유원북스, 2019), 쉽게 배우는 벤처창업경영(공저, 유원북스, 2025) 등 7권의 저서 사내벤처캐피탈 투자기업의 기술혁신 효과분석(대한경영학회) 등 20편의 논문

[연구용역]
빈점포를 활용한 지역경제활성화와 청년일자리 창출방안(문경시의회, 2024), 김천 제1일반산업단지 복합문화센터 관리운영방안 검토용역(김천시, 2024) 등 10여건

[장래계획]
경영컨설팅법인 운영과 ESG경영평가 관련 모바일 강좌 운영(http://lms.ikw.ac.kr/ilos/main)
E-mail: jsshim@ikw.ac.kr

김성현

고려대학교 경상대학 무역학과(경영학학사)
국립 금오공과대학교 컨설팅대학원 경영학과(경영학석사)
국립 금오공과대학교 컨설팅대학원 경영학과 박사과정 수료
현 자화전자(주) 노사협력팀장
현 구미대학교 스마트경영과 외래교수

[주요 활동 및 실적]
구미시 일자리 추진위원/ 경상북도교육청 직업계고 재구조화심의위원/ 경북인적자원개발위원회 위원
ESG경영의 노래 제작
ESG 경영컨설팅 평가 참여

[장래계획]
ESG 경영평가 및 ESC경영컨설팅
E-mail: kshyun9@naver.com

대학생과 실무자를 위한 ESG경영

쉽게 배우는 ESG경영

발행일 2025년 2월 27일

지은이 심준섭·김성현

펴낸이 이구만

펴낸곳 유원북스 도서출판

04091 서울특별시 마포구 토정로 222, 416호

(신수동, 한국출판콘텐츠센터)

Tel (02)593-1800 Fax (02)6455-1809

출판등록 2011.9.6. 제25100-2012-3호

www.uwonbooks.com uwbooks@daum.net

편 집 전충영

조 판 남동우

디자인 이채현

인 쇄 (주)삼신문화사

제 본 (주)우성제본

ISBN 979 11 6288 209 2 (93320)

정 가 25,000원